明清公文语体的语法特征研究

孙品健 著

清华语言学博士丛书

上海辞书出版社 中西書局

图书在版编目(CIP)数据

明清公文语体的语法特征研究/孙品健著. —上海：上海辞书出版社，2024
(清华语言学博士丛书)
ISBN 978-7-5326-6192-3

Ⅰ.①明… Ⅱ.①孙… Ⅲ.①公文-语体-中国-明清时代 Ⅳ.①H152

中国国家版本馆CIP数据核字(2024)第062931号

明清公文语体的语法特征研究

孙品健 著

责任编辑 马 沙
装帧设计 梁业礼
责任印制 曹洪玲

出版发行 上海世纪出版集团
上海辞书出版社®(www.cishu.com.cn)
中西書局®(www.zxpress.com.cn)
地　　址 上海市闵行区号景路159弄B座(邮政编码：201101)
印　　刷 浙江临安曙光印务有限公司
开　　本 890毫米×1240毫米 1/32
印　　张 9.75
字　　数 253 000
版　　次 2024年9月第1版 2024年9月第1次印刷
书　　号 ISBN 978-7-5326-6192-3/H·780
定　　价 72.00元

本书如有质量问题,请与承印厂联系。电话：0571-63783589

谨以此书纪念我的母亲张晏女士

总　　序

近二十年来,我国博士生培养事业有了很大进展,在各个领域都培养出了一大批优秀的博士生;在语言学领域也是这样。这些新培养出来的博士生,大多视野开阔,思想敏锐,既有扎实的专业基础,又有强烈的创新意识,是我国语言学事业继往开来的生力军。博士论文和出站报告是他们刻苦攻读、悉心研究所取得的成果,有些优秀的博士论文达到了学术前沿的水平,体现了语言学研究的新思路、新成就。面对这些学术新人和学术新成果,我们由衷地感到高兴。

众所周知,一门学问要能生根,要能茁壮地成长发展,必须不断挖掘和发现新的材料,必须不断进行理论更新,必须不断涌现大批新的研究人员。语言学是一个既古老又相对年轻的学科。中国是拥有语言富矿的国家,汉语历史悠久,语言多种多样;有优良的语言研究传统,新的语言研究成果不断涌现。现在由于国力日益强盛,更引发各国青年人学习汉语的热潮。这对我国语言学科发展来说,既是一种机遇,又是一种挑战。只要我们海峡两岸暨香港、澳门地区语言学同人合力研究,让我国语言学科走到世界学术的尖端,这是可望也可及的目标。正是从这一思想出发,并为了使得这些学术新成果更快地和读者见面，为了帮助这些新人更迅速地成长，以便为语言学注入新的活力，我们创办了《清华语言学博士丛书》。现在计划每年出版一辑，每辑选收1—5种海峡两岸暨香港、澳门地区语言学博士的优秀论文、出站报告和其他著作。我们希望《清华语言学博士丛书》能聚集一批优秀的年轻学者，这些年轻人将来能带领中国的语言学迈着稳健的步伐前进。

《清华语言学博士丛书》创办以来，得到了海峡两岸暨香港、澳门地区语言学界同人和有关单位的大力支持。很多著名的语言学家担任了顾问和编委，很多博士生踊跃投稿，很多专家不辞辛劳负责审稿。清华大学提供了经费，上海辞书出版社负责出书。大家的热忱支持进一步坚定了我们办好《清华语言学博士丛书》的决心，我们一定使之成为展示我国语言学新思想、新成果的平台，成为语言学新苗茁壮成长的园地。

希望大家对《清华语言学博士丛书》不断提出意见和建议。让我们共同努力，把《清华语言学博士丛书》办好！

蒋绍愚

2013年6月

序

语言资料是语言研究的重要基础，这在汉语史研究中尤为突出。汉语史研究最为关注的白话语体语料，都不是单一语体语料，它们至少具有口语语体和书面语体的双重属性。不同语体的语料有何不同的语言特征？语体对语料的整体语言面貌的影响有多大？语体是否在语言演变中发生作用，比如产生独特的语法演变？这些问题都直接决定着对语言资料性质的准确分析，从而影响着进一步的研究。因而，语言资料的语体分析是汉语史长期关注、又一直未能很好解决的问题，是汉语史研究中的薄弱环节。

近年语体语法研究已成学术热点，成为观察语言特征的一个重要视角，特别是计量语言学、现代汉语语法学在这方面有非常大的进展，在研究方法上也有很多的积累，为汉语史语体语法研究提供了新的理论方法。而汉语语体语法演变研究也正在不断拓展，涌现出越来越多的有价值的研究。但到目前为止，对一种语体语法进行专门研究在汉语史研究中几乎不见。

《明清公文语体的语法特征研究》基于一定时期内封闭语料的穷尽考察，对该时期一种具体语体的语法特征进行归纳概括，并深入讨论这些特征的形成机制。将汉语史研究的基本方法与语体语法研究的相关成果结合起来，是该书的突出特色。该书基于翔实的数据、丰富的语言事实，发现了明清公文的语法特征，分析了这些特征的产生过程和影响因素，深入讨论了语言系统性、语体间语言接触与“成分/范畴的跨语体迁移”机制关系等理论问题。读后，让人们不仅对明清公文语法特征有很清晰的认识，对前述语体与语料的语言面貌关系、语体与语言演变的关系等重要问题也有了更具体、更深入的了解。对于公文语体语法研究、汉语史的语体语法研究，该书的研究成果都较以往更为深入，得到了许多有价值的结论，推进了相关研究。

还要特别指出的是，书中最后“结论”部分基于前文的研究提出了具有语体类型意义的四个语言参项，为明清语言资料划分类型做出了十分有意义的尝试，是汉语史的语体研究由初始的、粗放的状态走向准确、深入所必须的积累。

品健在读硕士、博士期间均跟我学习，他为学踏实、勤奋刻苦。博士一入学，我就和他谈了汉语史语料中语体分析这一困扰我很久的问题，希望他可以尝试解决。不过我并没有现成的经验和方法。我们一起阅读国内外语体研究理论及相关成果，尝试分析一些语料，交换想法。他不浮躁，能吃苦，从一点一滴开始积累，力求全面、深入地考察、思考问题，最终寻找到公文语体语法这一突破口，将自己在语体语法方面的独立见解和思考综合、贯穿起来，很好地完成了博士论文，后来又得以在博士后阶段继续这一研究。答辩时，他的论文获一致好评，最终被评为优秀博士学位论文。

品健善良淳朴、待人友善，相交多年，我们谈学业、谈生活，见他求学、恋爱、工作、结婚,遭遇人世的幸与不幸、顺与不顺,亦师亦友,近半个家人,祈愿他未来顺遂,一生平安幸福!

张 赪

2024年初秋于清园

目　　录

第四章 量词：功能变异的系统性

第五章 介词：功能变异的倾向性

第六章 系词：非通用语体中的语法化

第七章 结 语

第一章

绪　　论

1.1　选题缘起

历史汉语的语体差异是纷繁复杂的。随着语体理论的发展和汉语史研究的深入,以往汉语史研究只关注日常口语语体或将不同语体混为一谈的问题日益显露。在这种局面下,分语体地开展汉语史研究,展现历史语体间的语言变异,从而更加精细、全面地展现历史汉语的面貌和发展脉络,已成为汉语史研究的迫切需要。

分语体的汉语史研究,势必要从专门语体的具体语言学特征开始。公文是国家机构间传达公共事务的专用文书,公文语体是适应公文交际而产生的专门语体。在复杂多样的历史语体中,公文语体的语言学特征非常突出,是汉语史研究的理想语体。明清时期的公文语体,更以其独特的语法特征和系统性的语言变异,彰显出宝贵的语法史价值和语体语法价值。此外,明清公文有数量巨大的写本档案存世,相当一部分已经经过学者的整理,非常利于开展语言研究;存世的明清文献也是各历史时期中最丰富的,为公文语体与其他语体的比较、语体类型的划分提供了广阔空间。

本书围绕明清公文语体的语法特征展开。首先树立科学的语体观念、选取典型公文语料,进而在代词、量词、介词、系词四个方面考察明清公文语体区别于典型文言语体和典型白话语体的独特语法特征，挖掘明清公文语体语言变异的机制和动因，最后从语法特征出发，归纳具有语体类型意义的语言参项，划分明清书面语体类型。

1.2 术语的讨论与界定

1.2.1 语体，体裁，风格

1.2.1.1 传统术语"语体"

"语体"是汉语语言学自有的术语，并非根据西方语言学概念翻译而来的。李熙宗(2005)指出，"语体"一词最早出现在五四运动时期，有两个来源，一是1920年蔡元培的《在国语传习所的演说》，一是1932年陈望道的《修辞学发凡》。

《在国语传习所的演说》提出：

> 文章的开始，必是语体，后来为要便于记诵，变成整齐的句读，抑扬的音韵，这就是文言了。(转引自李熙宗 2005)

在蔡元培的演说中，"语体"指白话，是"语言的本体"，"文言"只是"语体"的一种运用。演说中还提到了古代的"语体小说"，即通常所说的古代白话小说。蔡元培的演说体现了以白话为本体、以文言为运用的"体—用"观念。这种观念，是就文章的产生而言的，是特定历史背景下的产物。

1932年版的《修辞学发凡》提出：

> 语文的体类，我们本来可以简称为"文体"或"语体"……为避免混同起见，我们不如直接称它为语文的体类，或简称为辞体或辞类。(转引自李熙宗 2005)

1959年版的《修辞学发凡》将相关表述改为：

> 文体或辞体就是语文的体式。(转引自李熙宗 2005)

可知在《修辞学发凡》中，“语体”跟“文体”“辞体”“辞类”等同，指的是“语文的体式”。

那么，什么才是“语文的体式”呢？《修辞学发凡》（陈望道 1997）[256]从八个方面给“语文的体式”做了分类：

① 民族的分类（如汉文体、藏文体等）；

② 时代的分类（如建安体、太康体等）；

③ 对象或方式上的分类（如骚、赋、祝、盟等，或描记、叙述、诠释、评议等）；

④ 目的任务上的分类（如实用体、艺术体等，或公文体、政论体、科学体、文艺体等）；

⑤ 语言的成色特征上的分类（如语录体、口头语体、文言体等）；

⑥ 语言的排列声律上的分类（如诗、散文等）；

⑦ 表现上的分类（如简约、繁丰、刚健等）；

⑧ 写说者个人的分类（如谢体、韩昌黎体等）。

以上八个方面涉及书面语篇外在形式的诸多方面。据此可以推断，《修辞学发凡》所言“语文的体式”，也即“语体”，泛指书面语篇的各种外在形式。

显然，现代修辞学的“语体”继承自《修辞学发凡》。不过，由于现代修辞学的发展和西方修辞理论的引进，现代修辞学“语体”的概念各家不同，各有侧重。李熙宗（2005）将各家对“语体”的界定归纳为六类：

① “语言特点综合”说。语体是全民语言选择材料所形成的语言特点的综合。持这种观点的学者如张弓（1963）、唐松波（1985）。

② “语言风格类型”说。语体是受交际功能制约而在语言运用上所形成的语言风格类型。如林裕文（1957）、周迟明（1959）。

③ “功能变体”说。语体是全民语言在不同交际领域和交际范围内进行功能分化的言语变体，也叫言语的功能变体。如王德春、陈晨

(1989),郑远汉(1998)。

④"词语类别"说。语体是由语体色彩相异而形成的不同词语类别。如乐秀拔(1959)。

⑤"语文体式"说。语体是运用语言时组织言语所形成的模式性、整体性的一定的言语结构形式、格局或类型。如《辞海》1979 年版、程祥徽(1985)、黎运汉(1990)。

⑥"言语行为类型"说。语体是言语行为的类型,由交际需要决定。如刘大为(1994)。

李嘉耀、李熙宗(1996)[162] 在一定程度上综合了"语言特点综合"说、"语言风格类型"说和"功能变体"说,将"语体"界定为"适应不同交际领域、目的、任务需要运用全民语言而形成的语言特点的综合,具体表现为由词语、句式、语音手段、辞式、章法及符号、图表等语言和非语言手段共同组成的特点系列",提出"不同的语体有着不同的语言风格基调,这是由不同交际功能而造成的,所以语体一般也称为功能风格或语体风格"。

李熙宗(2005)对李嘉耀、李熙宗(1996)[162] 进行了补充,归纳起来有两点:"语体"作为全民语言的功能变体,本质上只受功能性因素制约,这些功能性因素包括交际领域、目的、任务、对象等;"语体"作为语言功能风格的类型,是由交际功能性因素决定的,具有稳定性和共同性,这与个人风格不同。

可以看到,各家对"语体"的界定各不相同,又互有交叉,既涉及学术渊源的差异,又涉及界定角度的区别。实际上,如果我们从"语域"(register)、"体裁"(genre)、"风格"(style)的角度来认识各家的界定,便可以厘清它们彼此的区别与联系,进而可以得到一个单纯而独立的"语体"概念。

1.2.1.2　语体,语域,体裁,风格

语域、体裁、风格都是常见的语言学概念,但学界对其中的任何一个概念都没有达成一致的认识。Biber 和 Conrad(2009)[1-4] 立足功

能语法，把握三个概念的典型意义，并结合语域研究的需要，对这三个概念做出了明确界定和区分。归纳如下：

① 语域、体裁、风格既是观察语篇（text）多样性的三种视角，又可以指三种视角下的三种语言变体。

② 作为观察语篇多样性的视角。语域视角将语言学特征（词汇、语法）的分析与交际情境特征（包括交际者、交际渠道、交际的时空设定、交际目的、话题等）的分析相结合，其潜在假设是：语言学特征是功能性的，因此特定的语言学特征总是与特定的情境特征相联系。体裁视角也关注交际的情境特征，但它不关注语言学特征，而是关注用于构建整个语篇的约定俗成的结构形式（conventional structure）。风格视角关注语言学特征在不同变体中的分布，这与语域相同，但这一视角认为语言学特征不是被交际情境功能性地驱动的，而是对审美取向（aesthetic preference）的反映，与特定的作者或时代相联系。

③ 作为语言变体。语域是根据特定的交际情境而采用特定的语言学特征（词汇、语法）所形成的语言变体。语域的语言学特征，在语篇中是反复出现的。体裁是根据特定的交际情境而对整个语篇采取某种约定俗成的结构形式所形成的语言变体。体裁的外在特征，即语篇的结构形式，通常在一个完整语篇中只出现一次。风格是根据审美取向而采用特定的语言学特征（词汇、语法）所形成的语言变体。风格的语言学特征，不是由交际情境决定的，而是与特定的作者或时代相联系。

如果站在 Biber 和 Conrad（2009）[1—4] 对语域、体裁、风格的界定上，反观汉语学界对“语体”的界定，可以发现：“语言特点综合”说、“功能变体”说、“言语行为类型”说、“词语类别”说对“语体”的界定，实际是对“语域”的不同角度的界定，其所谓“语体”都属于“语域”的范畴；“语文体式”说所界定的“语体”，兼跨“语域”和“体裁”的范畴；“语言风格类型”说所界定的“语体”，兼跨“语域”和“风格”的范畴；而李嘉耀、李熙宗（1996）[162]，李熙宗（2005）界定的“语体”，虽然被作者纳入了“风格”的体系，但实际只是扩大了“风格”的内涵，究其“语体”所指的实质，应是典型的“语域”；特别是李熙宗（2005）指出“语体”虽属“风格”，但这种“风格”是由交际功能性因素决定的，跟个人风格不同，这更显示了其“语体”实质上就是“语域”。

不仅在汉语修辞领域，在汉语语法领域，以陶红印（1999）、张伯江（2007，2012）、方梅（2007，2013）、冯胜利（2010，2012）为代表的语体语法研究，所说的“语体”也在很大程度上相当于“语域”。之所以这样说，是因为这些研究关注的都是交际情境特征对语法的影响，承认这种影响给语篇带来了语言的变异，从而形成了不同的“语体”。汉语语法学界的语体语法研究将在后文详细介绍。

综上所述，汉语的“语体”一词有着丰富的内涵，如果从西方的“语域”、“体裁”、“风格”的角度来看，那么汉语修辞学界的“语体”有的属于“语域”的范畴，也有的在“语域”的基础上兼有“体裁”或“风格”之义，而汉语语法学界所说的“语体”大致相当于“语域”。

实际上，对西方语言学中的“语域”研究由来已久，最早将它纳入功能语法研究框架的是 Halliday（1978）。Halliday（1978）认为语篇是语境（情境语境、文化语境）作用的产物，主张将情境语境类型化，归纳为若干变量，研究这些变量如何支配语义结构的选择和使用；他还进一步指出，社会成员所选用的与特定情境类型相联系的语义组合就是语域，是语言的功能变体，有特定的词汇和语法特征。Halliday（1985）指出口语和书面语是最基本的功能性变体/语域，并初步探讨了二者的韵律特征、词汇特征和语法特征。Biber（1988）在功能变体的观念下，提出将现代英语的谈话、采访、广播、公文、小说等二十多种语篇视为口语、书面语两大语域的下位语域；①借助语料库语言学的研究方法，对这二十余种典型语域的情境特征、语言特征进行了大

① Biber（1988）并没有使用 register 这一术语，而是使用了 genre 这一术语。Biber 和 Conrad（2009）[21—23] 对此进行了澄清，指出 Biber（1988）所说的 genre 在实质上等同于 register，即语域，并非“体裁”意义上的 genre。

量实证性考察。Biber 和 Conrad(2009)辨析了“语域”“体裁”和“风格”的异同,对特定语域的情境特征与语言特征之间的功能性关联进行了深入探讨,并归纳了语域分析(包括情境特征分析、语言特征分析以及二者的关联分析)的方法。

借鉴 Halliday(1978)、Biber 和 Conrad(2009)的观点,本书对“语体”做如下界定:**语体是根据特定交际情境而采用特定语言学特征所形成的语言变体,是语言的功能变体**。基本认识是:**一种语体的语言学特征总是功能性地匹配于其交际情境特征,形成系统性极强的语言变异**。交际情境特征,涉及交际参与者、参与者间的关系、交际渠道、语言生产和语言理解的环境、交际的时空设定、交际目的、话题等方面。语言学特征,主要是语法特征和词汇特征。

至于“语体”跟“体裁”“风格”的差异,本书借鉴了 Biber 和 Conrad(2009)的观点。“体裁”是根据特定的交际情境而对整个语篇采取某种约定俗成的结构形式所形成的语言变体。“体裁”跟“语体”的相同之处在于二者的变异都是由交际情境造成的;区别在于,“体裁”的变异表现在语篇的结构形式上,一个完整语篇中只出现一次,而“语体”的变异表现在语言学特征(词汇、语法)上,这些语言学特征在语篇中反复出现。“风格”是根据审美取向而采用特定的语言学特征(词汇、语法)所形成的语言变体。“风格”跟“语体”的相同之处在于,二者的变异都表现在语言学特征(词汇、语法)上;二者的区别在于,“风格”的变异是审美取向造成的,跟特定作者或时代相联系,而“语体”的变异是交际情境造成的,跟特定交际情境相联系。

公文语体是一种典型的功能变体,明清公文语体是从历时和共时两个角度界定得到的语体。后文将讨论明清公文语体的界定。

1.2.2 语体,语篇,语料

1.2.2.1 语体是语篇的分类视角

Halliday(1978)指出按照情境语境的类型给语篇分类是得到语

体的基础，Biber（1988）将二十余种语篇直接视为口语和书面语的下位语体，Biber 和 Conrad（2009）则提出语体是观察语篇多样性的一种视角。那么，语体与语篇究竟是什么关系呢？

一般认为语篇（text/discourse）是大于句子的语言单位。从这个意义上讲，语篇与语体不是一个层面的概念。不过，一个语篇拥有相对完整的交际情境，是完整交际情境与语言形式、语言意义的结合体，按照交际情境和语言学特征的对应关系来归纳语篇的类型，便可以得到语体。也就是说，语篇是语体存在的基础，而语体是语篇在特定视角上的归纳。正如 Biber 和 Conrad（2009）所说的，语体是观察语篇多样性的一个角度。

正是由于语篇的性质，以及语体与语篇的关系，使语篇分析与语体分析存在高度的一致性。但语篇分析的内涵更加丰富，它实际上既包括语体分析，也包括体裁分析和风格分析，后文（1.2.4）将对这一问题进行详细讨论。

1.2.2.2　语体与语料典型性

语料不是一个语言学概念，它指的是供语言学研究所用的记录语言的物质材料。语料可以是声音形式的（如谈话录音、演讲录音），也可以是书面形式的（如小说、公文）。“语料”一词既可泛指一类语料（如谈话录音、新闻报道、古白话小说等），也可指具体的一部语料，既可以是一部相对完整的材料（如特定时间地点人物的谈话录音、新闻报道电视节目《新闻联播》、古白话小说《金瓶梅》等），也可以是某部完整材料中截取的语言片段（如特定谈话录音中的一个片段、《金瓶梅》中的一句话）。

语体与语料的关系，要从语体、语篇、语料三者的联系说起。语体作为研究语篇多样性的视角，本质上是对语篇的一个分类角度。因此，研究语体离不开语篇。而语篇是语言的单位，语料是记录语言的物质材料，所以每件语料都必然承载着完整或者不完整的、一个或者多个的语篇，就像每件语料都承载着完整或不完整的、一个或多个的词句一样。因此，语体研究离不开承载着语篇的语料。

怎样选取语体研究的语料呢？语体是语篇的分类，因此我们不能像研究一种语言单位/语言成分那样选取语料，而是必须根据特定的分类来选取语料。比如，要研究日常口语语体，必须选取能够反映日常交际口语的语料，如日常谈话录音、反映日常生活的小说等；要研究公文语体，必须选取能够反映公文语体的语料，比较典型的如官府间行移公文、上奏公文、诏敕公文，其他还有外交文书、司法文书等。

但是，一部语料往往不只反映一种语体。以明代白话世情小说《金瓶梅》为例，研究明代白话语体可以选择它作为语料，但《金瓶梅》中也存在很多非白话语体的语言成分，比如下面例句实际是公文语体的语言：

> (1) 西门庆听了，大惊失色，急接过邸报来灯下观看。端的上面写着甚言：巡按山东监察御史曾孝序一本。……此二臣者，皆贪鄙不职，久乖清议，一刻不可居任者也。(《金瓶梅》第四十八回)

研究明代日常交际口语语体，也可以选择《金瓶梅》作为语料，但《金瓶梅》中还有很多官场交际口语语体的语言成分，跟日常口语是有差别的，比如：

> (2) 茶罢，因说起地方民情风俗一节，西门庆大略可否而答之。次问及有司官员，西门庆道："卑职只知本府胡正堂民望素著，李知县吏事克勤。其余不知其详，不敢妄说。"宋御史问道："守备周秀曾与执事相交，为人却也好不好？"西门庆道："周总兵虽历练老成，还不如济州荆都监，青年武举出身，才勇兼备，公祖倒看他看。"宋御史道："莫不是都监荆忠，执事何以相熟？"西门庆道："他与我有一面之交，昨日递了个手本与我，望乞公祖青盼一二。"(《金瓶梅》第七十六回)

《金瓶梅》中还存在大量书面语体的语言成分，根本不属于口语语体，比如下例作者叙述中出现了“以”“之”“因”等成分：

(3) 饮过三巡，竹山偷眼睃视妇人，粉妆玉琢，娇艳惊人。先用言以挑之，因道：“学生不敢动问，娘子青春几何?”(《金瓶梅》第十七回)

这些成分跟文言一致，日常口语中应该是不用的；而这段叙述很通俗，不能认为是文言，之所以会出现这些成分，是因为这些成分是以书面语成分的身份存在的。

一部语料内部包含多种语体，本质上是由交际情境的多样性决定的。一部语料往往不会只涉及一种类型的交际情境，因此也就不会只有一种语体出现。交际情境多样性造成语体多样性的问题，将在下一节(1.2.3)详细讨论。

虽然如此，并不妨碍我们选取一部语料作为一种特定语体的典型语料。以《金瓶梅》为例，作为一部白话世情小说，《金瓶梅》主要反映白话语体及其背后的口语语体，而非文言语体、公文语体；主要反映日常生活中的口语语体，而非官场中的口语语体；即便白话语体中含有不少书面语体的成分，但毕竟不是主体，且不难辨别。因此《金瓶梅》仍可作为白话语体、日常口语语体的典型语料。

这提示我们，一部语料并不一定只反映一种语体，但一部语料往往有它所主要反映的语体。在语体研究中，应选取那些典型性较高的语料，同时要注意辨别语料中不属于其典型语体的语言成分。

1.2.3 语体多样性

1.2.3.1 情境多样性决定语体多样性

语体是多种多样的。学界通常从交际渠道(channel)上将语体分为口语、书面语两大基础语体，而对口语语体、书面语体的细分却是非常多样的。Biber(1988)将二十余种语篇类型都视为口语和书面语的下位语体，包括新闻报道、编辑社论、传说、传记、公文、普通小说、悬疑小说、科幻小说、幽默、私人信件、专业信件、面对面谈话、电话谈话、采访、即兴演讲等。李嘉耀、李熙宗(1996)将语体分为公文语体、科技语体、政论语体、文艺语体等。

语体之所以表现出多样性的特点,从根本上说,是由交际情境的多样性决定的。

本书所说的语体,指根据特定交际情境(包括交际参与者、参与者间的关系、交际渠道、语言生产和语言理解的环境、交际的时空设定、交际目的、话题等)而采用特定语言学特征(词汇、语法)所形成的语言变体。从这一界定出发,交际情境对语体具有决定性作用,Biber 和 Conrad(2009)[72] 即指出:“语体是由交际情境决定的,说话人所用的语言形式是功能性地匹配于情境的需要。”

交际情境同样是多种多样的。Biber 和 Conrad(2009)在前人研究的基础上,提出可以从交际参与者、参与者间的关系、交际渠道、语言生产和语言理解的环境、交际的时空设定、交际目的、话题等方面分析交际情境。每一个方面又有多个不同的角度,比如“交际参与者”方面,可以从参与者的数量、社会特点(年龄、教育程度、职业等)、是否有旁观者等角度分析;“交际渠道”可以从交际方式、交际媒介等角度分析,其中交际方式又可细分为讲话、书写、示意,交际媒介又可分为永久媒介(如录音、书写)和瞬时媒介(如面对面、电话)。

交际情境在任何一个方面、任何一个角度上存在差异,都可以归纳出不同的语体。比如,谈话(conversation)作为一种语体,可以根据交际参与者分为家庭成员谈话、师生谈话;也可以根据交际渠道,分为面对面谈话、电话谈话;还可以根据时空设定中的地点设定,分为办公室谈话和餐桌谈话。可见,交际情境的多样性决定了语体的多样性。

不仅如此,交际情境的多样性,还给语体带来了相对的层级性。比如,我们可以根据交际情境,将口语语体细分为谈话、演讲、采访等多种下位语体;谈话语体,可以根据交际情境进一步细分,再得到一系列下位语体，如家庭成员谈话与师生谈话，面对面谈话与电话谈话等。但需要注意的是，语体的层级性是相对而言的，往往仅限于上下两层之间，不能横向推广，也不能纵向延伸。比如，“谈话——家庭成员谈话、师生谈话”是具有上下位关系的两层语体，但家庭成员谈话、师生谈话跟面对面谈话、电话谈话相比，就没有上位、下位之分了；家庭成员谈话、师生谈话跟演讲、采访相比，也没有上位、下位之分。正是鉴于这种情况，Biber 和 Conrad（2009）[32—33] 没有使用语体层级、语体层次之类的说法，而是将语体视为一个普遍性（generalized）与特殊性（specialized）的连续统。比如，如果将谈话（conversation）视为一个语体，那么跟电话谈话（限定了交际方式）、家庭餐桌谈话（限定了时间地点）相比，谈话是普遍性更强的语体，而电话谈话、家庭餐桌谈话是特殊性更强的语体。同样地，演讲（speech）跟政治演讲、学术演讲相比，前者的普遍性更强，后两者特殊性更强。考虑到这种语体连续统的说法可能会跟本书“文言—白话”连续统的说法混淆，因此本书没有采用这一说法，而是将这类现象简单地概括为语体的相对层级性。

最后需要指出的是，语体间的比较是自由的，并不是必须在同一脉络上或同一层次上才能比较，任何不同的语体，即便不在一个层级上，也都可以加以比较，只要能说明语体间的变异即可。

1.2.3.2　语料中的语体多样性

上文（1.2.2.2）已经谈到，一部语料往往不会只涉及一种类型的交际情境，因此也就不会只表现出一种语体。即便是一段日常生活的谈话，也难免由于交际情境的细微变化而插入议论或抒情性语言，造成谈话内的语体多样性。

汉语史研究最为关注的白话语体语料，都不是单一的语体语料，它们至少具有口语语体和书面语体的双重属性。白话语体以口语语体为基础，因此在语言成分上以口语成分为主导；但是白话语体毕竟是一种书面语体，它必然会带有不属于口语语体而属于书面语体的成分，这类成分往往跟文言语体是一致的。以白话世情小说为例，在人物对话之外的作者叙述部分，常常出现第三人代词的“其”“之”，这些成分如果出现在作者叙述（而非人物对话）中，应当认为是白话语体的书面语体属性的反映。比如上文（1.2.2.2）所举的“之”的用例：

(4) 饮过三巡，竹山偷眼睃视妇人，粉妆玉琢，娇艳惊人。先用言以挑之，因道：“学生不敢动问，娘子青春几何？”（《金瓶梅》第十七回）

再如下面两例“其”：

(5) 只说唐时有个妇人狄氏，家世显宦，其夫也是个大官，称为夫人。（《拍案惊奇》卷六）

(6) 目今其祖已故，只有一个儿子，名唤王成。（《红楼梦》第六回）

明清汉语研究常用的小说语料，由于具有虚构性，其内部的语体多样性问题更为突出。小说是对人物和情节进行虚构的文学作品，它的语言（作者叙述、人物对话）不是对现实交际的记录，而是作者根据情节的需要创作出来的。在不同的情节下，作者所设置的交际情境往往不同，因此创作出的语言也就不同，从而形成了不同的语体。比如，当情节中出现公文，语料中便会出现公文语体的语言成分，例如上文（1.2.2.2）所举的例子。再比如，当情节中出现官吏、文人、僧道等文化阶层的人物，并进行较正式的对话时，便会出现文言语体的语言成分。在本书使用的明清白话世情小说语料中，第一人称代词“吾”全部出自人物对话，这自然与作者的创作视角有关，但进一步可以发现，“吾”全都出自官吏、文人、僧道的比较正式的对话，没有例外。可以推断，这些“吾”的使用应是作者模仿文化阶层人群的言谈所致，属于小说虚构性对小说语言的影响。例如：

(7) 神仙相道：“……吾观官人，头圆顶短，定为享福之人。”

(《金瓶梅》第二十九回)

(8) 州牧看了，便有好些不快活起来道："这人这样不达时务的！前日吾见他在本州失事，吾本等好意，却叫得'引鬼上门'，我而今不便追究，只不理他罢了。"(《拍案惊奇》卷二十二)

(9) 水溶又道："只是一件，令郎如是资质，想老太夫人、夫人辈自然钟爱极矣；但吾辈后生，甚不宜钟溺，钟溺则未免荒失学业。"(《红楼梦》第十五回)

(10) 季苇萧道："人情无过男女，方才吾兄说非是所好。"(《儒林外史》第三十回)

第二人称代词"汝""尔"也都出自文化阶层人群较正式的对话，同样属于小说虚构性对小说语言的影响，不再举例。

不过，这并不妨碍我们选取一部语料，尤其是小说语料，作为某种语体的典型性语料。这是因为一部语料涉及的语体总是有限的，总有一种或几种语体是占主导地位的。以小说语料为例，世情小说绝大多数情节围绕着日常家居生活展开，历史小说绝大多数情节围绕战争、政论展开，神魔、侠义也各有其情，因此它们涉及的主要情境特征也是相对有限和固定的，主要涉及的语体也便随之凸显出来。

1.2.3.3　从语料出发的语体划分

由于交际情境的多样性，语言中存在多少语体是无法尽知的。今天语体划分所依据的情境特征，都是前辈学者逐渐认识和累积的，在这些情境特征基础上识别和划分出的语体也是有限的。前辈学者的实践表明，最初的语体划分往往始于语料的分类，前辈学者是从不同种类的语料出发，逐渐认识语料之间的交际情境差异，才逐渐明晰了语体的概念，做到了语体的划分。

虽然语料也是多种多样的，且一种语料内部可能涉及多种语体，但我们的语体划分仍不妨从语料出发。这是因为，情境多样性为我们归纳语体提供了非常广阔的空间——任何一种语料都可以归纳出一些跟其他语料不同的情境特征和在语料内部占据主导地位的情境特征,并且有着与之匹配的语言学特征,所以任何一种语料都可以视为一种语体。这也就是为什么 Biber(1988)将 23 类语篇直接视为 23 种语体而仍然可以成立、仍然可以归纳出相应的情境特征和语言学特征的根本原因。

语体划分从语料的分类出发,对于语体研究刚刚起步的汉语史领域来说,显得尤为重要。今天汉语史研究的主要语料是历史文献,也就是历史书面语材料。可是这些浩如烟海的历史书面语材料,涉及哪些重要语体(书面语体的下位语体),我们至今所知甚少;哪些语体是古典的书面语,哪些语体是可以反映口语的通俗的书面语,我们目前只有一个"文言—白话"的笼统区分;在笼统的"白话"语体中,哪些语体比较接近口语语体,哪些语体距离口语语体较远,我们也缺乏细致的考察;在"文言"与"白话"之间,有多少像公文那样"模棱两可"的语体,那些语体中"模棱两可"的东西究竟是什么,又从何而来,这方面的研究更加匮乏。总之,汉语史的语体研究还处在一个初始、粗放的状态。鉴于这种局面,我们可以从现有的语料出发,结合传统的文献分类(主要是体裁、题材分类),将每一种语料都视为一种书面语体,对各语体进行广泛、细致的比较;通过比较积累一定的成果以后,才可以较为准确、清楚地划分汉语历史书面语体的下位语体。

本书的语体划分即主要从汉语史的语料种类出发,相关划分将在 2.1 中详细介绍。

1.2.4 语体分析

1.2.4.1 语篇分析、语体分析、体裁分析、风格分析

Biber 和 Conrad(2009)指出,由于语体是根据特定交际情境而采用特定语言学特征所形成的语言变体,因此语体分析至少包括三方面内容:一是情境特征分析,二是语言学特征(词汇、语法)分析,三是对情境特征与语言学特征的关联性分析。

下面主要辨析语体分析跟语篇分析、体裁分析、风格分析的差异，在此基础上讨论语体分析应关注哪些语言学特征，语体的语言学特征是本书要研究的重点。

前文已经谈到，语篇是大于句子的语言单位，语体是语篇在特定角度上的分类。正是由于语篇的性质和语体对语篇的“依存”关系，使语篇分析与语体分析存在高度的一致性——语篇分析既包括对语篇形式和意义的分析，又包括对交际情境的分析，还包括对二者关系的分析；而语体分析也大致如此，既要分析语篇的语言学特征，又要分析交际的情境特征，还要分析二者的关联。

但实际上，语篇分析的内涵比语体分析更丰富。语篇的形式不仅涉及语言学特征（词汇、语法），还包括语篇的结构形式，因此语篇分析也可以是体裁分析，即分析交际情境与结构形式。如果不考虑交际情境特征，而去考虑语篇作者或时代的审美特征，那么语篇分析还可以是风格分析，即分析审美取向与语言学特征。

语篇分析的丰富内涵提示我们，对一种语篇进行语言研究，如果是从语体的角度进行，就应选取那些跟交际情境特征相联系的语言学特征，而避免那些跟交际情境相联系的篇章结构特征，以及那些跟审美取向相联系的语言学特征。以明清公文为例，如果将明清公文视为一类语篇，那么我们可以对明清公文语篇进行语体分析，比如明清公文频繁使用第三人称代词“伊”，同时期的其他语体不用，这是基于公文对第三身称代的需要而从韵律性白话语体（诗、词、曲等）迁移而来的。我们也可以对明清公文语篇进行体裁分析，比如“为……事”结构，由于“为”和“事”之间的成分可以很简单（一个词）也可以十分复杂（一个句群），所以这一结构显得很特殊；但由于这种结构总是出现在公文的第一句话，点明该件公文的发文事由，所以这种结构实际上带有语篇标记的性质，它标记的是公文的起始，在一篇完整的公文中只出现一次，属于公文的一种篇章结构特征。所以，如果是对明清公文进行篇章语法研究，那么“伊”和“为……事”都可以作为研究的对象;但如果是对明清公文进行语体语法研究,那么只有“伊”可以作为研究对象,而“为……事”则不是恰当的研究对象了。

语言学特征主要是词汇、语法方面的特征,因此比较容易跟语篇结构特征区分开,相应地,语体语言研究跟体裁语言研究也就不难分开了。但是,语言学特征究竟是跟交际情境相联系,还是跟审美取向相联系,有时是很难截然分开的。这导致我们的语体语言研究有时必须兼顾风格语言研究。比如明清公文第三人称代词“伊”的使用,首先是因为公文出于交际情境的原因,对功能完善的第三身代词有迫切需求。可是,同样是功能完善的第三人称代词,公文为什么最终使用了“伊”,而没有使用“他”呢?这很可能是由于“他”太过俚俗,而来自韵律性白话语体的“伊”相对雅致,更符合特定时期(明清)和特定社团(官吏)的审美取向。

在交际情境、风格之外,语言自身的因素,比如不同语体语言间的相互影响、语体语言自身的发展,也都是影响语体的语言学特征的重要因素。比如,“伊”迁移到公文语体,跟元代直译公文语体对传统公文语体的影响有关;明清公文中出现的系词“系”是在唐宋公文内部由动词演变而来的,是公文语体语言自身发展的结果。

可见,语体的语言学特征并不总是单纯地由交际情境特征造成的。鉴于这一情况,本书不限于那些单纯由交际情境导致的语言学特征,对那些有其他因素(如语体间影响、语体语言自身发展、审美取向等)参与的语言学特征也加以研究。相应地,对于语言学特征的出现,本书不仅从交际情境的角度予以解读,如有其他影响因素作用,也一并讨论。

1.2.4.2 语体分析下的语言面貌特征与语言系统特征

1) 语言面貌特征

语体分析所关注的语言学特征,可以分为语言面貌特征和语言系统特征。

语体的语言面貌特征,是指由特定语言成分或结构形式的有无或多寡给一种语体的语言带来的特征。这种语言学特征，只考虑特定语体中特定语言成分或结构形式的使用频率，不考虑这些成分或结构形式在语言系统中的地位，因此反映的是特定语体的语言面貌，不反映该语体的语言系统。Halliday（1985）、Biber（1988）、Biber 和 Conrad（2009）考察的都是特定语体的语言面貌特征。Halliday（1985）从有无韵律特征（语调、节奏）、实词的密度、语法隐喻（如名词化成分）的多寡等方面考察口语语体和书面语体的面貌差异，指出口语语体具有韵律特征、实词密度低、语法隐喻较少等语言面貌特征，书面语体则完全相反。Biber（1988）选取 67 个语法和词汇项目，通过统计 23 种语体在这些项目上的使用频率，确定 23 种语体的语言面貌的特征以及语体间的异同。这 67 个语法和词汇项目，被归为 16 个范畴，包括：

时体：1. 过去时动词；2. 完成时动词；3. 现在时动词。

处所和时间状语：4. 处所状语；5. 时间状语。

代名词和代动词：6. 第一人称代词；7. 第二人称代词；8. 第三人称代词；9. 代词 it；10. 指示代词；11. 否定代词；12. 代动词 do。

疑问形式：13. 直接的 WH 疑问形式。

名词性成分：14. 名词化成分（以-tion，-ment，-ness，-ity 结尾）；15. 动名词；16. 其他名词性成分。

被动形式：17. 无施事被动形式；18. by-被动形式。

状态性成分：19. 做主要动词的 be；20. 表示存在的 there。

从属性特征：21. that 式动词补语；22. that 式形容词补语；23. WH 从句；24. 不定式；25. 现在分词从句；26. 过去分词从句；27. 不带 which is 的过去分词式关系成分；28. 删除 which is 的现在分词式关系成分；29. 主语位置上的 that 关系从句；30. 宾语位置上的 that 关系从句；31. 主语位置上的 WH 关系成分；32. 宾语位置上的 WH 关系成分；33. 介词伴随型关系从句；34. 关系句；

35. 表致使的副词性从属关系成分(because);36. 表让步的副词性从属关系成分(although;though);37. 表条件的副词性从属关系成分(if;unless);38. 其他副词性从属关系成分。

前置短语、形容词、副词:39. 表总属的前置短语;40. 定语形容词;41. 表语形容词;42. 表总属的副词。

词汇特异性:43. 类符与形符之比(type-token ratio);44. 实词的长度。

各种词汇:45. 连接语;46. 减弱语;47. 模糊语;48. 夸大语;49. 强调语;50. 篇章助词;51. 修饰语。

情态动词:52. 可能性情态动词;53. 必要性情态动词;54. 预测性情态动词。

各种专门动词:55. 公动词;56. 私动词;57. 劝说动词;58. seem 和 appear。

减缩形式和不宜使用的结构:59. 紧缩形式;60. 主从关系词 that 删除;61. 被滞留的前置词;62. 被割裂的不定式;63. 被割裂的助动词。

并列形式:64. 短语性并列形式;65. 独立从句性并列形式。

否定形式:66. 综合型否定形式;67. 分析型否定形式。

需要说明的是,这 67 个语法和词汇项目本身不是语体的语言面貌特征,一种语体在这 67 个项目上的有无或多寡,才是语体的语言面貌特征。Biber 和 Conrad(2009)对语言学特征的分析延续了 Biber(1988)的框架,仍是在上述 67 个项目范围内分析语体的语言面貌特征。

最后要指出的是,属于同一语体的各语料在语言面貌上有很大的一致性,但是这种一致性是有限的、相对的,常常要在特定的观察角度上才能显现,不存在绝对的一致。以本书归入文言志人记事散文语体的各件语料为例,它们在第一人称代词的使用频率上,就存在较大差异,见表 1 - 1 所示:

表 1－1

志人记事散文语体	语料	第一人称代词使用频率(单位：次/万字)				
		吾	予	余	我	合计
明代	《宋学士集》	20.06	11.34	2.06	17.52	30
	《牧斋初学集》	13.97	5.88	7.84	16.91	28
	《震川先生集》	29.16	27.79	25.61	3.54	45
	《元史》	5.75	0	0	13.58	18
清代	《方苞集》	32.60	0.37	56.41	5.49	61
	《惜抱轩文集》	24.28	0	44.51	1.73	45
	《曝书亭集》	5.76	21.93	0.19	5.58	27
	《明史》	6.93	0.52	0	4.33	5

以“吾”为例,《方苞集》的使用频率 32.60 次/万字,远高于《元史》的使用频率 5.75 次/万字;就总体而言,《方苞集》第一人称代词的总体使用频率是 94.87 次/万字,而《元史》只有 19.33 次/万字。

这种面貌上的差异是语体语言研究难以避免的,它的存在并不意味着语体划分不正确,通常是因为:① 语体的划分不够精细,归入同一语体的材料在语言面貌上的一致性还不够高;② 材料容量不够庞大;③ 不同的作者有不同的语言习惯。如果要降低这种差异性,要么对材料和语体进行高度精细的划分,在语言面貌上达到高度一致;要么在相对科学的划分基础上,极大地扩展材料容量,以庞大的一致性压倒微量的差异性。

但是,如果换一个观察角度,便可以发现文言志人记事散文各语料在第一人称代词使用频率上存在一致性。比如,将文言志人记事散文跟文言论说散文比较,可以发现,在文言志人记事散文中,有 60%材料的第一人称代词的使用频率在 45 次/万字以下;而在文言论说散文中,有80%材料的第一人称代词的使用频率在45次/万字以上。从这个角度看,文言志人记事散文和文言论说散文的语言面貌是各自一致且彼此不同的。可见,同属一种语体的各种语料在语言面貌上的一致性总是相对的,常常要在特定观察角度上才能显现。

2) 语言系统特征

语体的语言系统特征,是指由特定语言成分或结构形式的语法功能给语体的语言带来的特征。这种特征,关注的是语言成分或结构形式在语言系统中的地位,因此反映的是特定语体的语言系统。特定语体中语法成分的功能变异(如明清公文语体的人员量词的分类功能发生变化),语法结构形式的变异(如明清公文语体量词连用的数量结构"名+数+量+量"),特定语体对同义成分的选择(如现代汉语操作性语体在处置标记上倾向于使用"将",不倾向于使用"把"),都属于语体的语言系统特征。学界对此已有不少研究,后文(1.3)将进一步介绍。

本书主要研究明清公文语体在语法系统上的特征,属于语体的语言系统特征;只在必要时涉及明清公文语体在语法面貌上的特征。之所以将语言系统特征作为研究的重点,是出于对明清书面语体实际情况和研究价值的考虑。明清时期,除典型文言语体和典型白话语体以外,各书面语体往往不是在单一的语言系统基础上形成的变体,而是在"文言/上古汉语"和"白话/明清口语"这两套语言系统的基础上形成的变体。这一点跟现代汉语不同,现代汉语的语体一般都是在现代汉语普通话的一套语言系统基础上形成的。"双基础"的特点,使包括公文在内的很多书面语体在语言系统上发生了丰富而复杂的变异,具有重要的汉语史意义和语体语法意义。考虑到这一点,本书决定将语言系统特征作为研究的重心。如无特殊说明,后文所说的"语言学特征""语法特征"皆指系统特征。

语言面貌的特征往往可以在交际情境上得到直接解释。比如,明清公文之所以较少使用人称代词，是因为公文的交际双方有着森严的等级关系，特别强调交际礼仪，倾向于使用敬称、谦称称呼彼此，以无感情色彩的称呼语称代第三方，而尽量避免以人称代词这种直接的方式进行称代；又如，公文交际的话题都是公共事务，交际目的（从发件方角度看）是要求对方合作完成一件公务，或命令对方执行一件公务，因此在表述中追求客观性，避免主观性，故而较少使用人称代词。

但是语言系统的特征，往往不能单独从交际情境上进行解释，需要结合语言的系统性。比如，明清公文中指示代词“其”的强指示性功能发达，用强指示性的“其”标记施政对象，这是公文交际严格区分施政主体和施政对象所致。公文之所以严格区分施政主体和施政对象，可以从交际双方以及第三方的关系、交际的目的上加以解释；而公文如何实现对施政主体、施政对象的区分，则是以代词系统的固有特点、“其”的固有功能为基础的。又如，基于元代公文语体对第三身称代的交际需要，“伊”从白话语体迁移到了公文语体中；至于为什么要迁移新的代词来满足交际需要，而不像过去那样继续借用指示代词，则是由于代词系统的固有特点和语体接触对代词系统的影响。

1.3　研究综述

前文（1.2）已经介绍了前辈学者的语体观念，涉及对语体的概念和语体分析的方法。这当中，Biber 和 Conrad（2009）的语体观念是本书的重要理论基础，其核心观念可以概括为三点：① 语体是观察语篇多样性的一个角度；② 语体是根据特定交际情境而采用特定语言学特征所形成的语言变体；③ 语体分析至少包括情境特征分析、语言学特征（词汇、语法）分析以及对情境特征与语言学特征的关联性的分析。

对于前辈学者的语体观念，本节不再详述。下面主要介绍语体观念下的汉语研究。前文谈到，在具体的研究中，汉语的“语体”一词有着丰富的内涵，既可以指语域（register），也可以兼有语域、体裁（genre）之义，或兼有语域、风格（style）之义。下面介绍的语体观念下的语言研究，并不限于语域意义上的语体，也包括“语域+体裁”和“语域+风格”意义上的语体。

现代汉语领域，语体观念下的语言研究由来已久。在语法方面，应以赵元任（1979）为先驱，朱德熙（1987）、胡明扬（1993）较早提出应区别看待不同语体带来的不同语法特征。语法学界积极追求语体语法的理论构建，如陶红印（1999），张伯江（2007，2012），方梅（2007，2013），冯胜利（2010，2012），王永娜（2013），卢芸蓉、朱军（2013），冯胜利、施春宏（2018）等；同时，也从以下三个方面开展了具体研究。第一，特定语体的语法系统特征研究。这方面的研究最为丰富，涉及动词（陶红印 2007；王永娜 2010）、动态助词（刘林，陈振宇 2012）、否定表达形式（杜道流 2006；王一军 1999）、特殊句式结构（董秀芳 2003；陶红印、刘娅琼 2010a，2010b；王景丹 2001a，2001b，2007；温锁林 2008，王永娜 2012a，2012b，2015）等诸多问题，还有对特定语体的多种语法问题进行综合考察的研究（陈建民 1991；冯胜利 2003；石定栩，苏金智等 2001；尹世超 2001）。这些研究涉及口语语体、书面语体、公文语体、法律语体、操作语体、戏剧语体、新闻语体、科技语体等多种语体。第二，不同语体的语法差异研究。如张宁（1994），方梅、宋贞花（2004），刘桂芳、谭宏姣（2005），邓骏捷（2008）等。第三，相同语法范畴的跨语体比较。如郑远汉（1987），彭小川（1999），潘文（2006），李秀明（2007），吴云、刘顺（2000），吴春相（2013），卢芸蓉、朱军（2013，2014），王永娜、冯胜利（2015），姚双云（2017）等。词汇方面的研究相对较少。汪维辉（2014）开始寻求语体词汇的理论构建，邓耀臣、冯志伟（2013）用统计的方法探讨汉语词汇长度与语体的关系，孙旭东、戴卫平（2017）讨论科技词汇的基本特点，张文贤、邱立坤等(2012)讨论同义词的语体差异,王东海(2014)讨论了词汇化过程中的语体影响。此外,还有兼涉词汇、语法的语体语言研究(刘丙丽,牛雅娴,刘海涛 2013),对语体语言研究方法的探讨(金立鑫,白水振 2012),对语体接触造成语言变化的研究(孙德金 2012),以及以语体观念观照历史材料的研究(冯胜利 2014)。

汉语史领域,语体观念下的语言研究并不多见,如梁银峰(2012)、张亚茹(2014,2016)、卢烈红(2016)、史文磊(2020)等。此外,一些辨析文言与白话的研究也具有一定的语体意识,代表性的如吕叔湘(1990)、郭绍虞(1982)、张中行(1988)、徐时仪(2007)等。

在专门的公文语言领域,现代公文语言研究大都具有一定的语体意识。语法方面,以语法成分或句式结构在公文中的特殊用法研究为主,如"对"字句研究(王景丹 2001a;李孝国 2002;陈俐冰 2010)、"关于"的研究(郝全梅 1999)和话语标记的研究(李秀明 2007)等。词汇方面,以考察公文的词汇面貌居多,如柴俊星(2001),宁致远、刘永章(1985),穆嘉明(2002),欧阳程(2007),乔卫星(2013)等;也有针对公文中某一类词语的研究,如王礼胜(2003),肖燕(2007),刘玉福(2007),孙启高(2014)等。修辞方面的研究最为丰富,一般以公文的语体特征或风格特征为重点,如杨胜英(1988),王家齐(1991),李嘉耀、李熙宗(1996),袁晖、李熙宗(2005),王德春、陈瑞端(2000),袁晖(2008),梁荻(2001),杜纯梓(2003)等;也有兼顾语法、词汇和修辞的考察,如李炜(2000)、盛炎(2001)。此外,还有对现代公文语言进行全面研究的专著,但往往是从公文的性质、公文的语言面貌(语法、词汇、修辞)和公文写作等多个方面入手,并非纯粹的语言学研究,如刘雨樵、彭树楷(1987),杨文波(1992),柳新华、徐艳华(2014)。

比起现代公文语言研究,历史公文语言的研究显得很薄弱,且大都缺乏语体意识,只是将公文作为一种反映古代政治生活的材料,进行无差别的语法史和词汇史描写,以学位论文居多。如宋慧曼

(2004,硕士学位论文)考察了清初档案的被动句,晏一立(2006,硕士学位论文)考察了清代雍正时期内阁三法司档案词汇,侯璐(2010,硕士学位论文)考察了唐代奏议的语言面貌和风格,管锡华(2012)考察了清代康熙时期朱批奏折量词,张福通(2015,博士学位论文)考察了唐代诏令词汇,陆娟娟(2015)考察了吐鲁番出土文书词汇,唐雁凌(2015,硕士学位论文)考察了《东北边境档案选辑》所收清代至民国时期档案词汇,高广敏(2015,硕士学位论文)考察了太平天国文书语言风格。

学界对历史司法文书的研究取得了较为丰富的成果,可以视为广义的公文语言研究。这类研究以修辞和词汇研究为主,如田荔枝(1996,2011)、王启涛(2003,2016)、赵静(2008)、高翠粉(2008)、刘愫贞(2009)等。

此外,还有一些借助古代公文解决一般汉语史问题的研究。如李崇兴(2002)借助《元典章·刑部》所载公文和司法文书,通过公文和司法文书中"讫"的句法表现论证"了"在元代的发展。李小军(2008)、刘君敬(2009)借助公文或具有公文性质的材料,讨论指示代词"该"的出现。

综上所述,在现代汉语领域,语体观念下的语言研究已很丰富,在语体的语言学特征、语体间的语言变异以及语体语言理论等方面都取得了一定成果,但是研究较为零散,缺少针对特定语体的完整、系统的研究,同时,也显露出语体概念含混、对语体与语言学特征的对应关系认识不充分等问题;在汉语史领域,语体观念下的语言研究整体上还比较匮乏,除司法文书研究和个别涉及公文语体的研究以外,几乎看不到语体观念下的公文语言研究。

分语体的语法、词汇研究,已成为汉语研究的一个重要方向。在汉语史领域,为展现历史语体间的语言变异,更加精细、全面地展现历史汉语的面貌和发展脉络揭示历史语体语言变异,同时也为了解决语料复杂性给汉语史研究带来的现实挑战,开展分语体的汉语史研究已势在必行。而分语体的汉语史研究首先要做的,便是树立科学的语体观念,从具体语体和具体语言特征入手,进行大量基础性、实证性考察。本书正是按这一路径对分语体汉语史研究展开的一次尝试。

第二章

明清公文语体概述

2.1　明清公文语体及其语料

2.1.1　明清公文语体的界定

公文是一种常见的语体，前辈学者在归纳语体类别时基本都会设立公文一类。李嘉耀、李熙宗(1996)[173] 指出："公文语体也称公文事务体，是适应事务交际场合、目的的需要运用全民语言而形成的语言表达特点的综合。它是现代汉语语体系统的基本语体类型之一，属于书面语体中的一种。公文语体的基本功能，是在国家机关、社会团体之间的行政事务中起联系、传达作用，同时也负担着跟社会成员以及成员个人之间事务上的联系交流的职能。"王德春、陈瑞端(2000)[130] 也设置了"事务语体"(又称"公文事务语体")一类，提出："事务语体适用于公众行政事务领域，其语境类型是国家机关、社会团体、企事业单位乃至个人之间行政事务的交往场合。"

本书所说的公文语体，正是一种针对国家公共事务，用于国家机关、社会团体之间，起到联系、传达作用的语体。

公文语体的交际情境有鲜明的特点，对应着独特的语言学特征。其情境特征至少包括：1) 公文的交际双方不是个人，而是国家机关或团体;2）交际者的关系一般是政治职能关系（如现代的公安机关向检察机关发送公文,公安机关与检察机关的关系便是政治职能上的行政与司法的关系;行政机关内部不同部门之间发送公文,交际者之间是更具体的行政职能关系）,并且有着森严的等级（上级、下级、平级）;3）交际的场所总是公务性场所（虽然交际双方通常在空间上是分离的,但彼此都是在公务场所阅读或撰写公文）;4）交际的目的,虽然每件公文的具体交际目的都不相同,但公文有一个普遍性的交际目的,即通过命令他人或与他人合作去执行某项公共事务;5）交际的话题,虽然每件公文的具体话题都不相同,但公文有一个普遍性的话题,即执行公共事务。正是上述情境特征的存在,使公文交际在客观性、礼节性、准确性等诸多方面有特殊的追求,表现在语言学特征上,以明清公文为例,便出现了较少使用人称代词、频繁使用指示代词、频繁使用判断句、较少使用通用量词等语言面貌特征,还出现了使用独特的第三人称代词、指示代词功能变异、量词功能变异、介词功能变异、发展出专门系词等语言系统特征。

任何一种语体,包括公文语体在内,都可以按照时代的不同,分出不同的下位语体。本书所说的明清公文语体,指明清时期的公文语体,正是从历时角度对公文语体进行划分的结果。明清公文语体拥有公文语体的基本情境特征和基本语言特征,只是在某些特征上体现出时代的特点。比如,交际者的关系同样是政治职能关系和等级关系,但明清公文交际者中有一个至高无上的皇帝,皇帝跟国家机关的职能关系、等级关系,明显不同于国家机关之间的职能关系和等级关系。这对明清公文语言也提出了新的要求,比如,皇帝专用的公文（诏敕）可以凸显自我,强调个人权威,因此这类文书常用称代说话人自己的人称代词（“朕”）,但其他公文则往往隐藏自我,凸显客观性,因此基本不使用称代说话人自己的第一身代词。

综上所述,明清公文语体是公文语体进行历时划分的结果,指明清时期针对国家公共事务,用于国家机关、社会团体之间,起到联系、传达作用的语体。

2.1.2 明清公文语体的语料

语体是语篇分类视角,公文语体正是从公文语篇中概括出来的。语篇的物质载体是语料,那么公文语体所对应的公文语料究竟有哪些,该如何划定和取舍呢?

李嘉耀、李熙宗(1996)[173] 从"文体"上划定公文的范围,既包括公文文体(如报告、命令、指示、批复、通报等),还包括规章文体(如章程、条例、规定、公约等),资料性文体(如调查报告、纪要等),一般事务语体(如条据、申请等)。其所谓"文体",可以理解为体裁(genre)范畴下的书面体裁。王德春、陈瑞端(2000)[130—131] 将公文事务性语体分为法律、外交、军事、经济、一般行政等多个事务领域,指出这些领域中具有"特定公文程式的话语"属于公文事务性语体。

本书主张首先从体裁(书面体裁)的角度划定公文语篇和相应的公文材料。从体裁的角度看,公文语篇有狭义和广义之分。狭义的公文语篇,指以专门的公文程式作为结构形式的语篇;从材料的层面看,就是使用专门的公文程式的材料,如报告、命令、批复、通报等。这种体裁的语篇和语料,是公文体裁和公文语料的典型成员。广义的公文语篇,还包括规章性体裁、资料性体裁以及其他体裁的文献语篇;从语料层面上看,包括章程、法条、公约、调查报告、条据等。这些语篇和语料,不具有典型的公文程式,因此不属于典型的公文体裁和公文语料。至于事务领域,不管是一般行政领域,还是军事、法律、经济等领域,只要具有专门公文程式,便属于典型的公文语篇和公文语料。

事实上,在古代公文领域,前辈学者虽没有采用语体、语篇的观念,但对典型公文和非典型公文早有认识。一般根据公文的发文者和公文的体式,将官府间往来的官府行移文书、臣工上报皇帝的上奏文书以及皇帝专用的诏敕文书,视为比较典型的公文;而广义的公文,除上述三种外,还包括外交文书(国书、檄文、劝降书、降书等),司法文书(状词、供词、判词等),法律法规(如法律条文、规章制度等),以及官方制作的图册簿籍等。

倪道善(1992)、秦国经(2005)根据文献记载和今天留存的明清档案的实际情况,对明清公文进行了梳理。对于典型的公文,可以根据公文发文者的身份和行文的方向,细分为官府行移文书、上奏文书、诏敕文书三类。明代的官府行移文书,上行有咨呈、呈状、申状、牒呈、牒上,下行有照会、扎付、下贴、故牒,平行有平咨、平关、平牒,此外还有禀、牒、票、告示、勘合、手本、付等不见于官制但在官府间实际通行的公文;上奏文书有题本、奏本、表、笺、讲章、书状、文册、揭帖、制对、露布、译等;诏敕文书有诏、诰、制、敕、册文、谕、论、国书、符、令、檄等。清代基本承袭了明代的公文制度。清代的官府行移文书,上行有咨呈、呈文、申文、牒呈、申呈、详文,下行有札文、牌文、扎付、牌票、牌檄,平行有咨文、移会、平移、关文、照会、牌,此外还有禀、堂谕、谕帖、示、函、票、验文、付等不见于官制但在官府间实际通行的公文;上奏文书有题本、启本、奏本、奏折、表、笺、等;诏敕文书有诏、诰、制、敕、册文、廷寄、谕、旨等。

明清时期的官府行移公文、上奏公文、诏敕公文三类典型公文语篇和语料,正是本书的研究对象。考虑到语体研究对语料典型性的要求,本书暂不涉及非典型公文,对于典型公文中附带的非典型公文(如上奏公文附带审判记录、官府行移公文附带状词等),一律予以剔除。如无特殊说明,本书所说的明清公文,不论是在语体层面还是在语篇、语料层面,皆指行移、上奏、诏敕这三类典型公文。

从现今的留存情况来看,明清公文主要保存在明清写本档案、明清文人的文集、明清公文集、明清历史资料集中，下面择其要者加以介绍。

1）明代公文档案

我国现存明代公文档案，主要收藏于第一历史档案馆（以下简称“一史馆”）和辽宁省档案馆（以下简称“辽宁馆”）。一史馆的明档主要源自清代内阁大库，辽宁馆的明档主要源自沈阳故宫。二十世纪九十年代，两家档案馆汇集各自明档，一并交由广西师范大学出版社影印出版，其成果在 2001 年面世，名为《中国明朝档案总汇》。此外，辽宁馆曾联合辽宁省社会科学院历史研究所，对其馆藏的一部分明档进行了整理，辑成《明代辽东档案汇编》，由辽沈书社于 1985 年出版。下面分别介绍这两部明档集合。

《中国明朝档案总汇》皆是原件影印，共 101 册，按馆藏分为第一历史档案馆部分（第 1 至 88 册）和辽宁省档案馆部分（第 89 至 101 册）。一史馆部分，名为《中国第一历史档案馆藏明朝档案》，按文书性质分为三编，第一编为折件类（第 1 至 48 册，共计 3 534 件），第二编为簿册类（第 49 至 74 册为《武职选薄》，第 75 至 77 册为其他簿册，共计 113 卷），第三编为书册类（第 78 至 88 册，共计 12 部）。辽宁馆部分，名为《辽宁省档案馆藏明代档案》，由辽宁馆对其收藏的 1 081 卷文书进行整理编排而成，共 710 份文件，按文件内容分为职官、军政、司法、民族、教育、财税、马市、屯田、矿业、交通、兵部题稿、明实录十二类。

《明代辽东档案汇编》是辽宁馆藏部分明档的整理、汇编本，分上、下两册，是辽宁馆藏明档的精华。该书是辽宁馆联合辽宁省社会科学院历史研究所，从辽宁馆内 1 080 卷明档中选出保存比较完整且较有价值的 585 份，加以整理、分类而成。全书用简化字从左至右书写，分章、分节、分段编排。全书分为“辽东都指挥使司档案”“山东等处总督备倭署、山东都司等档案”“兵部题稿”“《明实录》稿本”四部分，其中“辽东都指挥使司档案”又按文件内容分为军政、职官、财税、屯田、矿业、交通、马市、民族、司法、教育十类。

2）清代公文档案

与明代公文档案相比，我国现存清代公文档案的数量十分浩大，已整理出版的清档集合有三百余种。国内多家档案馆、博物馆和图书馆都保存有数量可观的清代公文档案，其中以一史馆馆藏最多，整理最善。

一史馆是我国保存清代档案的中心，馆藏明清公文档案达一千多万件(册)，除三千多件明代公文档案以外，其余都是清代档案，时间跨度从后金天命九年(1624)到宣统三年(1911)，直至溥仪退位后的1912至1940年，涵盖了清代公文的全部种类。一史馆先后整理了《清代档案史料丛编》(中华书局，1978—1990)、《清代中俄关系档案史料选编》(中华书局，1981)、《清代前期苗民起义档案史料》(与中国人民大学情史研究所、贵州省档案馆合编，光明日报出版社，1987)、《明清时期澳门问题档案文献汇编》(与澳门基金会、暨南大学古籍研究所合编，人民出版社，1999)、《康熙朝汉文朱批奏折汇编》(档案出版社，1984)等各类清代公文档案集合一百余种。其中，《清代档案史料丛编》内容丰富、规模宏大，颇具代表性。

《清代档案史料丛编》是由一史馆(1968—1980年称“故宫博物院明清档案部”)从所藏清档中选取具有一定史料价值的档案陆续整理而成。自1978年至1990年，共整理出版14辑，每辑以历史事件为专题进行编排，专题之内按具文时间先后排列，每件文书的末尾注明档案出处。《清代档案史料丛编》收录的范围上起后金天命十一年(1626)，下至中华民国元年(1912)，共计72个专题3 100余件文书，绝大部分为汉文公文，也有少量满文公文(已由《清代档案史料丛编》整理者译为汉文)。此外，《清代档案史料丛编》还刊载了一些关于清代档案情况介绍和名词解释的文章，共计15个专题。

《清代前期苗民起义档案史料》和《明清时期澳门问题档案文献汇编》也是本书使用的重要材料。《清代前期苗民起义档案史料》分上、中、下三册，围绕清代前期我国西南地区苗族人民起义的主题，从《宫中朱批奏折》《军机处录副奏折》《军机处上谕档》《军机处苗民起义档》等多种写本档案原件中，选取公文976件，时间跨度从雍正元年（1723）到嘉庆十年（1805），公文种类以上奏文书、诏敕文书为主。《明清时期澳门问题档案文献汇编》共6卷，第1至4卷为档案卷，收录明清公文档案2 197件；第5至6卷为文献卷，收录明清文献397种。其档案卷所收的2 197件公文，围绕明清澳门问题，主要选自一史馆所藏明清写本档案，时间跨度从明天启三年（1623）到清宣统三年（1911），涉及公文种类非常丰富，既有庞大典型的官府行移公文、上奏公文和诏敕公文，也有大量的非典型公文（如清单簿籍、章程、条约、电文等）。该书虽涉及明代，但明代公文只有11件，其余2 186件皆清代公文。

3）明清文集

文人文集的内容实际上很丰富，不仅有散文、诗词、书信，还有大量公文。文集之所以会收录公文，是由于文集的作者曾做过官，撰写了大量公文，后来被他本人或后人编入了文集。文集作者撰写的公文，通常都是他本人做官时撰写的，个别是他做幕僚时为别的官员撰写的。这些公文保存下来的通常只是草稿而非原件，编者将草稿加以整理后编入文集。整理过程中，不免修改、润色，所以文集所载公文比起写本档案的公文原件，常常具有更多的文言成分。

文集所载公文多数是上奏公文，保存官府行移公文的文集并不多见。明代王守仁《王文成全书》是一部保存了大量官府行移文书的文集。该集（四库全书本）共38卷，其中第16卷至第38卷收录官府行移文公293件，主要是正德和嘉靖年间作者平定叛乱和镇压农民起义所撰写的行移公文；此外，第9卷至第15卷还收录了作者在弘治、正德、嘉靖年间撰写的上奏公文81件。

4）明清公文集

历史上专门的公文集并不多见，以私人编纂的上奏公文集为主，也有个别御制诏敕公文集。明清时期，专门的上奏公文集有《关中奏议》《孙毅庵奏议》《南宫奏稿》《讷溪奏疏》《潘司空奏疏》《两河经略》《两垣奏议》等，专门的诏敕公文集有《皇明诏令》《皇明诏制》《世宗宪皇帝上谕八旗》等。

《关中奏议》收录的是明代杨一清撰写的上奏公文，共10卷，195件，按照作者的生平和公文的主题，分为马政、茶马、巡抚、总制、提督5类，时间在明弘治至正德年间。这些公文大都围绕具体政务展开，很少空发议论，是理想的上奏公文材料。

《世宗宪皇帝上谕八旗》收录了清代雍正皇帝针对八旗政务发布的一系列诏谕，共13卷，692件/条。这当中，有的是雍正皇帝就某事直接发布的诏谕，有的是对大臣上奏的回复，也按诏谕类公文进行了收录。

《皇明诏令》《皇明诏制》是两部明代诏敕类公文集。由于明代诏敕公文留存至今的非常稀少（整个《中国明朝档案总汇》也只有3件），所以这两部公文集便显得愈加珍贵。可是，这两部公文集所收诏敕类公文，大都在语言上不属于典型的公文语体。明代诏敕公文大致有诏、诰、制、册文、敕、谕等。陈时龙（2010）指出，明代的诏、诰、制都不是一般的公文，诏、制常在大型典礼中颁布于天下，具有公开性和礼仪性；诰常作为训诫性文书发布给群臣，具有公开性和训诫性；而作为事务性公文，处理千头万绪的政务的，常常是敕和谕。此外，敕、谕可以像诏、诰那样作为公开发布的礼仪性或劝诫性公文，但诏、诰却从不像敕、谕那样用于具体政务。正是由于公开性、礼仪性和训诫性，诏诰（包括诏诰性的敕谕）公文在语言上显得冠冕堂皇，其语法表现过于接近文言（明初个别白话诏诰除外），跟一般事务性公文差异很大，因此不宜用于公文语体语法研究。调查显示，《皇明诏令》《皇明诏制》虽然篇幅巨大，但所载几乎都是诏、制、诰类公文,或用如诏、诰的敕、谕,另有少量册文、国书,未见处理具体政务的公文。出现这样的局面,跟《皇明诏令》《皇明诏制》两书宣扬皇权、"教化万民"的编纂目的有关。由于明代诏敕类公文非常稀少,而《皇明诏令》《皇明诏制》所收诏诰性公文又不属于典型的公文语体,所以事实上明代很难找出可以用于公文语体研究的诏敕类公文。[①] 正是因为这一点,也考虑到本书使用的明代官府行移、上奏公文在数量上已经十分庞大,而清代的诏敕类公文也十分具有代表性,所以本书语料并没有使用明代的诏敕类公文。

此外,明清编纂的历史资料集也收录了大量的公文,但目前还缺少发掘和整理。

2.1.3　本书的语体设定和语料选取

本书主张从汉语史的语料出发,将语料的种类作为语体的种类加以研究,待研究成熟后,再进行更加科学的划分。这样按语料种类设置语体,是在汉语史语体研究尚不充分的条件下采取的权宜之计,但也是符合语体多样性特点的,不违背语体语言研究的原则。本书的语体设置便主要依赖语料的种类进行,下面专门介绍本书的语体设定和语料选取。

明清公文语体是本书的研究对象,同时也是在划分上较为明确的一种语体。典型的明清公文可以按照公文种类分为官府行移公文、上奏公文和诏敕公文(相应地,明清公文语体也细分为这三种下位语体)。下面依照这三种典型公文,介绍本书选取的明清公文语料。

2.1.3.1　官府行移公文

官府行移文书分明代、清代两部分,明代共386件15.71万字,清代共

---

① 万明(2010)指出《皇明诏令》《皇明诏制》一类文献所收的诏敕类公文过于单一,从这一点上讲,目前我们掌握的明代诏敕类公文仍十分匮乏,急需进一步发掘和整理。

321 件 15.37 万字，明清合计 707 件 31.08 万字。详情如表 2－1 所示①：

表 2－1

<table>
<tr><th>官府行移公文</th><th>文献来源</th><th>时代</th><th>件数</th><th>字数</th><th>合计（按文献来源）</th><th>合计（按时代）</th><th>合计（按公文种类）</th></tr>
<tr><td rowspan="3">明代</td><td rowspan="2">《明代辽东档案汇编》</td><td>明中期（嘉靖）</td><td>112 件</td><td>5.66 万</td><td rowspan="2">255 件，10.88 万字</td><td rowspan="3">386 件，15.71 万字</td><td rowspan="9">707 件，31.08 万字</td></tr>
<tr><td>明后期（万历至崇祯）</td><td>143 件</td><td>5.22 万</td></tr>
<tr><td>《王文成全书》</td><td>明中期（正德）</td><td>131 件</td><td>4.83 万</td><td>131 件，4.83 万字</td></tr>
<tr><td rowspan="6">清代</td><td rowspan="3">《清代档案史料丛编》</td><td>清前期（顺治、康熙）</td><td>35 件</td><td>1.69 万</td><td rowspan="3">188 件，9.47 万字</td><td rowspan="6">321 件，15.37 万字</td></tr>
<tr><td>清中期（乾隆、嘉庆）</td><td>28 件</td><td>2.87 万</td></tr>
<tr><td>清后期（咸丰、光绪）</td><td>125 件</td><td>4.92 万</td></tr>
<tr><td rowspan="3">《明清时期澳门问题档案文献汇编》</td><td>清前期（康熙）</td><td>7 件</td><td>0.56 万</td><td rowspan="3">132 件，5.90 万字</td></tr>
<tr><td>清中期（乾隆、嘉庆）</td><td>7 件</td><td>0.41 万</td></tr>
<tr><td>清后期（咸丰至光绪）</td><td>118 件</td><td>4.94 万</td></tr>
</table>

2.1.3.2　上奏公文

上奏公文也分明代和清代两部分，明代共 77 件 15.82 万字，清代共 160 件 15.11 万字，明清合计 237 件 30.93 万字。详情如表 2－2 所示：

---

①　表 2－1 展示的是本书对明清官府行移公文的选取情况。按文献来源的合计，指各部文献被选官府行移公文的数量；按时代合计，指各时代（明、清）被选官府行移公文的数量；按公文种类的合计，指被选官府行移公文的总数量，不限文献来源和时代。下文的公文选取情况表，皆仿此表。

表 2－2

上奏公文	文献来源	时代	件数	字数	合计（按文献来源）	合计（按时代）	合计（按公文种类）
明代	《关中奏议》	明中期（弘治至嘉靖）	39 件	8.43 万	39 件，8.43 万字	77 件，15.82 万字	237 件，30.93 万字
	《王文成全书》	明中期（弘治至嘉靖）	38 件	7.39 万	38 件，7.39 万字		
清代	《清代档案史料丛编》	清前期（顺治、康熙）	66 件	5.31 万	160 件，15.11 万字	160 件，15.11 万字	
		清中期（乾隆、嘉庆）	48 件	3.63 万			
		清后期（道光至光绪）	46 件	6.17 万			

2.1.3.3　诏敕公文

诏敕公文选取清代 422 件 15.54 万字材料。详情如表 2－3 所示：

表 2－3

诏敕公文	文献来源	时代	件数	字数	合计（按文献来源）	合计（按时代）	合计（按公文种类）
清代	《清代档案史料丛编》	清前期（顺治）	43 件	0.59 万	199 件，5.84 万字	422 件，15.45 万字	422 件，15.45 万字
		清中期（乾隆、嘉庆）	18 件	0.79 万			
		清后期（道光至光绪）	138 件	4.46 万			
	《清代前期苗民起义档案史料》	清中期（嘉庆）	95 件	6.41 万	95 件，6.41 万字		
	《世宗宪皇帝上谕八旗》	清中期（雍正）	128 件	3.20 万	128 件，3.20 万字		

以上是本书针对明清三类典型公文的语料选取情况。为了保证明清公文语体语料的典型性，本书一般不涉及非典型公文，包括独立成文或作为公文附件的外交文书（如国书、檄文、劝降书、降书等）、司法文书（如状词、供词、判词等）、法律法规（如法律条文、规章制度等）以及官方制作的图册簿籍等。讨论个别重要语法成分时，如果涉及非典型公文，会做出特别说明。

从以上公文语料中选取的例句，本书将采用"来源文献简称+编号+公文种类简称"的方式标注出处。来源文献，《明代辽东档案汇编》简称"辽东"，《王文成全书》简称"王文成"，《关中奏议》简称"关中"，《清代档案史料丛编》简称"清档"，《明清澳门问题档案文献汇编》简称"澳门"，《清代前期苗民起义档案史料》简称"苗民"，《世宗宪皇帝上谕八旗》简称"谕八旗"。编号，一般先列出该件公文所处卷/册和所处专题，再列出该件公文的编号；没有编号的，列出公文题目。公文种类，官府行移公文简称"官府"，上奏公文简称"上奏"，诏敕公文简称"诏敕"。本书所用明清公文的来源、编号、题目，详见附录。

2.1.3.4　其他语体的语料

本书首先将明清公文语体跟明清典型文言语体（以明清文言志人记事散文语体为代表）和明清典型白话语体（以明清白话世情小说语体为代表）进行对比，呈现明清公文语体的语法特点。在此基础上，归纳具有语体类型意义的语言参项，尝试对明清七种书面语体进行分类。这七种语体分别是：明清文言志人记事散文语体、明清公文语体、明清白话历史小说语体、明清白话神魔小说语体、明清白话侠义小说语体、明清白话世情小说语体、明清戏剧语体。因此，除明清公文语体以外，本书还涉及六种语体，下面简单介绍这六种语体的语料。

1）明清文言志人记事散文

这里指叙述人物生平事迹的志、传、纪、事、行、状、述、行状、行述,以及少量游记。来源是明清时期的文人作品集和史书。明代15.38万字,清代15.61万字,明清合计32.44万字。详情如表2-4—表2-9所示:

表2-4

文言志人记事散文	文献来源	章节	字数	合计字数(按时代)	合计字数(按种类)
明	《宋学士集》	卷9、11、12、13、20	0.97万	15.38万	31.44万
	《震川先生集》	卷22、25、26、27,别集卷6	3.67万		
	《牧斋初学集》	卷48、49、70、71、72、73	4.48万		
	《元史》	列传第6至12	6.26万		
清	《方苞集》	卷8、9、14	2.73万	15.61万	
	《惜抱轩文集》	卷10、14	1.73万		
	《曝书亭集》	卷62、63、64、65、66、67、80	5.38万		
	《明史》	列传第8至15	5.77万		

2) 明清白话历史小说

表2-5

白话历史小说	文献来源	章节	字数	合计字数(按时代)	合计字数(按种类)
明	《春秋列国志传》	第20至44回	7.57万	15.29万	30.46万
	《三国演义》	第31至46回	7.72万		
清	《北史演义》	第20至38回	7.81万	15.17万	
	《南史演义》	第10至21回	7.36万		

3）明清白话神魔小说

表 2-6

白话神魔小说	文献来源	章节	字数	合计（按时代）	合计（按种类）
明	《三宝太监西洋记》	第20至29回	7.34万	15.07万	30.08万
	《西游记》	第20至30回	7.73万		
清	《绿野仙踪》	第20至31回	7.49万	15.01万	
	《女仙外史》	第20至32回	7.52万		

4）明清白话侠义小说

表 2-7

白话侠义小说	文献来源	章节	字数	合计（按时代）	合计（按种类）
明	《水浒传》	第20至28回	7.97万	15.30万	30.38万
	《英烈传》	第20至48回	7.33万		
清	《荡寇志》	第90至97回	7.74万	15.08万	
	《水浒后传》	第20至31回	7.34万		

5）明清白话世情小说

表 2-8

白话世情小说	文献来源	章节	字数	合计（按时代）	合计（按种类）
明	《金瓶梅》	第21至31回	7.52万	15.49万	30.67万
	《拍案惊奇》	卷1、2、6、12、15、22、34	7.97万		
清	《红楼梦》	第6至16回、第19回	7.45万	15.18万	
	《儒林外史》	第21至33回	7.73万		

6）明清戏剧

表 2－9

戏剧	文献来源	章节	字数	合计（按时代）	合计（按种类）
明	《浣纱记》	第 1 至 45 出	7.05 万	16.04 万	31.32 万
	《牡丹亭》	第 1 至 55 出	8.99 万		
清	《长生殿》	第 8 至 50 出	7.67 万	15.28 万	
	《桃花扇》	第 10 至 40 出	7.61 万		

2.2　明清公文语体与其他语体的比较

2.2.1　语体比较的方法和意义

本书所说的语体比较，是指在特定语言学范畴上将不同语体进行比较，从而凸显不同语体在该范畴上的语言学特征。

语体比较是本书的一个基本研究方法。具体操作是：在代词、量词、介词、系词等语法范畴上，将明清公文语体跟明清典型文言语体、明清典型白话语体进行比较，从而凸显明清公文语体在这些语法范畴上的特征。此外，本书尝试通过若干语言参项去划分明清书面语体的类型，其核心方法仍是语体比较，是在特定语言参项上将七种书面语体进行比较，把在该参项上表现一致的语体划为一种语体类型。

本书用于比较的语体有七种。具体操作是：在考察明清公文语体语法特征时，以明清文言志人记事散文语体作为典型文言语体代表，以明清白话世情小说语体作为典型白话语体代表，通过跟公文语体的对比，凸显公文语体的语法特征；而在划分明清书面语体类型时，则不涉及典型文言语体和典型白话语体的概念，直接在明清文言志人记事散文语体、明清公文语体、明清白话历史小说语体、明清白话神魔小说语体、明清白话侠义小说语体、明清白话世情小说语体、明清戏剧语体这七种语体上开展。

语体比较的直接意义，是凸显语体间的异同和目标语体的特征。就本书而言，通过对明清公文语体与典型文言、白话语体的比较，可以呈现三者在特定语法范畴上的异同，帮助我们发现公文语体在该范畴上的独特特征。以代词范畴为例，明清公文代词系统与典型文言语体的代词系统大体一致，考虑到文言语体的基础性地位，可以认为明清公文在很大程度上承袭了文言的代词系统；另一方面，明清公文语体的代词跟典型白话语体的代词差异很大，公文中很少使用白话代词，所用之处往往是对口语的引述；最后，公文代词系统也有自身的独特之处，比如拥有成熟的第三人称代词“伊”、指示代词“其”的功能变异等。

语体比较的深层意义，是展现语体间的相互关系。李嘉耀、李熙宗(1996)[165] 在语体比较的基础上将语体间的关系归纳为本同关系、排斥交叉关系、包孕层进关系三种。这样的语体关系，是语体间异同的进一步归纳，属于语体间的静态关系。但本书更关注的是语体间的相互作用关系，即语体间的相互影响，属于语体间的动态关系。就本书的研究来看，语体间的相互影响，主要表现为语法成分的跨语体迁移，以及语法范畴的跨语体迁移。公文在其他语体的影响下，引进了第三人称代词“伊”，建立了第三人称代词的语法范畴，正是语法成分和语法范畴迁移的表现。这一问题，将在明清公文语体的变异机制和动因(2.3.2)中详细讨论。

2.2.2　语体比较的两大基础语体：文言与白话

典型文言语体和典型白话语体，是本书在语体比较中最常用的两个语体。之所以选取这两种语体，是因为文言语体和白话语体是近代汉语书面语的两大基础性语体。下面对近代汉语阶段的文言、白话两种语体及其基础性地位略做介绍。

就近代汉语阶段而言,汉语在使用上存在言文分离的特殊现象。一方面,书面语体在多数情况下不是以口语语体而是以一种专门的文言语体为基础。文言,从汉语史的角度看,是后世文人从上古汉语继承来的语言;从习得的角度看,是后世文人从先秦两汉古籍和后世的仿古作品中学习来的语言。这种语言专门用于书面写作,便形成了文言语体。我们在明清文集、史书、碑铭上见到的各类散文,一般都属于文言语体的语料。另一方面,也有一种书面语体是以当时的口语语体为基础的,这便是白话语体。明清世情小说、神魔小说、戏剧等,通常都属于白话语体的语料。本书将文言志人记事散文、白话世情小说两类语料视为两种语体,将这两种语体作为典型文言语体和典型白话语体的代表。

在文言、白话语体之间,还存在一些不"文"不"白"的书面语体,它们在语言学特征上既有文言语体的成分,又有白话语体的成分,公文语体便是这样的一种语体。事实上,这样不"文"不"白"的书面语体还有很多。吕叔湘(1990)[4—8]将公文、契约、书信、手札等视为"通俗文言",指出它们是以文言的架子容纳了很多口语的成分。此外,明清时期的一些历史小说也常常给人不"文"不"白"的感觉,其"文""白"程度似乎介于"通俗文言"和典型白话语体之间。

近代汉语阶段的汉语书面语中,典型文言语体、典型白话语体和大量不"文"不"白"语体的存在,表明汉语书面语体是从文言、白话两大范畴中汲取语言成分而形成的,只是不同的书面语体在"文"或"白"上的程度有所不同。可以认为,文言、白话便是两种具有基础性地位的书面语体,各种书面语体都受这两种基础语体影响,从这两种基础语体中汲取语言成分,最终形成一个从典型文言语体到典型白话语体的连续统。我们目前对这个连续统两端的语体及其语料比较熟悉,但对中间的语体和语料还知之甚少;而各个"中间语体"在这个连续统上是如何排列的,我们目前也不是很清楚。就本书涉及的语体而言,文言志人记事散文语体、文言论说散文语体属于比较典型的文言语体,处在连续统的一端;白话世情小说语体属于比较典型的白话语体,处在连续统的另一端;公文语体、白话侠义小说语体、白话历史小说语体、白话神魔小说语体、戏剧语体,处在连续统的中间。这些"中间语体",以不同的语言参项去考量,得到的排序也不同。

文言语体以上古汉语(或者说经典书面语)为基础,白话语体以口语为基础。从这个角度看,文言语体与白话语体在书面语体中的基础性地位,实质是书面语体和口语语体在语言中的基础性地位在书面上的反映。

最后需要注意的是白话语体的双重属性问题。白话语体以口语语体为基础,因此在语言成分上是以口语成分为主导;但是白话语体毕竟是一种书面语体,它必然会带有不属于口语语体而属于书面语体的成分,这类成分往往跟文言语体是一致的。以白话世情小说为例,在人物对话之外的作者叙述部分,常常出现用作第三人代词的"其""之",这种成分的出现应当认为是白话语体的书面语体属性的反映。

2.3 明清公文语体的语法系统和相关问题

2.3.1 系统概述

明清公文语体的语法系统,一方面承袭自文言、白话两大基础语体,另一方面又发生了诸多变异,在很多范畴上都形成了不同于文言、白话语体的独特特征。

虚词方面,从成员上看,既有承袭自典型文言语体的成分,也有承袭自典型白话语体的成分;从系统功能上看,多数虚词都保持了跟文言语体或白话语体一致的功能,但也有很多虚词出现了公文语体特有的变异；句式结构方面，明清公文语体更接近典型白话语体，典型文言语体的一些标志性句式和结构并未被明清公文语体接纳。

本书并不致力于对明清公文语法系统做出全面描写，而是从变异机制着眼，选取在变异机制上具有代表性的四个语法范畴——代词、量词、介词、系词进行讨论。明清公文语体在代词方面的特征及其形成，反映了语法成分的跨语体迁移和功能变异；量词方面的特征及其形成，反映了功能变异具有系统性；介词方面的特征及其形成，反映了功能变异具有倾向性；系词方面的特征及其形成，反映了公文这种非通用语体中的语法化。

另有两个问题需要指出。第一，本书讨论的明清公文语体的语法特征，都是在共时层面上与明清其他语体比较得出的，不是在历时层面上与其他时代的公文语体比较得出的，因此这些语法特征可能同时也为其他时代的公文语体所具备，它们产生的时代不一定在明清。第二，本书讨论的明清公文语体的语法特征集中在虚词范畴上，基本没有涉及句式结构，这是因为调查显示，明清公文语体在句式结构上与白话语体的一致性很高，缺乏独特性；个别句式结构的变异，虽然具有一定的独特性，但过于零散，缺乏系统性；个别句式结构的变异，是伴随着虚词的功能变异而发生的，在讨论虚词功能变异时将一并讨论。

2.3.2　变异机制和动因

明清公文语体形成了不同于文言、白话语体的独特特征，是明清公文语体语言变异的表现。探讨明清公文语体语法特征的形成问题，也即明清公文语体语言变异机制和动因，是本书的重要追求。

就本书涉及的语法特征来看，公文语体语言变异的机制包括：语法成分的功能变异，非通用语体内部的语法化，语法成分或语法范畴的跨语体迁移。

变异的动因，至少涉及语言系统性、语体间语言接触两个方面。本书将结合“成分/范畴的跨语体迁移”机制进行说明。

2.3.2.1 功能变异

语法成分的功能变异，本书界定为同一个语法成分在甲语体中的语法功能跟它在乙语体中的语法功能有所差别。这种情况，我们可以说该语法成分在甲语体中的功能相对乙语体来说发生了变异，也可以站在乙语体的角度，说该语法成分在乙语体中的功能相对甲语体来说发生了变异；如果是在相对下位的语体跟相对基础性的语体间进行比较，那么可以将该成分在基础语体中的功能视为原本的功能，将在下位语体中的功能视为变异了的功能。造成功能变异的具体原因，往往是特定语体中独特的情境特征对语言成分提出了新的功能诉求。

在本书的研究中，指示代词“其”在明清文言语体、白话语体中是弱指示功能占优，到了明清公文语体中是弱指示功能与强指示功能持平，强指示性“其”被用来标记公文中的施政对象，这便是“其”的功能在明清公文语体中发生了变异。这主要是公文语体要求严格区分施政主体和施政对象所致。

语法成分的功能变异具有系统性。语法成分的功能变异有时不是孤立的，而是同一语法范畴下的多种语法成分并发功能变异，整个语法范畴整体进行调整，这是语法的系统性决定的。比如，明清公文语体的人员量词“员”“名”“口”在分类功能上发生系统性变异，“员”专用于官员，“名”用于官员以外的各类男性，“口”专用于女性，三者事实上涵盖了各类社会人员，在分类功能上形成了互补的分布格局。

语法成分的功能变异具有倾向性。语法成分的功能变异，往往基于原有功能，向着交际所需的方向变异。明清公文语体中，量词、介词等与名词紧密结合的虚词，存在一个明显的变异倾向，即成为某种具有特定政治意义的人员或事物的分类标记。出现这种倾向，是公文交际者在交际的人员、渠道、目的、话题等因素的作用下，追求语法功能与政治功能的对应所致。

2.3.2.2　语法化

语法成分的语法化，本书界定为一个语法成分在一个语体内部发生语法化，其结果是在该语体中发展为另一个语法化程度更高的新成分（涉及词性变化），或者在该语体中发展出语法化程度更高的新功能（不涉及词性变化）。这种语法化现象在白话语体中十分常见，是对口语语体语法化现象的反映。长期以来，汉语史的语法化研究只关注白话语体/口语语体中的语法化现象，但实际上，在公文这种非通用语体中，也会发生语法化，只是不太多见。比如，明清公文中存在一个公文专用的系词"系"，典型功能是连接主语和名词性谓语，表示判断；这种系词"系"，是在北宋公文中产生的，由"隶属、归属"义动词语法化而来。公文和文言都有"隶属、归属"义动词"系"，但只在公文语体中发展成了系词，在文言语体中没有进一步发展。

本书界定的成分的语法化跟成分的功能变异是有区别的：

1）语法化所产生的新功能，其语法程度一定比语法化之前的更高；功能变异产生的新功能，往往不涉及语法化程度的高低。如果一个成分在特定语体中出现了语法化程度更高的新功能，即便这个新功能是由交际情境特征导致的，也属于语法化（事实上，语法化本就存在交际功能的动因，交际功能导致语言变化并非语言变异所独有）。

2）语法化往往可以找到历时的线索，是渐变的；变异往往找不到历时的线索，相对而言是突变的。

2.3.2.3　语法成分/范畴跨语体迁移

"迁移"的说法借鉴了语言接触理论的"迁移"（transfer）。但语体间的迁移跟语言间的迁移是否相同、有多大关联，还有待进一步研究。本书的"迁移"只是对语言接触"迁移"在术语上的借鉴。

语法成分/语法范畴的跨语体迁移,可以表述为一种语体受到另一种语体的影响,出现了相同的语法成分或语法范畴。就公文语体来说,第三人称代词"伊"从韵律性白话语体进入传统公文语体,便是语体间语法成分的迁移;传统公文语体本没有第三人称代词的范畴,受到其他语体影响,以迁入"伊"的方式建立了第三人称代词范畴,故又属于语法范畴的迁移。

成分/范畴的跨语体迁移的动因,至少涉及语言系统性和语体间的语言接触两个方面。

语言系统性。比如,元代第三人称代词"伊"从白话语体迁移到公文语体,语言系统性是其重要的触发因素——公文语体中表示第三人称的代词"其"发生功能变异,引发系统内部连锁反应,亟需一个新的第三人称代词分化"其"的第三人称代词功能(详见3.3.3)。

语体间的语言接触,即不同语体之间在语言学特征上的相互影响。语码转换(code-switching)是这一因素起作用的关键。孙德金(2012)[60—63]认为书面表达中随功能的变化而转换语码,是现代汉语书面语语法形式选择的重要认识基础;他指出"有一定教育程度的汉语使用者,具有运用两种及以上书面语言变体(正式体和非正式体/典雅体和通俗体)的能力。而这两种书面语言变体可以视作两种语码。同一个人在写作不同体裁的作品时可能会选择不同的语码,在写作某一类作品时也可能会在不同的语码间进行转换";至于选择何种语码,他认为这跟语体选择的社会价值意识有密切关系。上述认识对本书的研究有很大启示,语码转换也可以在一定程度上解读本书涉及的语体间的相互影响。公文作者同时掌握文言、白话、公文等多种语体,在不同的情境下,交替使用不同的语体;而这几种语体作为几套语码同时存在于公文作者的大脑,文言、白话语码很可能影响公文作者对公文语码的使用,造成成分/范畴的跨语体迁移。第三人称代词"伊"的迁移即涉及韵律性白话语体、传统公文语体、直译公文语体间的相互影响(详见3.3.3)。

需要指出的是,不论内部动因还是外部动因,都是在特定交际情境的影响下发挥作用的。“伊”进入公文语体的动因之一是公文语体亟需新的第三人称代词替代“其”,之所以要替代“其”,是由于公文交际要坚决避免人员政治身份的混淆;动因之二是语体间的语言接触,而元代“直译”与“传统”双轨并行的公文交际环境是这一因素发挥作用的关键。

2.3.3　基于语法特征的语体类型划分

本书的另一个重要追求,是在考察明清公文语体语法特征的基础上,归纳具有语体类型意义的语言参项,尝试划分明清书面语体的类型。

本书主张从汉语史的语料出发,先将语料的种类作为语体的种类加以研究(参见 1.2.3.2)。这样处理,是为语体多样性所允许的,不违背语体语言研究的准则。但这只是权宜之策,因为汉语史分语体研究尚处于起步阶段,还没有现成的语体划分可供参考。

汉语史的分语体研究不能停留在以语料种类代替语体种类的水平上。之所以这样说,不仅是从语体语言研究的规范性考虑,更是从具体的语言事实出发——语体之间的语言学特征总是既有重叠又有分异的,而凭语料种类分出的语体,它们的重叠与分异可能更加杂乱,比如有的语体之间重叠甚大,可以加以归并;而有的语体之间分异甚大,确实应予分立。

鉴于这种局面,也是抱着推动汉语史分语体研究的愿望,本书希望可以通过对明清公文语法特征的考察,找出一些具有语体类型意义的语言现象,归纳为具有语体类型意义的语言参项,凭借这些参项,去划分明清书面语体的类型。本书将详细考察明清公文在代词、量词、介词、系词四方面的语法特征,在此基础上,提出四个具有语体类型意义的语言参项——“指示代词与第三人称代词的重合度”“通用量词‘个’的通用度”“‘在/于+时间’的使用频率”以及“复合型系词性成分的使用频率”。借助这四个参项，尝试对明清时期的文言志人记事散文语体、公文语体、白话历史小说语体、白话神魔小说语体、白话侠义小说语体、白话世情小说语体、戏剧语体等七种语体进行类型划分。

第三章

代词：跨语体的成分迁移和功能变异

本章围绕明清公文语体在代词系统(人称代词、指示代词)展开。通过与明清典型文言语体、典型白话语体的比较,可以发现明清公文语体的代词系统有两个显著特征:独有一种成熟的第三人称代词“伊”;强指示性代词“其”(做非领属性定语)使用频率激增。“伊”进入公文,体现了跨语体的成分/范畴迁移机制,迁移的动因可以从语言系统内部和语体间语言接触两方面分析;强指示性“其”激增,体现了成分的功能变异这一变异机制。“第三人称代词系统与指示代词系统的重合度”是具有语体类型意义的语言参项。在这个参项上,可以将明清七种书面语体划分为高度重合、中度重合和低度重合三类。

3.1 明清文言语体和白话语体的代词系统

对于明清白话语体的代词系统,前辈学者已有大量描写;对于明清文言语体的代词系统,虽无直接考察,但前辈学者对上古汉语代词的研究亦足以为之提供可靠的借鉴。但是,传统的汉语史代词研究注重历时演变,单个历史平面描写的最终目的是在跨时代比较中揭示历时的变化;而功能语体观念下的代词研究注重语体间变异,单个语体描写的最终目的是在跨语体比较中揭示语体间的差异。因此,这两种研究视角对代词成员的考察，以及对系统特点的归纳，都有不同的要求。鉴于此，本节在借鉴汉语史研究成果的基础上，主要从跨语体比较的视角对明清典型文言语体和典型白话语体的代词系统进行描写和归纳，以期更好地服务于跨语体比较，突出典型文言、典型白话、公文三种语体之间的变异和公文语体的独特特征。

3.1.1　明清文言语体的代词系统

3.1.1.1　上古汉语人称代词与指示代词的密切关系

文言语法是对上古汉语语法的继承。上古汉语代词系统有两个特点，一是没有真正意义上的第三人称代词，二是第三人称代词跟指示代词的关系极为密切。这一小节将讨论以上特点，并提出可以根据指示代词的指示性的强弱，来处理第三人称代词与指示代词的关系。

前辈学者对上古汉语人称代词研究颇多，在很多方面已达成共识。上古汉语的第一人称代词有“吾”“我”“予”“余”等。第二人称代词有“女(汝)”“尔”“而”“若”“乃”等，其中“尔”“而”“若”兼有指示代词的功能。上古汉语的第一、第二人称代词基本都可以在单句中充当主语、宾语或定语，只是在倾向性上存在一些差异。比如，“吾”多做主语、定语，很少做宾语；“而”“乃”多做定语，很少做主语、宾语。上古汉语没有专门的第三人称代词，表示第三人称主要用“其”“厥”“之”等。一般认为“其”“厥”“之”既有指示代词功能，又有第三人称代词功能。作为第三人称代词时，“其”“厥”“之”的称代功能并不纯粹，它们既可以称代人，又可以称代事物。更重要的是，它们的语法功能并不完备，“其”一般只做定语，只有在主谓短语或小句中可以做主语，吕叔湘(1990)[156]、王力(1989)[49]则认为所谓在主谓短语或小句中做主语的“其”实际仍是领属性定语；“厥”很少见，用法与“其”一致，郭锡良(1980)推测“厥”可能是“其”的早期形式；“之”表示第三人称一般只做宾语，只有在兼语短语中可以做兼语。既然

“其”（包括“厥”）、“之”不是专门的第三人称代词，那么该如何理解它们的性质，或者说，如何认识“其”（包括“厥”）、“之”兼有人称代词功能和指示代词功能这一现象呢？这个问题目前还存在争议，下文将结合指示代词的相关情况加以讨论。

上古汉语的指示代词按照指代功能的差异，可以分为多种类别。但前辈学者对一些重要指示代词的功能都有不同的认识，进而对指示代词的分类、指示代词与第三人称代词的关系，都有不同认识。一般认为“是”“此”“斯”“兹”是表示近指的指示代词，“彼”“夫”是表示远指的指示代词，“他”是表示旁指的指示代词，这些代词基本都可以在单句中充当主语、宾语或定语，只是在倾向性上略有差别。

各家分歧较大的，是“其”“之”一类兼有指示代词功能和人称代词功能的词。对于做非领属性定语的“其”和做定语的“之”，如“尔爱其羊，我爱其礼”“之二虫又何知”，由于它们通常不处在回指的位置上，因此容易判断为指示代词，各家对此没有实质上的分歧。但对于做领属性定语的“其”和做宾语的“之”，它们是否处在回指的位置上，有时是不易判断的。如“夏后殷周之胜，地未有过千里者也，而齐有其地矣”和“使杞子逢孙杨孙戍之”，“其”“之”既可以认为是处在回指位置，称代第三身，“其”称代“齐”，“之”称代前文的“郑”；也可以认为不处在回指位置，表示指示，“其”表示特指，“之”表示泛指。（郭锡良 1980）“其”“之”的多义性（既表示第三身，又表示指示），特别是上述歧义情况的存在，引发了各家学者对于如何认识“其”“之”一类代词，以及如何认识上古汉语第三人称代词与指示代词关系的讨论。下面介绍几家主要观点。

传统的观点是将做领属性定语的“其”视为第三人称代词，将做修饰性定语的“其”视为远指代词；将做宾语的“之”视为第三人称代词，将做定语的“之”视为近指代词；同时，承认“其”“之”作为第三人称代词时功能不完备（不能做单句主语），指称不单纯（既可指称人又可指称事物）。杨树达（1920）[91—95]，杨伯峻、何乐士（1992）[154]，在持有上述观点之外，指出“其”和做宾语的“之”还可以是表示泛指的指示代词。王力（1989）也持有上述观点，但认为传统所谓表示远指的“其”实际上表示特指。上述主张实际是将“其”“之”视为兼类词，既可以做第三人称代词（功能不完善），又可以做指示代词。这种主张本书称为“兼类”说。

吕叔湘（1985，1990）和郭锡良（1980，1989）关注到上古汉语第三人称代词与指示代词的密切关系，主张将“其”“之”视为指示代词。吕叔湘（1990）[164—166] 指出指示代词大多都有单纯指示和指示兼称代两种用法；文言的“其”“之”（以及“彼”）本质上都是指示代词，只是因为在承指（笔者按：即回指，下同）的位置上发挥了指示兼称代的用法，才有了类似第三人称代词的作用；文言没有真正的第三人称代词，“其”“之”（以及“彼”）应归入表示定指的指示代词一类。郭锡良（1980，1989）提出“其”表示特指，“之”不论定语位置还是宾语位置都表示泛指，它们都向第三人称代词发展，但在先秦时期都没有发展为第三人称代词，只是在一定程度上起了第三人称代词的作用。吕、郭二位先生的主张，实际上是不承认兼类，而是将“其”“之”视为指示代词，表示第三人称只是指示代词的特殊用法。这种主张本书称为“指示代词”说。梁银峰（2012）对“指示代词”说做了进一步论证，认为上古汉语的“是”“此”“彼”“夫”“之”都是兼有指示性和称代性的指示代词，并从语义的综合性角度加以解释；这些指示代词处在回指位置上时可以用来称代第三人，但始终没有丧失指示性，不是单纯表示称代性的典型第三人称代词。

姚振武（2001）认为，“其”“之”以及传统所谓的指示代词“是”“此”“彼”等都可以在承指的位置上起到称代第三人的作用，而且总体可以满足各个句法位置的要求；基于这一点，他提出上古汉语并不存在指示代词与人称代词的分别，“其”“之”“是”“此”“彼”共同构成了一个“古指称词”系统，而传统所谓第三人称代词与指示代词的差异，实际只是这些成分是否处在承指位置上所表现出的不同。这种主张实际上不承认上古汉语存在第三人称代词和指示代词两个类属，这样也就不存在“兼类”，或单单属于某一类而不属于另一类的情况了。这种主张本书称为“古指称词”说。

“兼类”说照顾了语法系统，但从语义出发分类笼统，掩盖了内部差异。“指示代词”说，郭锡良（1980，1989）主要从历史关系出发，吕叔湘（1990）、梁银峰（2012）主要从指示代词的指示性与称代性的辩证关系出发，将各位置上的“其”“之”都视为指示代词，只在特定情况下发挥第三人称的作用。这种观点揭示了上古汉语第三人称代词与指示代词不能截然分开的事实，更触及了问题的本质——指示代词本身是指示性与称代性的辩证统一。“古指称词”说比“指示代词”说更进一步，既然上古汉语不存在第三人称代词，也就没有必要设置一个“第三人称代词”的空类；既然上古指示代词皆可称代第三身，那么也就跟典型意义上的指示代词不同了，又考虑到它们在句法功能上是自足的，因此完全可以立为一个新的“古指称词”系统了。这种设置既满足了第三人称代词和指示代词的密不可分事实，又照顾了语法系统性，很有独到之处；但是这种观点忽视了指示代词本就是指称性和称代性的统一体，而且在历史和跨语言的证据方面也显得不足。

本书并不致力于解读上古汉语第三人称代词与指示代词的密切关系，之所以介绍这一问题，是因为第三人称代词系统和指示代词系统的关系，对于代词系统在不同语体间的变异具有重要意义。要说明这种变异，就必须先对上古汉语第三人称代词与指示代词的密切关系做出处理。

本书认可“其”“之”等词由指示代词向第三人称代词发展的观点，在此基础上，主要借鉴“指示代词”说的观点，同时主张以连续统的观念看待指示代词的指示性与称代性，具体处理是：

1）指示代词是指示性和称代性的统一体。指示代词作为指示词的一种，首先具有指示性；同时作为代词的一种，又具有称代性。指示代词的指示性和称代性是一个连续统，指示性越强，称代性越弱；

反之，指示性越弱，称代性就越强。

2）非领属性定语“其”和定语的“之”，是前辈学者公认的指示性最强、称代性最弱的指示代词，最接近指示词的典型功能（只指示，不称代），近乎纯粹的指示词。至于其指示意义，本书采纳王力（1989）、郭锡良（1989）的意见，认为“其”表示特指，“之”表示泛指。这些指示代词，可以称为“强指示性指示代词”，简称“强指示代词”。例如：

(1) 或曰：“以子之矛，攻子之盾，如何？”其人弗能应也。(《韩非子·难一》)

(2) 之二虫又何知？(《庄子·内篇》)

3）领属性定语“其”和宾语“之”，视为具有一定指示性和一定称代性的指示代词。这类“其”“之”可以按照是否处在回指的位置，[①]分为两种情况。

处在回指位置时，它们的称代性更强，指示性较弱，比较接近第三人称代词的典型功能（只称代，不指示），在上古汉语、文言和公文中，皆被当作第三人称代词使用。例如：

(3) 祁奚请老，晋侯问嗣焉。称解狐，其仇也。(《左传·襄公三年》)

(4) 爱共叔段，欲立之。(《左传·隐公元年》)

不处在回指位置时，它们的称代性较弱，指示性较强。但由于语境中往往存在相关预设，导致它们在意义上并非完全无所称代。所以处在非回指位置时，它们兼表指示和第三身称代两种功能。只是相对于强指示代词“其”“之”来说，它们的指示功能不够典型；相对于回指位置的“其”“之”来说，它们的第三身称代功能也不够典型。例如：

---

① 定语“其”的领属性与回指位置往往互为依据，即领属性定语“其”往往处在回指位置上，处在回指位置的定语“其”往往表领属。但仍可见到个别用例，在语义关系上表示领属，却无法在上文找到先行成分，不处在回指的位置上，如例(5)“失其所与”的“其”。

(5) 子犯请击之。公曰："不可。微夫人之力不及此。因人之力而敝之，不仁；失其所与，不知；以乱易整，不武。吾其还也。"(《左传·僖公三十年》)

(6) 子曰："知之者不如好之者，好之者不如乐之者。"(《论语·雍也》)

对于领属性定语"其"和宾语"之"，本书不强行区分哪些发挥着比较典型的第三身称代功能，哪些兼表第三身称代和指示功能。一是因为是否处在回指位置常常不易判断，受个人对文意的理解的影响非常大；二是因为本书所要考察的变异情况，并不需要给领属性定语"其"和宾语"之"进行细分。只需清楚它们都发挥着第三身称代的功能(有的较典型，有的不典型)，它们的指示性都不像非领属性定语"其"和定语的"之"那样典型即可。

正是由于领属性定语"其"和宾语"之"的指示性不像非领属性定语"其"和定语的"之"那样典型，因此可以将领属性定语"其"和宾语"之"统称为"弱指示性指示代词"，简称"弱指示代词"。

做兼语的"其""之"，以及做主谓结构或分句主语的"其"，性质与这类"其""之"相同，也属于弱指示性代词，不再赘述。

4) 关于"其""之"以外的其他指示代词。"厥"与"其"功能一致，但数量极少，因此本书对"厥"一般只统计，不讨论，可参考"其"的相关讨论。"是""此""彼"等，多数学者认为是表近指和远指的指示代词，本书赞同这一观点。虽然"是""此""彼"也可以出现在回指位置上，但不宜看作是发挥了第三人称代词的功能。这并非因为它们在回指位置上称代性不强，它们在回指位置上同样可以称代第三方人或事物；而是因为它们始终无法摆脱对距离的指别，始终反映着说话人与被指称事物的距离，无法像"其""之"那样比较单纯地称代第三方人或事物。

3.1.1.2 明清文言语体代词系统的两个结构性特点

明清文言语体基本继承了上古汉语的代词系统。

在本书的明清文言志人记事散文语料中，第一人称代词主要有

“吾”“予”“余”“我”，第二人称代词主要有“女(汝)”“尔”“若”“而”“乃”。表示第三人称的，是弱指示代词“其”“之”“厥”。“其”“之”“厥”充当第三人称代词时功能不完整、指代不纯粹。“其”“之”“厥”的使用情况本书将在指示代词中介绍。材料样本中第一、第二人称代词的数量(单位：个)和使用频率(单位：次/万字)，如表3－1所示：

表3－1

	第一人称				第二人称				
	吾	予	余	我	女/汝	尔	若	而	乃
明	220 (14.30)	137 (8.91)	128 (8.32)	184 (11.9)	117 (7.61)	44 (2.8)	7 (0.46)	1 (0.07)	1 (0.07)
清	202 (12.94)	122 (7.82)	232 (14.86)	73 (4.68)	46 (2.95)	16 (1.02)	9 (0.58)	0	1 (0.06)
合计	422 (13.62)	259 (8.36)	360 (11.62)	257 (8.29)	163 (5.26)	60 (1.94)	16 (0.52)	1 (0.03)	2 (0.06)

指示代词方面，表示近指主要有“是”“此”“斯”“兹”等，表示远指主要有“彼”“夫”，表示旁指主要有“他”“其他/其它”“其余”等。数量(单位：个)和使用频率(单位：次/万字)，如表3－2所示：

表3－2

	近指				远指		旁指		
	是	此	斯	兹	彼	夫	其余	其他/它	他
明	303 (19.70)	237 (15.41)	17 (1.11)	6 (0.39)	15 (0.98)	3 (0.20)	4 (0.26)	2 (0.13)	58 (3.77)
清	360 (23.06)	160 (10.25)	35 (2.24)	39 (2.50)	27 (1.73)	1 (0.06)	3 (0.19)	1 (0.06)	38 (2.43)
合计	663 (21.39)	397 (12.81)	52 (1.68)	45 (1.45)	42 (1.36)	4 (0.13)	7 (0.23)	3 (0.10)	96 (3.10)

数量最庞大的指示代词是“其”和“之”。“其”可以分为强指示

性和弱指示性两种功能。强指示性的“其”表示特指，例如：

(7) 其与之游者，相聚而哭。(《震川先生集》卷二十二《郑君汉卿寿藏铭》)

(8) 其郊王常溆、永思王常溥，母氏无考。(《明史·列传第八》)

弱指示性的“其”一般作为第三人称代词使用。有的明显处在回指位置上，发挥着比较典型的第三人称代词功能；有的不处在回指位置(前文没有明确的先行成分)，但语境中存在相关预设，并非完全无所称代，因此可视为兼有第三身称代和指示的功能。分别例如：

(9) 孛罗帖木儿以中书平章统兵镇西京，人畏其威，不敢仰视。(《宋学士集》卷九《刘彬卿传》)

(10) 畿南多回民，久聚为窃盗，不可胜诘。君多布尔目，得其巨魁，或亲捕之，凡年获盗百余。(《惜抱轩文集》卷十《张逸园家传》)

“之”未见强指示性功能，只有弱指示性功能，往往作为第三人称代词使用。有的明显处在回指位置上，发挥着比较典型的第三人称代词功能；有的虽不处在回指位置(前文没有明确的先行成分)，但也并非无所称代，可视为兼有第三身称代和指示的功能。分别例如：

(11) 一旦，以疾卒。彬卿召或者诘之曰：“此亦堕马死耶?”(《宋学士集》卷九《刘彬卿传》)

(12) 乾隆十一年，贵州布政使安州陈公调移安徽，过余北山，偶言及此，遂议兴复。逾岁五月告成，属记之。(《方苞集》卷十四《重建阳明祠堂记》)

此外，还有少量的指示代词“厥”，主要出现在清代朱彝尊《曝书亭集》所载志人记事散文中。但只有弱指示性功能，用法跟弱指示性的“其”一致，有的表示典型的第三身称代功能，有的兼表第三身称代和指示功能。分别例如：

(13) 又于衡宇之阳筑堂，曰孝廉之船，不忘厥考所自也。(《曝书亭集》卷六十六《履素先生祠堂记》)

(14) 恕少日善饮，及壮，以三爵自限，且为文以戒曰："小人哉，傅恕也！尔负学者之名，何为乎沉湎于酒，颠覆厥德。"(《曝书亭集》卷六十二《傅恕传》)

必须承认，对于弱指示性的"其""之""厥"，要判断哪些处在回指位置(有明确的先行成分)，哪些处在非回指位置(无明确的先行成分)，受个人主观因素影响很大，判断者对文意的理解不同，做出的判断也就不同。比如例(10)，如果认为"其"指的是前文的"回民"，那么"其"就处在回指位置，发挥着比较典型的第三身称代功能；如果认为"其"指的是盗贼，或做盗贼的回民，那么"其"便不处在回指位置上，考虑到语境中预设了盗贼的存在，因此可以认为这个"其"既有第三身称代功能，又有指示功能。不过，弱指示性功能的内部区分并不影响本书要论述的问题，只需清楚它们有的发挥着较典型的第三身称代的功能，有的发挥着不太典型的第三身称代功能(或者说不太典型的指示功能)即可。

指示代词"其""之""厥"的数量(单位：个)和使用频率(单位：次/万字)，如表 3－3 所示：

表 3－3

	其		之		厥	
	强指示性	弱指示性	强指示性	弱指示性	强指示性	弱指示性
明	24 (1.56)	1 514 (98.44)	0	1 444 (93.89)	0	8 (0.52)
清	92 (5.89)	1 592 (101.99)	0	1 007 (64.51)	0	1 (0.06)
合计	116 (3.74)	3 106 (100.23)	0	2 451 (79.09)	0	9 (0.29)

语料中未见强指示性的“之”和“厥”，是否意味着明清文言语体的“之”“厥”发生了变异？考虑到强指示性的“之”和“厥”在上古汉语中就非常少见，所以材料样本中没有看到，并不能说明什么问题。

值得注意的是“其”的问题。明清文言语体仍然可以明显看到“其”的强指示性和弱指示性之分。“其”的强指示性功能（116 例）在用量上远远少于弱指示性功能（3 106 例），这种格局与上古汉语是一致的。但到了明清公文语体中，这一格局发生了转变（详见 3.2.2.2）。

以上是明清文言语体的代词情况。可以看到，明清文言语体的代词系统与上古汉语一致，具有两个重要的结构性特点：第一，系统存在“空位”，即没有真正意义上的第三人称代词；第二，系统存在“重合”，即第三人称代词是由指示代词充当的。这两个特点，对于语体间的语言变异具有重要意义。“空位”的存在，为真正的第三人称代词“伊”进入公文语体提供了条件，是公文语体语言变异的重要现象；第三人称代词系统与指示代词系统“重合”的程度，是具有语体类型意义的语言参项，文言、公文、白话语体的重合度依次由高向低变化。有无专门的第三人称代词、“其”的强指功能和弱指功能的比例，是我们衡量“重合”程度的重要标准。“伊”的使用和“其”的变异是造成公文“重合”程度低于文言语体的原因。

需要指出的是，文言语体（以及上古汉语）本不存在“第三人称代词”这个语法范畴；白话语体中第三人称代词所表达的第三身称代功能，在文言语体中主要由指示代词表达。因此，说文言语体的第三人代词系统存在“空位”，以及说第三人代词系统与指示代词系统存在“重合”，完全是相较白话语体而言的。本书之所以这样操作，是为了设置一个各语体一致的语法体系，以便跨语体比较和跨时代比较。

3.1.2　明清白话语体的代词系统

第一章已经谈到，白话语体是具有口语语体和书面语体双重属性的书面语体。以白话小说语体作为白话语体的代表，还需要考虑小说的虚构性对语言的影响。白话语体自有的代词，主要体现了白话语体的口语语体属性；白话语体跟文言语体一致的代词，往往是书面语体属性的体现和小说虚构性的影响。出现第三人称代词“伊”，是小说作者虚构公文所致，“伊”在明清时期不是白话语体的典型语言成分。

3.1.2.1　人称代词和“伊”的语体属性

在明清白话世情小说语料样本中，第一人称代词有“我”（包括复数形式“我们”）、“咱/咱家”（包括“咱”的复数形式“咱们”）、“俺”（包括复数形式“俺们”“俺每”）以及“吾”。“我”是汉语最常用的第一人称代词，在各语体中通行。“咱”几乎只见于《金瓶梅》和《红楼梦》，是北方汉语的反映。“俺”（包括“俺们”“俺每”）只见于明代材料《金瓶梅》《拍案惊奇》，清代材料皆未见，很可能是因为“俺”到清代已经在通语中衰落了。这主要是历时演变和地域差异的问题，不涉及语体，这里不赘述。“吾”本是文言代词，只出现在文化阶层人物的对话中，属于小说虚构性对语言的影响。

第二人称代词有“你”（包括“你们”）、“汝”、“尔”。“你”（包括“你们”）是白话语体的典型语言成分，应来自当时的口语语体，是白话语体口语属性的反映；“汝”“尔”皆出自《拍案惊奇》中文化阶层的对话，属于小说虚构性对语言的影响。

第三人称代词有“他/他家”（包括“他们”）和数量稀少的“伊”，另有少量称代第三身的弱指示代词“其”“之”。“他”是典型白话成分；“其”“之”本是文言和上古汉语的指示代词，在这里它们多数出现在作者的叙述中，主要是白话语体书面语属性的反映。第三人称代词“伊”在本书选取的明清世情小说材料中仅有 2 例，1 例出现在供词中，1 例出现在书信中：

（15）又叫那假滴珠上来，供称道：“身名郑月娥，自身要报私仇，姚乙要完家讼，因言貌象<u>伊</u>妹，商量做此一事。”（《拍案惊奇》卷二）

(16) 日日在楼上睡中觉，一觉醒来，长随拿爿书子上来说道："这是河下万老爷家送来的，不等回书去了。"牛玉圃拆开来看："刻下仪征王汉策舍亲令堂太亲母七十大寿，欲求先生做寿文一篇，并求大笔书写，望即命驾往伊处。至嘱！至嘱！"(《儒林外史》第二十三回)

供词本就是公文的一种，而这件书信也写得颇不客气，具有一定的命令性，连结尾的"至嘱！至嘱！"也是小说仿写公文时常见的格式。这是否意味着，"伊"不是白话语体的典型语言成分，而是具有公文语体属性的成分呢？跳出本书设定的材料样本，在更大的范围和体量上考察白话中的"伊"，我们发现，"伊"在白话语料中罕见，仅有的用例几乎都出现在小说作者编写的公文中或具有公文色彩的话语中，可以说具有很强的公文语体属性，因此并不是白话语体的典型成分。

在明代白话世情小说《金瓶梅》中有第三人称代词"伊"7 例，除 3 例出现在词曲中以外，剩下 4 例都出自公文(奏疏 1 例、供词 2 例)或公文性话语(作者对审判结果的叙述，1 例)，分别例如：

(17) 却说二爷周宣引着六岁金哥儿，行文书申奏朝廷，讨祭葬，袭替祖职。朝廷明降，兵部覆题引奏：已故统制周秀，奋身报国，没于王事，忠勇可嘉！遣官谕祭一坛，墓顶追封都督之职。伊子照例优养，出幼袭替祖职。(《金瓶梅》第一百回)

(18) 摆设下刑具，监中提出陈三、翁八审问情由，只是供称："跟伊家人苗青同谋。"西门庆大怒，喝令左右："与我用起刑来！"(《金瓶梅》第四十七回)

(19) 见状上写着：告状人吴氏，年三十四岁，系已故千户西门庆妻。状告为恶婿欺凌孤霜，听信娼妇，熬打逼死女命，乞怜究治，以存残喘事……不料伊又娶临清娼妇冯金宝来家，夺氏女正房居住……为此具状上告本县青天老爷施行。(《金瓶梅》第九十二回)

(20) 不期雪娥缘事在官，已知是西门庆家出来的，周旋委曲，在伊父案前，将各犯用刑研审，追出赃物数目，望其来领。(《金瓶梅》第九十一回)

明代白话神魔小说《西游记》有第三人称代词“伊”4 例，1 例出现在状词中，3 例出现在后辈向长者申诉的语境中。例如：

(21) 行者道：“告状人孙悟空，年甲在牒，系东土唐朝西天取经僧唐三藏徒弟。告为假妖摄陷人口事……若不状告，切思伊父子不仁，故纵女氏成精害众。伏乞怜准，行拘至案，收邪救师，明正其罪，深为恩便。有此上告。”(《西游记》第八十三回)

(22) 行者顿首道：“上告我佛，弟子自秉迦持，与唐朝师父西来，行至金皘山金皘洞，遇着一个恶魔头，名唤兕大王，神通广大，把师父与师弟等摄入洞中。弟子向伊求取，没好意，两家比迸，被他将一个白森森的一个圈子，抢了我的铁棒。”(《西游记》第五十二回)

在明代白话公案小说《皇明诸司公案》中，第三人称代词“伊”多达 47 例，其中 43 例出现在状词、供词和判词之中。例如：

(23) 王元起去诉曰：“状诉为刁棍悬害事：……伊兄进贵，索典屋价，角口致仇，诬起调伊弟妇，打死伊弟。悬空加祸，平地风波。如打死一命，岂能埋没其尸？况调奸人妻，岂敢复打其夫！乞台洞察，劈砌电诬，良善得安。上诉。”(《皇明诸司公案》第一卷)

(24) 遂往自首曰：“状首为义杀恶妇事：训因卖卜，借宿平营家。伊妇元氏，夜杀其夫邀训逃走。训恨不义，因杀氏死。今闻蔽罪萧迈，不敢昧心，情愿陈首。有无罪戮，甘受无悔。上首。”(《皇明诸司公案》第一卷)

(25) 武太府判曰：“审得江可汲等身为捕卒，职应缉奸……僧道觉忘伊佛法，坏我王纲。翼虎张威，喇尽小民膏血，从瘟作病，收尽私谢钱财。明无勒骗之名，暗取坐分之利。毛以驱，网以取，均在得鱼；逐于后，射于前，同归猎兽。但其赃差少，故其罪稍轻。惩以杖刑，遣之归俗。”(《皇明诸司公案》第四卷)

《皇明诸司公案》中第三人称代词“他”约有272例，相比之下，“伊”的数量已经不少。之所以出现大量的“伊”，是因为这部小说编写了大量状词、供词和判词。

清代白话语料的局面与明代一致。世情小说《红楼梦》只有人称代词“伊”1例，但是做第二人称代词使用，出现在诗词中。世情小说《儒林外史》有人称代词伊3例，皆第三人称代词。1例出现在官府行移的“关文”中：

(26) 三公子叫取烛来看，见那关文上写着：萧山县正堂吴。为地棍奸拐事。案据兰若庵僧慧远，具控伊徒尼僧心远被地棍权勿用奸拐霸占在家一案……为此移关，烦贵县查点来文事理，遣役协同来差访该犯潜踪何处，擒获解还敝县，以便审理究治。望速！望速！(《儒林外史》第十三回)

1例出现在作者对审判结果的叙述中：

(27) 那知县与江都县同年相好，就密密的写了一封书子，装入关文内，托他开释此女，断还伊父，另行择婿。此是后事不题。(《儒林外史》第四十一回)

还有1例出现在书信中，上文已经调查到这一用例。需要说明的是，这件书信写得颇不客气，充满高位者命令、驱使低位者的口气，连行文也与公文相似：

(28) 一觉醒来，长随拿书子上来说道：“这是河下万老爷家送来的，不等回书去了。”牛玉圃折开来看：刻下仪征王汉策舍亲令堂太亲母七十大寿，欲求先生做寿文一篇，并求大笔书写，望即命驾往伊处。至嘱！至嘱！(《儒林外史》第二十三回)

以上调查表明,明清时期典型白话语体是不使用第三人称代词“伊”的,白话中零星的用例几乎全都出自小说作者仿作的公文或公文性话语。结合明清公文语体存在大量“伊”的事实,可以认定,在明清时期,“伊”是公文语体所特有的第三人称代词。公文语体代词“伊”出现在小说中,实属小说作者虚构公文或公文性话语所致。

以上是明清白话语体的人称代词情况。除了用于第三身称代的弱指代词“其”“之”以外,各人称代词的数量(单位:个)和使用频率(单位:次/万字),如表3-4所示:

表3-4

	第一人称				第二人称			第三人称	
	我、我们	俺、俺每、俺们	咱、咱家、咱们、咱每	吾	你、你们	女、汝	尔	他、他家、他们	伊
明	1 249 (80.63)	81 (5.23)	46 (2.97)	16 (1.03)	1 352 (87.28)	1 (0.06)	1 (0.06)	1 538 (99.29)	1 (0.06)
清	1 545 (101.78)	0	55 (3.62)	5 (0.33)	1 248 (82.21)	0	0	1 408 (92.75)	1 (0.07)
合计	2 794 (91.10)	81 (2.64)	101 (3.29)	21 (0.68)	2 600 (84.77)	1 (0.03)	1 (0.03)	2 946 (96.05)	2 (0.07)

3.1.2.2　指示代词

指示代词方面,表示近指有“这”“这X”(包括:这边、这个、这里、这般、这样、这些、这些儿、这会、这会儿、这会子、这等、这们、这么、这么个、这么样、这么些、这么着、这咱晚、这咱、这早晚)、“如此”和“此”“是”;表示远指,有“那”“那X”(包括:那会子、那等、那么、那咱)和“彼”;其他代词还有“恁”“偌”“兀的”“其”“之”等。

这当中,“此”“是”“彼”“其”“之”是白话语体跟文言语体相同的指示代词,所处既有作者叙述,也有文化阶层人物的对话,可以认为它们的使用是白话语体的书面语属性和小说的虚构性共同导致的。

白话语体指示代词（包括弱指示性“其”“之”）的数量（单位：个）和使用频率（单位：次/万字），如表 3 – 5 所示：

表 3 – 5

	这	这X	此	如此	是	那	那X	彼	恁	偌	其余	他	兀的	其		之	
														强	弱	强	弱
明	533 (34.41)	325 (20.98)	371 (23.95)	91 (5.87)	7 (0.45)	793 (51.19)	11 (0.71)	5 (0.32)	72 (4.65)	3 (0.19)	10 (0.65)	3 (0.19)	1 (0.06)	4 (0.26)	68 (4.39)	0	20 (1.29)
清	877 (57.77)	586 (38.60)	52 (3.43)	73 (4.81)	0	810 (53.36)	3 (0.20)	1 (0.07)	3 (0.20)	0	6 (0.40)	0	0	1 (0.07)	33 (2.17)	0	7 (0.46)
合计	1 410 (45.97)	911 (29.70)	423 (13.79)	167 (5.45)	7 (0.23)	1 603 (52.27)	14 (0.46)	6 (0.20)	75 (2.45)	3 (0.10)	16 (0.52)	3 (0.10)	1 (0.03)	5 (0.16)	101 (3.29)	0	27 (0.88)

白话语体也出现了少量指示代词“其”和“之”。与文言语体一致，“其”仍有强指示性功能（5 例）和弱指示性功能（101 例），前者的数量远远低于后者；“之”仍旧不见强指示性功能。

以上是明清白话语体的代词系统。明清白话语体的代词与明清公文语体存在很大差异，公文语体中极少出现典型的白话语体代词，仅有的少量用例，一般都出自公文对口语的引述。“伊”在明清时期具有明显公文语体属性，不属于典型的白话代词。

3.2　明清公文语体的代词系统

明清公文语体的代词系统跟明清文言语体有很高的一致性，集中表现为系统成员的高度一致。明清公文语体也有少量白话代词，但它们往往出现在公文对口语的引述中，因此不属于公文语体的典型语言成分。明清公文语体的代词系统最显著的特点，一是拥有成熟的第三人称代词“伊”，二是指示代词“其”的功能发生了变异。

3.2.1　人称代词

明清公文语体的人称代词在成员上与文言基本一致；少量白话

代词往往出现在公文对口语的引述(供词、情报等)中,不属于公文语体的典型语言成分。公文语体的人称代词最显著的特点是拥有成熟的第三人称代词“伊”,“伊”是文言和白话都不具备的。此外,“我”和“朕”的功能差异,也值得关注。

3.2.1.1　第一人称代词

明清公文语体第一人称代词主要有“我”“吾”“朕”。

“我”是公文语体最常见的第一人称代词,但一般用于称代说话人所属的一方,几乎不用于称代说话人自己。“吾”不是公文语体的典型语言成分。“朕”出现在诏敕类公文中,专门用于称代说话人自己。

1) 我

“我”是文言、白话和公文语体都通行的第一人称代词。明清公文语体的“我”主要做定语,少数可以做主语、宾语和兼语。明清公文语体“我”的特殊之处在于,绝大多数“我”都是称代说话人所属的一方,极少数用来称代说话人自己;而称代说话人自己的“我”,又绝大多数出自公文对口语的引述。如果将公文引述的口语内容视为非典型的公文语体语言,将口语引述之外的内容视为典型公文语体语言,那么可以看到,在典型的公文语体语言中,“我”做定语时,都是称代说话人所属的一方(345 例),没有称代说话人自己的。例如:

(1) 前贼被我兵马抵敌,未敢开营散抢。(辽东,一·二三〇,官府)

(2) 夜间逆匪由北面凫水隐出,窥伺我营动静[清档,第五册,新发现的有关太平军北伐的史料·(三)·15,官府]

(3) 我朝定鼎之初,用人孔急,故凡从龙汉军诸臣以及其子弟稍知文义者,即行录用,通未有从科目出身者。(清档,第十册,康熙朝黄册中有关科举考试史料·1,上奏)

(4) 若畏罪潜匿,亦不值烦我兵力,过事搜求,惟当持以镇静为要。(苗民,八·46,诏敕)

“我”做主语、宾语、兼语时，主要称代自己所属的一方（15例），少数可以称代说话人自己（4例，其中3例出自同一件公文）。称代自己一方的，例如：

(5) 然危险已到十分，敌既胆寒，我犹心悸。（清档，第十三册，清廷收抚冯麟阁史料·8，官府）

(6) 凡兵之情，畏我则不畏敌，畏敌则不畏我。（王文成，卷九，申明赏罚以励人心疏，上奏）

(7) 倘石三保、石柳邓竟能悔罪投诚，亦可不劳而集事。俟大功告竣，再行斟酌办理，由我亦无不可。（苗民，七·437，诏敕）

(8) 其所以崛（倔）强不驯者，欲效英、法迫我换约故智。（澳门，951，官府）

称代说话人自己的，例如：

(9) 七月二十四，住京西洋人王志诚、钱德明呈文和王，王遂转交与我。内称：据闻博尔都噶尔国派船带回该国住澳门之人，将法兰西国二人亦一并解送西洋，谨请具奏，勿将此三人遣回等因呈文。我遂传来钦天监监正刘松龄问曰……（澳门，233，官府）

(10) 兄驻苏城，立等弟队与候贤提第一路星速来苏，听我铺排，进剿他方。（清档，第四册，新发现的太平天国文书·2，官府）

在引述口语的非典型的公文语体语言中，“我”不论做主语、宾语、兼语还是定语，都称代说话人自己，未见称代说话人所属一方的，共19例。例如：

(11) 依奉公同掌印指挥路忠、百户钱岫、陈刚审得朱氏供：……有先不知、后知是察力失地方回子把我抢去，将我打着问说：“甘州人马有多少？我是头哨先来，后面还有多多的人马来里，抢的你汉人收不的田。”（关中，卷十二，为被虏走回人口供报回贼声息事，上奏）

(12) 依奉公同掌印指挥路忠、百户钱岫、陈刚审得朱氏供：……哈密的人说："如今把路断了，再不得做买卖去。后头汉人军马来，便我哈密的人少，先杀我们里！"(同上)

(13) 据刘松龄告称：王志诚等呈文时，并未告诉我。(澳门，233，官府)

(14) (李尚书)答曰：先是西洋人来澳门贸易，租住房屋，彼之往游，我概不过问，唯与我民发生殴斗事件，由我办理。(澳门，233，官府)

在"我"后添加助词，可以构成"我们"(13例)、"我每"(4例)、"我等"(11例)等表示复数。"我们""我每"只见于明代公文，"我等"明清两代公文皆有，三者都只出现在引述口语的非典型公文语言中。例如：

(15) 审得那安儿等说称：……禀知太师爷上，替我们土蛮等奏准，讨与我们这赏，就杀马祭天，说誓学好。(辽东，一·二二〇，官府)

(16) 依奉公同掌印指挥路忠、百户钱岫、陈刚审得朱氏供：……我每收拾了人马，赶上和他厮杀。(关中，卷十二，为被虏走回人口供报回贼声息事，上奏)

(17) 惟大贼首池仲容，即池大鬓，独愤然谓其众曰："我等做贼已非一年，官府来招亦非一次，此亦何足为凭！"(王文成，卷十一，浰头捷音疏，上奏)

(18) 该使云，如其中实有窒碍，互换后方可会商。焕等告以我大皇帝现既派我等与尔有膺商之事，必俟商妥后方能奏请盖用御宝，颁出互换。(澳门，905，官府)

2) 吾

明清公文语体还出现了数量稀少的"吾"，共12例，只见于官府行移公文和上奏类公文，不见于诏敕类公文。这12例"吾"，有5例出现在公文的叙述中，其中 1 例是“吾境”：

(19) 探得贼匪因吾境挑筑套堤，恐遭水灌，亦在连镇周围筑堤。[清档，第五册，新发现的有关太平军北伐的史料·(三)·13，官府]

4 例是称谓词语“吾弟”，皆出自两件以书信形式发出的官府行移公文，因此这 4 例“吾”很可能是受到了文言书信语言的影响才出现的，不是典型的公文代词。例如：

(20) 所有西洋国恳请换约一事、现经本衙门据情具奏，已奉旨派兄与吾弟会同办理。(澳门，856，官府)

(21) 条约本内年月下日期未填，吾弟何日与换，即烦填明何日。(澳门，877，官府)

另外 7 例，皆是引述，其中 4 例是对他人言论的引述，但不是口语式的引述，而是文言式的引述；3 例是对古书的引用。分别例如：

(22) 仲容乃大喜，遣人归，报其属曰：“乃今吾事始得万全矣！”臣乃夜释卢玎、郑志高等，使驰归发兵，而令所属官僚次设羊酒，日犒仲容等，以缓其归。(王文成，卷十一，浰头捷音疏，上奏)

(23) 成教而后国可安。孔子曰：“吾观于乡而知王道之易易。”盖习俗浇漓有关风化，礼教振兴乃隆气运。(清档，第十册，康熙朝黄册中有关科举考试史料·9，上奏)

可见除了例(19)，其他“吾”都不出现在典型的公文语言中，而是出现在受文言影响较深的非典型公文语言中，又考虑到“吾”是明清文言最常用的第一人称代词(参 3.1.1.2)，可以推断，“吾”并非公文语体的典型代词，而是文言语体向公文语体渗透的语言成分。

3) 朕

“朕”是皇帝专用的第一人称代词，专门称代说话人(皇帝)自己，只见于诏敕类公文中。例如：

(24) 比见八旗官员兵丁内嗜酒沈湎以致面貌改常轻生破产肆行妄为者甚众,其中岂乏才具可用之人,朕实悯之惜之。(谕八旗,卷一,诏敕)

(25) 裕泰著妥办善后事宜,不可只顾目前,因循草率。凶暴虽除,而良善未安,该督必当体朕之心,为久安之计。(清档,第二册,李沅发起义·94,诏敕)

(26) 著吏部查明那彦成被议处分共有几案,由军机处具奏,候朕酌置施恩。(清档,第三册,清茶门教·10,诏敕)

"朕"是专门称代说话人自己的第一人称代词,而"我"却几乎不用来称代说话人自己,是不同种类的公文语体对第一人称代词功能的不同要求所致。

"朕"专门称代说话人自己,但"我"却几乎不用来称代说话人自己(就典型公文语言而言),这背后的问题很值得关注。

就典型公文语言而言,"我"是官府行移和上奏两类公文中唯一的第一人称代词,所以可以说,这两类公文语体实际上没有一个可以用来称代说话人自己的人称代词。但是,这并不意味着这两类公文语体的语言系统没有称代说话人自己的功能。这一功能,在明清官府行移和上奏两类公文语体中是用代词以外的手段表达的,官府行移公文语体主要使用"本官""本职""本+官府"(如明代"本司、本卫",清代"本府、本镇"),或者使用谦词和官职构成的词语,如"卑职""下官"等;上奏公文语体主要使用"臣""奴才"(清代)等。而在诏敕类公文语体中,称代说话人自己这一功能,是由专门的第一人称代词"朕"表达的。如此,就有两个问题摆在我们面前:第一,为什么官府行移和上奏两类公文语体在称代说话人自己时倾向于使用非代词手段?第二,为什么在称代说话人自己这一功能上,官府行移、上奏两类公文语体几乎不使用第一人称代词,而诏敕类公文语体却使用专门的第一人称代词呢?

对于第一个问题,可以认为是正式语体对交际礼节的要求所致。

吕叔湘(1985)[34,39] 指出，中国封建社会在称代方面十分讲究，一般的三身代词，尊长可以用之于卑幼，卑幼不能施之于尊长；地位相等的人，如果不十分亲近也要避免使用；近代汉语常用的符合礼仪的称代方式，是使用表示人伦关系或职位的身份名词。可以认为，在古代书面语体中，说话人使用第一人称代词来称代自己显得过于直白，不如表示人伦关系或职位的词语来得委婉和文雅。就官府行移和上奏类公文语体而言，二者都是非常正式而且交互性很强的文书，因此对说话人的礼节性表达有着格外的要求。鉴于这种情况，公文作者自称时尽量避免使用第一人称代词也就不难理解了。

对于第二个问题，可以从语体的主观性角度理解。官府行移和上奏两类公文语体，跟诏敕类公文语体相比，对语言的主观性有着不同的要求。官府行移公文语体的交际双方，也即公文的收发双方，是不同的政府部门(虽然往往以主管官员的名义收发，但主管官员在行政系统中只是特定政府部门的代表，公文往来本质上是政府部门之间的交际)；从发件方的角度看，其交际的目的是跟收件方在工作中展开合作，共同完成某项公共事务。上奏类公文语体的交际双方是官员和皇帝(虽然有的上奏类公文不是直接交给皇帝的，但官员在撰写这些公文时假定的交际对象都是皇帝)；从发件方(官员)的角度看，其交际目的是说服收件方(皇帝)接受自己就某项公共事务所提出的观点，包括汇报、建议、申诉等。正是由于上述交际双方的关系和交际目的，使官府行移和上奏两类公文语体在语言上特别注重客观性，尽量隐藏“自我”以降低主观性，从而凸显其正式性、提高其可信度以及强调事务本身的正当性和公共性，最终使对方同意合作或接受自己的观点。前辈学者已经指出，用第一人称代词体称代说话人自己，是语言主观性的重要表征。官府行移和上奏两类公文语体尽量避免使用第一人称代词进行自称，可以认为是回避“自我”，降低主观性的表现。但诏敕类公文语体不同。诏敕类公文语体的交际双方是皇帝和官员(虽然很多诏敕类公文由官员代笔，但都是站在皇帝的角度撰写的)，发件方(皇帝)的交际目的，是凭借个人的权威迫使官员执行某项公共事务。由于发件方(皇帝)的个人地位和个人权力至高无上，而且其交际目的具有命令性，因此这类公文语体在语言上并不隐藏“自我”，相反，有时还要强调“自我”，以凸显其权威性。这类公文语体使用皇帝专用的第一人称代词“朕”来称代说话人自己，就是其强调“自我”的重要体现。

如果将官府行移公文、上奏公文、诏敕公文按照交际情境的差别归纳为公文语体之下的三种下位语体，那么第一人称代词是否用于称代说话人自己，正是交际情境(包括交际目的)的差异给三种语体带来的语法范畴的功能变异。

3.2.1.2　第二人称代词

明清公文语体的第二人称代词主要有“尔”“汝”“你”。

1) 尔

“尔”是典型公文语言的第二人称代词。在分布上，“尔”绝大多数出现在诏敕类公文中，共 196 例；少量出现在命令性的官府行移公文中，共 19 例，其中 2 例是对诏敕公文的引述；上奏公文也有分布，共 21 例，但全部都是对诏敕公文的引述。在功能上，“尔”一般不单用，而是跟“等”构成“尔等”，或用“尔(等)”加上表示官职或官府的词语，称代对方一个群体。这种情况共 171 例。例如：

(27) 国家武备关系重大，尔等皆有训兵责任。(谕八旗，卷一，诏敕)

(28) 尔部前议殊为未当，著速察原报文册，从优另议来奏。(清档，第九册，顺治朝朱谕·十二，诏敕)

(29) 著将此由尔衙门转行礼部，查明缮写此文之章京、笔帖式、书办等议处，复文明确用字。钦此。(澳门，40，官府行移引诏敕)

“尔”用来称代对方单个人，仅 3 例。例如：

(30) 查得臣节该钦奉敕谕：巡抚、巡按等衙门，不得干预尔职。寺、监官员惟尔所统，不许各衙门凌辖。钦此钦遵。(关中，卷二，为正卿寺体统以修邦政事，上奏引诏敕)

(31) 续照本爵钦奉敕谕：特命尔提督两广及江西、湖广等处地方军务，星驰前去彼处。(王文成，卷三十，行福建漳州府取回岑邦佐牌，官府行移引诏敕)

2) 汝

"汝"共24例。有14例出自官府行移公文，其中11例出自命令类官府行移公文，2例是对外交谈判的引述，1例是对诏敕的引述。另有9例用于诏敕公文。还有1例出自上奏公文，是对诏敕公文的引述。可见，"汝"也主要分布在命令类官府行移公文和诏敕公文中。与"尔"不同的是，"汝"绝大多数情况都是称代对方单个人；只有1例"汝等"，称代对方一个群体。例如：

(32) 兹特遣汝弟连生持谕招汝，限二十六日同家属军前一齐投到，如稽延即以抗法论，后虽悔之，亦无及矣。[清档，第七册，定南将军文移稿·(三)，官府]

(33) 汝才不及武侯，勇不如伏波，而为此穷兵之举，亦太不自量矣！(苗民，八·46，诏敕)

(34) 著传谕舒常、孙士毅，即传该西洋人罗玛当至省，面加严饬，以汝等皆系素守礼法之人，向来有愿进京者皆报明地方官送京，岂有私差人札致远省传教之理，殊属不合，并令自行议罪具奏。(澳门，268，官府行移引诏敕)

3) 你

"你"共13例。有6例出现在官府行移公文所引诏敕和上奏文书所引诏敕中，2例出现在命令类官府行移文书中。这8例都是称代对方一个群体，其中包括复数形式"你每"5例，带官府名称的"你卫"2例、"你部"1例。例如：

（35）奉圣旨：是。你每还会议明白来说。钦此钦遵。（关中，卷二，为正卿寺体统以修邦政事，上奏引诏敕）

（36）蒙批，据呈，各犯毁侵官物，你卫追赔问拟发落。（辽东，二·三五，官府）

（37）节该奉圣旨："这江西宁王谋为不法事情重大，你部里既会官义处停当，朕当亲率六师，奉天征讨，不必命将。"（王文成，卷十二，请止亲征疏，上奏引诏敕）

另外5例，出现在公文对口语的引述中，包括复数形式"你们"1例，单数形式称代对方单个人的4例。例如：

（38）有土蛮分付……你们到辽东关门上与里边讲说。（辽东，一·二二〇，官府）

（39）据甘州差哨夜不收段兴三报称：……见了回贼头目，将我打着问说："甘州人马有多少？我是头哨先来，后面还有多多的人马来里。抢的你汉人收不的田。"（关中，卷十二，为被虏走回人口供报回贼声息事，上奏）

总体来看，明清公文语体的第二人称代词主要用于诏敕公文语体，官府行移公文语体的第二人称代词很少，而上奏公文语体除去引述内容之外则没有第二人称代词。但是，官府行移、上奏两类公文语体的语言系统并不是没有称代对方的功能。官府行移公文语体称代对方往往使用官名，或敬语加官名构成的词语，上奏公文语体则直接称"皇上"或"我皇上"。这种局面应是官府行移和上奏公文这两种下位语体出于礼节的需要而尽量回避使用第二人称代词所致。

3.2.1.3 第三人称代词

明清公文语体的第三人称代词有"伊""他""其""厥""之"。"伊"是公文语体特有的第三人称代词，功能完善，数量众多。"他"的数量很少，主要出现在对口语的引述中，不属于公文语体的典型语言成分。"其""厥""之"数量最多，它们是弱指示性的指示代词，发挥了第三人称代词的功能。

下面主要讨论“伊”和“他”。“其”“厥”“之”将在指示代词部分讨论。

1）伊

“伊”是明清公文语体最重要的第三人称代词，不仅数量众多，而且功能完善。官府行移、上奏、诏敕三类公文共有单用的“伊”239例，其中做主语的45例，例如：

（40）四更后，月落风起，贼始起身，一拥扑出，伊乘间而逃。[清档，第五册，新发现的有关太平军北伐的史料·（三）·15，官府]

（41）惟澳门设官之议，伊则全力相争。（澳门，865，官府）

（42）今若函复令其来津听候换约，伊必疑信参半，恐亦别有波澜。（澳门，1000，官府）

（43）及伊到黔之后，伊桑阿业已办理完竣，自觉无功，竟不免心存妒忌，思欲以此见长。（苗民，八·44，诏敕）

（44）本年四月间，伊借给盘费，王泳太仍往找寻李朝柱。（清档，第三册，清茶门教·13，诏敕）

（45）奉上谕：……因伊指拿同教多人，奏明免罪，递回滦州保释。（清档，第三册，清茶门教·40，诏敕）

做宾语的25例，例如：

（46）国忠躲避军差，自万历七年起，十二年止，共该办铁二千六百斤，毫无输纳。复累替职百户孙世荣，历年代伊上过铁七百斤，执有官票拴照。（辽东，一·一六五，官府）

（47）傥侯弟炮舟在迩，著即与伊水陆并下无锡。（清档，第四册，新发现的太平天国文书·2，官府）

（48）焕等日内镇静以俟，并未向伊探询。（澳门，906，官府）

（49）经官兵巡遇，击杀李详等三人，将伊拿获。（清档，第十一册，同治年东北人民反清斗争史料·10，上奏）

(50) 是以令和琳酌量将伊带赴湖北,再行送京。(苗民,七·493,诏敕)

(51) 朕再三奏请将伊置之大辟(谕八旗,卷二,诏敕)

做兼语的18例,例如:

(52) 初玖日至澳门,接见使臣巴哲格,看其为人,甚属恭顺,及闻知奉旨特派职等接伊进京,不胜欢欣感戴之至。(澳门,179,官府)

(53) 惟赫德前所言澳门设官纳租及商人不准充领事官各节,该公使狡执异常总以澳门系自明代即给伊住扎,断不肯再行退让。(澳门,875,官府)

(54) 亦是预为言明之意,庶不致俟伊到津后有所借口,且亦较为得体,不致临时决裂。(澳门,1000,官府)

(55) 据陶阿顺供称,系周福清令伊投信。(清档,第九册,周福清科场贿赂案·7,诏敕)

(56) 此等招抚事宜,毕沅于苗疆情形较为熟悉,自可优为,将来应即交伊办理。(苗民,七·531,诏敕)

做定语的146例,例如:

(57) 据前千户所申称,查得袁宁所告伊弟袁宇,原系照例除与袁宁名下帮贴人数,并无应当别差,例应照旧帮贴缘由到卫。(辽东,二·二九,官府)

(58) 蒙差各役领兵与同已招大贼首黄秀玑等前往安远截捕流贼赖振禄等,行至地名湖江背,不料黄秀玑反招,主令伊弟黄大满、黄细满等沿途打抢民财,放火烧毁民人刘必甫等房屋,仍与贼首赖振禄等连谋行劫。(王文成,卷九,类奏擒斩功次疏,上奏)

(59) 日前哥使到京,旋递照会,因派充伊国总理通商事务,并代递葡萄雅公使照会一件,历叙向在中国贸易,刻下亦鬈立约通商。(澳门,849,官府)

(60) 五年四月间，王绍英回至卢龙，因伊兄王三省在湖北京山县传教病故，前往搬取灵柩。(清档，第三册，清茶门教·1，上奏)

(61) 亦应令吴陇登在官兵队伍之前，使黄匪等见伊翎顶荣耀，必有临阵投出者。(苗民，七·437，诏敕)

另有5例作为并列成分，整个并列结构做句子的主语，例如：

(62) 随据监孙真台夜不收马彦良禀报：伊与本台值日甲军王善儿瞭见境外从西北来达贼约有五千余骑，径奔本台南北两空笆墙进入。(辽东，一·二三〇，官府)

(63) 又据监孙真台夜不收姚玉六禀报，伊与本台攻日甲军普敬先瞭见境外长泊林内突出达贼约有百拾余骑，径奔本台南空笆墙。(辽东，一·二二一，官府)

(64) 时有益虎伯大台夜不收刘朝用走报，伊与本台……守军人王仲合，听见境外从□□埚来骑马达贼七八骑，径奔本台南空□墙进入该台。(辽东，一·二二二，官府)

(65) 解经该副都统审据王甸羊供：……因持强索食，被菜营人将王添汉、张三孤丁、纪姓三人击毙，伊与李详及不知姓名二人脱逃。(清档，第十一册，同治年东北人民反清斗争史料·10，上奏)

(66) 现伊与次子虽经投出，其手下苗众必尚多锷无人管领，未免心存观望，不肯为石柳邓等出力。(苗民，七·437，诏敕)

"伊"还可以加上助词"等"构成复数形式"伊等"，共170例，多数出现在诏敕公文中。其中，做主语的77例，例如：

(67) 据远哨夜不收祝丙禀称，伊等出境，哨至地名下死河墩台，哨见达贼约有四十余骑，从西北往东跑走等情。(辽东，一·二二一，官府)

(68) 惟是此次加恩，原为夷使经过，伊等遵弃效职，是以酌

加赏赉,以示奖劝,未便概行赏给。(清档,第十三册,乾隆初年准噶尔进藏熬茶史料·20,官府)

(69) 臣等查前因东厂工役停炉滋事,现奉谕旨交部严审治罪,伊等自当静候壤遵,照常鼓铸。(清档,第十一册,乾隆六年户部宝泉局工匠罢工斗争史料·2,上奏)

(70) 约定十月十三日夜三吏时分起事,伊等先行混入城中接应。(清档,第二册,李沅发起义·20,上奏)

(71) 伊等与闻朝政,屡兴大狱,以示威权。(清档,第一册,辛酉政变·45,上奏)

(72) 伊等在义州曾经传徒几人,如供有姓名,即按照年貌住址,派员前往,指名捕获,归案审办,毋稍疏纵。(清档,第三册,清茶门教·34,诏敕)

做宾语的50例,例如:

(73) 若大臣官员等徇情疏忽,经朕查出,将伊等一并议处。(谕八旗,卷一,诏敕)

(74) 若本身不能当差又无可倚赖之人,著各该管官逐一详查彙奏,赏给伊等半分钱粮,养赡终身。(谕八旗,卷一,诏敕)

(75) 且擢用伊等,原为办事,岂徒以其宣力行间之所致耶?(谕八旗,卷一,诏敕)

(76) 著内务府总管集伊等当面查讯奏明。(谕八旗,卷一,诏敕)

(77) 兹与伊等以勉力学习之地。(谕八旗,卷一,诏敕)

做兼语的18例,例如:

(78) 本年四月十二日卯时,据原差出哨夜不收陈斌等襄称四月十一日酉时,□差伊等出境哨探,至境外地名铜钱窝。(辽东,一·二三〇,官府)

(79) 咸丰十一年九月三十日,奉上谕:……总由(因)朕冲

龄，皇太后不能深悉国事，任伊等欺朦，能尽欺天下乎？（清档，第一册，辛酉政变·54，上奏载诏敕）

（80）至另折奏丰绅殷德在营暂住数日，即令伊等回京供职等语。（谕八旗，卷一，诏敕）

（81）系生员，给与二两钱粮米石；系举人，给与三两钱粮米石。令伊等得以读书。（谕八旗，卷一，诏敕）

（82）且将伊等俱派富户，则人如何能作好官。（谕八旗，卷一，诏敕）

做定语的22例，例如：

（83）又伊等族人杨仁参于道光二十二年八月间将买受湾仔沙税田三亩九分一厘四毫让与善光神庙内作为庙堂香灯，均有奉给即照执据，历来管业相安无异。（澳门，1051，官府）

（84）维时伊等已在晋省传徒，巨鹿案内并无伊等之名（清档，第三册，清茶门教·1，上奏）

（85）因客民等在彼霸占伊等田产，肆其鱼肉，以至激而生变。（苗民，七·408，诏敕）

（86）德楞泰著赏银五千两，即交伊等家属收领，以示优奖勋劳至意。（苗民，七·548，诏敕）

（87）楚苗既能赴黔煽诱，安保其不又潜回本境勾引伊等亲友老助为匪？（苗民，八·35，诏敕）

做并列成分的3例，整个并列结构做句子主语，例如：

（88）维时伊等与徐良达、杨通友、艾升、陈信晋、李廷维、唐全淮、阳继日、李沅俊、李得化、黄绍洪，均各在场助势。（清档，第二册，李沅发起义·20，上奏）

（89）李沅发与伊等一面据城占守，并与伙众连日出城。（清档，第二册，李沅发起义·20，上奏）

（90）不料乡勇日聚日多，层层围堵，李沅发与伊等及伙众屡

次逃窜，抗拒兵勇，屡被截杀，逃入城中，闭门拒守。（清档，第二册，李沅发起义·20，上奏）

此外，还有“伊属”1例，做定语：

(91) 细核，内有该扎萨克率同属下蒙古通行搬移者；有该扎萨色米经搬移止揃伊属近路人户者。（清档，第十三册，乾隆初年准噶尔进藏熬茶史料·20，官府）

在明清时期，“伊”是公文语体特有的第三人称代词。上文（3.1.2.1）已经调查了明清白话小说中的“伊”，发现“伊”几乎全都出现在小说作者虚构的公文中，或具有公文属性的话语中，可见白话中的“伊”是小说虚构性给小说语言带来的影响，并非白话语体的典型成分。另一方面，在文言语体中，完全没有调查到第三人称代词“伊”。本书的明清文言志人记事散文样本中没有出现“伊”；跳出样本，明清文言散文集李梦阳《空同集》、归有光《震川先生集》和方苞《方苞集》中，也完全没有发现“伊”。综合上述调查，可以断定，在明清时期，“伊”是公文语体特有的第三人称代词。

需要指出的是，“伊”的用例有很多出自官府行移、上奏公文对司法案件的叙述，或出自公文对司法文书（供词、状词等）的引述。司法文书也属于公文，但考虑到公文材料的典型性，本书将司法文书排除在公文材料之外。如果将司法文书也纳入考察，我们将会得到更丰富的“伊”的用例。但是，这并不意味着“伊”是属于司法语体的第三人称代词。这是因为，在官府行移、上奏公文中的跟司法案件无关的内容上，只要是叙述动作行为、事件情形，也常常会出现“伊”。特别是诏敕类公文，它使用“伊”的地方往往跟司法问题无关。应当说，第三人称代词“伊”为各类公文所共有，凡是经常需要称代第三人的地方，比如叙述动作行为和事件情形等，都会频繁地使用“伊”；司法文书之所以频繁使用“伊”，是由于这类文书经常描述案情，需要频繁称代第三人的缘故。

一般认为第三人称代词"伊"是由指示代词"伊"发展而来的，魏晋时期始见，唐宋时期便衰落了，此后主要保留在词曲和一些南方方言中。那么"伊"是如何进入公文的呢？本章第3节将对此展开讨论。

2）他

"他"在明清公文中很少见，共15例。其中，有8例出自公文对口语的引述部分，例如：

(92) 卑职等宣布那安儿等："俺答等将赵全等献进，有大功劳。你土蛮有甚好处，怎么比的他？不敢替你禀报。"（辽东，一·二一九，官府）

(93) 经楚省获犯佥供：……并说他祖上现在天上掌盘，有聚仙宫在西方。（清档，第三册，清茶门教·35，诏敕）

有6例出自诏敕公文的叙述部分（包括非诏敕公文所引诏敕），例如：

(94) 本月二十日，奉圣旨：御防虏患，一依杨一清筹策调度，恁部里便上紧差人铺马里赍文与他知会。钦此钦遵。（关中，卷八，为分布边兵预防虏患事，上奏）

(95) 谕吏部：亢得时著升兵部尚书兼都察院右副都御史，总督漕运巡抚凤阳等处地方海防军务兼理粮饷，写敕与他。特谕。（清档，第九册，顺治朝朱谕·十八，诏敕）

这些诏敕皆是篇幅短小的命令性文书，在语言上稍显随意。

另1例，出自官府行移公文的叙述部分：

(96) 弟可与侯弟即由该河道而下可也。如侯弟炮舟未到，千万不必等他，弟即先由旱道而沿速赴苏城，听兄铺排。（清档，第四册，新发现的太平天国文书·2，官府）

事实上，这件公文是太平天国内部一件具有书信色彩的公文，跟清政府的正统公文相比,在语言上还是有一定差别的。

考虑到“他”的用量跟“伊”“其”“之”等相距甚远,且往往出自口语引述和口语性较强的公文,可以推断,“他”应是白话语体成分的渗入,不是公文语体的典型语言成分。也正由于“他”不是公文语体的典型成分,“伊”实际上成了明清公文语体中唯一一个成熟的第三人称代词。

3.2.2　指示代词

3.2.2.1　远指代词和近指代词

明清公文语体有发达的指示代词系统,绝大多数指示代词继承自文言。表示近指主要有“此”(2 466 例)、“是”(186 例)、“兹”(22 例),表示远指主要有“彼”(268 例)、“夫”(9 例),这两类指示代词在公文语体中的用法与文言语体无异。分别例如:

(97) 近者各边赏赐尚欠大半,其宣、大二镇奏讨籴买粮草银两,极力措办,不及三分之一。言及于此,良可寒心! 臣等伏睹累朝以来,公私匮乏,未有甚于此时者也。(关中,卷五,为急处救荒事,上奏)

(98) 贼匪当此势夯力蹙之际,尚敢负隅抗拒,实属可恶可恨。(苗民,七·392,诏敕)

(99) 况过时而不赏,后事而不罚,其亦何以齐一人心而作兴士气? 是虽使韩、白为将,亦不能有所成。(王文成,卷九,申明赏罚以励人心疏,上奏)

(100) 是日晚间,左右两营渡蛤啦河东岸。(清档,第十三册,清廷收抚冯麟阁史料·8,官府)

(101) 此本有司之事,当兹灾患,正宜举行。(王文成,卷十七,批吉安府救荒申,官府)

(102) 卿等膺兹委任,须勤敏敏慎,悉心搜辑,务俾读者观感效法,以称朕孝治天下之意。(清档,第九册,顺治朝朱谕·十一,诏敕)

(103) 督令各该境内卫所州县等衙门掌印巡捕等官，自文书到日，随即拣选彼处平日惯熟拿贼精锐骁勇官舍、军余，及壮快市民人等……锋利器械，令各在城操练防守。(辽东，二·四，官府)

(104) 此等刁民，即枪伤一二何妨？彼见空枪，所以益无忌惮也！(清档，第十一册，乾隆六年户部宝泉局工匠罢工斗争史料·4，上奏)

(105) 夫衙门以寺为名，官以卿、少卿为名，请之京职明矣。(关中，卷二，为正卿寺体统以修邦政事，上奏)

(106) 夫平良有冤苦无伸，而盗贼乃无求不遂；为民者困征输之剧，而为盗者获犒赏之勤。(王文成，卷九，申明赏罚以励人心疏，上奏)

白话代词"这""那"也零星见于明清公文("这"16例，"那"1例)，但无一例外都处在公文对口语的引述中，不属于公文语体的典型语言成分，是口语语体成分向公文的渗透。例如：

(107) 发据肃州卫申，准抚夷指挥刘云关，依奉公同掌印指挥路忠、百户钱岫、陈刚审得朱氏供：……王子听见这话，把土鲁番的留下了一半和王子还在哈密，造盔甲翎箭，修哈密城上土刺，等到青草大了时，还要往甘、肃州抢来里。(关中，卷十二，为被虏走回人口供报回贼声息事，上奏)

(108) 这所派监察御史，著调旗分派。(谕八旗，卷一，诏敕)

(109) 盘获从贼营内逃出土民谢文魁说称，原是武家贼众，老营在四川交界大沙坝住扎，欲往四川与贼合营，因那边米粮甚贵，留贼张副将看守老营。[清档，第六册，关于明末农民起义的档案史料(清)·26，官府]

3.2.2.2 "其"的功能变异

1) 强指示性"其"的激增

明清公文语体中有数量庞大的"其""之"，以及少量的"厥"。

“其”的功能仍有强指示性和弱指示性之分,“之”“厥”只见弱指示性功能。弱指示性的“其”“之”“厥”往往充当第三人称代词使用,分别例如:

(110) 一有虏警,寸无阻滞。及查前项各堡兵马又力寡少,将何以拒堵强虏而遏其不入也?(辽东,一·十七,官府)

(111) 康熙四十六年九月二十日,西洋人杨若汉来堂查询居住事宜,告称:“四十六年五月三十日,奉旨颁发给我钤印‘说’字印票。”验其票,写有西洋意大利亚国人杨若汉,年四十岁,方济各会士,来中国已有八年,在京谒见圣上,永不返回西洋,是以颁给印票等语。(澳门,36,官府)

(112) 两寺官行事体统,乞要拟为定规,著之明令(关中,卷二,为正卿寺体统以修邦政事,上奏)

(113) 凡苗人垦田一亩,赏籽种一斗,仍免其升科,每寨给与犁耙一副,更购觅匠人,教之造作。(清档,第十四册,乾隆年间治理湖南苗疆史料·1,上奏)

(114) 看得巡抚都御史杨一清奏称:陕西地方军务废弛,镇守官员不堪厥任,诚恐临期悮事。(关中,卷五,为易置主将以保固地方事,上奏)

(115) 至先行旋省之文员,如因此愤事,是贻误军机,厥咎甚重。(清档,第二册,李沅发起义·40,诏敕)

跟文言语体一样,它们作为第三人称代词的句法功能不完备,“其”“厥”通常只做定语,“之”通常只做宾语,都不能做单句的主语;它们在称代上也不单纯,既可称代人,又可称代事物。

下面主要介绍强指示性的指示代词“其”。

强指示性的“其”做非领属性定语,表示特指。这种“其”在明清公文语体中特别发达,有 1 205 例,跟弱指示性“其”(1 457 例)几乎持平,二者比例是 1 : 1. 21。这种局面,跟文言和白话语体有很大不同。

文言、白话语体中，都是弱指示性“其”的数量占绝对优势，强指示性与弱指示性的数量比，分别是 1∶26.78 和 1∶20.2。本书一直将强指示性和弱指示性看作指示代词“其”的两种功能，可以说，跟文言和白话语体相比，指示代词“其”的功能在公文中发生了一定程度的变异——由弱指示性功能占主导，变为了强指示性功能、弱指示性功能基本持平。

造成“其”功能变异的直接原因，是明清公文存在大量以“强指示性‘其’+NP”做受事主语的受事主语句。强指示性的“其”表示特指，做非领属性定语，构成“其+NP”结构。在明清公文中，“其+NP”结构可以分为做主语和做其他句子成分两大类，前者有 1 043 例，占“其+NP”总量的 86.56%；后者只有 162 例。做主语的“其+NP”结构，可以按照主语的性质，分为做受事主语和做施事主语两类。

A. “其+NP”做受事主语

明清公文中，绝大多数强指示性“其”构成的“其+NP”都属于这一小类，共有 1 001 例。

“其”表示特指，NP 既可以表示人也可以表示事物，“其+NP”做表示受事的主语，构成“其 NP+VP”形式的受事主语句。例如：

(116) <u>其</u>同伙人犯，据本犯已招在官。如果豪强有势之家，该卫难于拿处者，即便速呈……(辽东，二·三六，官府)

(117) <u>其</u>长沙府所用兵饷、口粮、料草，希贵院部预为施行。[清档，第六册，关于明末农民起义的档案史料(清)·67，官府]

(118) <u>其</u>两寺堂上官员任陕西者，贤否皆从督理马政都御史填注开报，巡抚、巡按官通不干预。(关中，卷二，为正卿寺体统以修邦政事，上奏)

(119) <u>其</u>田地亩数并加增银数，限文到三个月内，再行备造细册报部，以凭查核。(清档，第一册，顺治十八年加派练饷·6，上奏)

(120) <u>其</u>随同出力之苗众，皆当酌赏，俾知鼓励。(苗民，七·392，诏敕)

(121) 其一考、两考役满例该考试者,各该衙门须查无未完并公私过犯,方许同来……(辽东,一·八九,官府)

(122) 其缎匹一项,回人惟旧好青、蓝、大红、酱色、古铜、茶色、棕色、驼色、米色、库灰、油绿等色。(清档,第十二册,乾隆朝内地与新疆丝绸贸易史料·17,官府)

(123) 其拨内有余不足者,各该巡抚具报到部酌议可也。(清档,第一册,顺治十八年加派练饷·7,上奏)

(124) 其应行事宜,尔二部察例具奏。(清档,第九册,顺治朝朱谕·六,诏敕)

这里所说的受事主语句是广义的,除了 VP 是动词、状中结构、连动结构等一般情况,还包括 VP 是主谓结构的情况,如上面的例(121)、例(122)、例(123)、例(124);也包括 VP 是"被"字结构的情况,仅发现 2 例:

(125) 其一应钱粮等项,俱被刁民抗违,阻挠不纳。(辽东,一·二四,官府)

(126) 贼匪仍盘踞舒诚米各庄等处,其步贼被我兵剿杀殆尽,马贼现匿柃庄不出,被我兵四面圈围,不难剿除尽净。[清档,第五册,新发现的有关太平军北伐的史料·(三)·7,官府]

不过,本书并不涉及 VP 的构成问题。这里主要关注的,是"其 NP"所表示的受事者(广义)。可以看到,"其 NP"所表示的受事者,都是公文中的施政对象,是 VP 所表行为/事件所处理或涉及的对象。

B. "其+NP"做施事主语

此类只有 42 例。由强指示性"其"构成的"其 NP"结构,在句子中做施事主语。这时整个句子是一个施事主语句,形式上仍是"其 NP+VP",只是主语"其 NP"跟谓语 VP 的语义关系变成了主动关系。例如:

(127) 其奉新兵快,往年从征,多犯禁令。今既效有勤劳,尤

宜保全始终，毋蹈前非，自取军法重罪。（王文成，卷十七，牌谕都指挥冯熏等振旅还师，官府）

(128) 所有军行孔道，为积雨崩坍，急宜平治。除临川各县已经陆续报完外，其进贤县地方亦当作速修理者也。[清档，第七册，定南将军文移稿·（九），官府]

(129) 各贼探知消息，将家属妇女什物俱各寄屯山寨林木茂密之处。其各精壮贼徒，昼则下山耕作，夜则各遁山寨。（王文成，卷十，南赣擒斩功次疏，上奏）

(130) 其两寺官既仰承增重之典，亦宜思自重之道。（关中，卷二，为正卿寺体统以修邦政事，上奏）

(131) 其穆克登阿等所带后路各处兵丁，或勇剿捕，或防守严密，亦属出力。（苗民，七·401，诏敕）

这里所说的施事主语句，也是广义的，除了上述典型情况，还包括个别 VP 是“系”字结构的情况，即整个句子是判断句的情况。例如：

(132) 其徐行，系丁忧起复，原蒙查明守候批允明缺。（辽东，一·八九，官府）

(133) 其八庹宁绸三百五十匹，系阿克素为卖给间人。调取原文内，上开有二则花样。（清档，第十二册，乾隆朝内地与新疆丝绸贸易史料·31，官府）

对于施事主语“其 NP”所表示的人或事物，可以做多样理解。“其 NP”在语义关系上是 VP 的施事（广义），“其 NP”所表的人或事物，在句子中是动作行为的施事者。但是，就整件公文来看，“其 NP”所表的施事者，可以理解为公文作者所处理的事件中的被命令、被处理或被涉及的对象（特别是“其 NP”所表之人地位低下，跟公文作者有隶属关系的时候）。从这个意义上说，施事主语“其 NP”表示的人或事物也属于公文中的施政对象。

综上所述，强指示性“其”的频繁出现，直接原因是公文中出现了大量以“其 NP”为主语的受事主语句所致。但事实上，受事主语句，由于其本就具有强调受事者的特点，因此一直在公文语体中频繁使用。所以进一步考虑，造成强指示性“其”激增的根本原因，并不是受事主语句的频繁使用，而是公文频繁使用“其”去标记受事者 NP，也就是公文中的施政对象所致。

2）施政对象标记“其”与施政主体标记“该”

明清公文语体对于施政对象和施政主体有着严格的区分。

上文已经讨论了，“其”所标记的 NP，往往是公文中的施政对象。本书将这种用来标记施政对象的强指示性“其”，本书称为施政对象标记。跟“其”这种施政对象标记相对的，是施政主体标记“该”。

明清公文语体中，表示施政主体的 NP，往往要加“该”进行标记，以表明这个 NP 是对事件负有实施之责的人，或应当负有实施之责的人。例如：

(134) 本院约会邻兵协同把截，毋得临时卒忙无备，致有他虞。各该官员人等，不许自分彼此，罪有所归，亦不许因而骚扰地方，虚张声势。(辽东，二·四，官府)

(135) 各求丁本户有丁者，即于本户内审派。如本户果无人丁者，方……顶操。其副班及帮丁名块，该营移文各卫，呈请本寺道另再查明补……(辽东，一·十九，官府)

(136) 除遵照部议，将各处业经查明造报王公门下庄头壮丁旗下家奴偷典主地分别开单，行令各该城守尉，协领等会同民员在照原报底册人名地数，按盗典律拟完结册报外，其余未经声叙明晰者，行查各该处，俟声复到日另行办理。(清档，第五册，乾隆朝旗人佃户抗租霸地私典田产的斗争·16，官府)

(137) 皇上深加轸念，令臣等酌议赏赉，诚为优恤至意，该蒙古等当益加感戴。(清档，第十三册，乾隆初年准噶尔进藏熬茶史料·20，官府)

(138) 近该山西行太仆寺卿王琰等，为因山西府、州等官礼貌轻忽，体统乖违，难以行事，查照臣陕西所行事理具奏。该兵部复奏：合无通行巡抚山西、甘肃、辽东都御史并巡按、监察御史，转行各该司、府、卫所大小衙门知会。（关中，卷二，为正卿寺体统以修邦政事，上奏）

(139) 奉御前发下红本，该议政王、贝勒、大臣、九卿、科道等官公同会议得，本年不敷五百七十万有奇银两，今各省镇兵丁仍给操赏银两，应将明季所增练饷，照旧例暂增，于顺治十八年为始起征，俟钱粮充足之日，该部题请停止。（清档，第一册，顺治十八年加派练饷·1，上奏）

(140) 四海苍生，皆朕赤子，饥寒流徙，深切病瘝。前各督抚奏到灾荒地方，已经察照分数，酌量蠲免。各府、州、县、卫、所等官，务要真实奉行，不许仍行混征，徒饱贪腹。如该管官吏朦胧征收，督抚司道不能觉察者，事发一体究治。有极荒地方，非蠲免所能救者，该督抚速察奏闻，另行恩恤。（清档，第九册，顺治朝朱谕·二，诏敕）

(141) 近来各衙门丁忧给假大小官员，有期限久满，竟不赴京，任意在家逍遥，岂是人臣致身之义！今后凡丁忧服阕给假限满各官，俱要如期来京。若仍前留恋家园过期不到者，著该督抚确察不到缘由，据实参奏，不许隐徇。（清档，第九册，顺治朝朱谕·四，诏敕）

这种用来标记施政主体的“该”，很可能是由动词“该管”（表示“应管”“应负责”之义）发展来的。这种“该”不能理解为指示代词，语境中没有对它的预设或先行成分。

有时，即便这个人在当前语境下不是施政主体，或无所谓是否施政主体，但只要提及他曾负责实施的事件，往往也会给这个人加以“该”的标记，以表明他跟这个事件的关系是施政主体与施政行为的关系，或施政主体与施政对象的关系。例如：

(142) 该本道呈巡按山东监察御史陈案验，亦为前事。(辽东，一·十九，官府)

(143) 该本职看得，永宁贼陷已久，今游击白文彩、知州程大鸿恢剿有功，俱不可泯，俟查明再行题叙。为此理合先行塘报。[清档，第六册，关于明末农民起义的档案史料(清)·8，官府]

(144) 该本镇看得，逆贼势踞上游，惟恃险隘，为水道之吭。[清档，第六册，关于明末农民起义的档案史料(清)·91，官府]

(145) 去后，今照本司亲历督发，已至即墨营，其该营策应卫所班军俱未完报赴点。(辽东，二·二七，官府)

上例(142)、例(143)、例(144)的"本道/本职/本镇"是公文作者的自称，它们的存在表明公文作者正以发文者的身份而非施政主体的身份向对方叙述事件，但由于他确是该事件的施政主体，对该事件负有责任，因此又叠加了"该"进行标记。例(145)更加特殊，"即墨营策应卫所班军"对于公文作者("本司")来说，是绝对的施政对象，因此用"其"进行标记；但"即墨营策应卫所班军"对于"完报赴点"这个事件来说，又是施政的主体，是应当负责实施这个事件的人，因此又叠加了"该"进行标记。

不过，也有一些"该"已在很大程度上摆脱了"该管"之义，接近一个纯粹的指示代词了。例如：

(146) 据参议汪必东呈称："武靖州缺官管事，乞推相应上官子孙一员，仍授该州职事，理办兵粮。"(王文成，卷三十，批左江道推立土官呈，官府)

(147) 奄准噶尔夷使进藏熬茶，于东科尔贸易，经由青海地方，该处番族众多，不便令其接识，是以谕令暂行回避。(清档，第十三册，乾隆初年准噶尔进藏熬茶史料·20，官府)

这种"该"应是施政主体标记"该"的进一步发展。李小军(2008)、刘君敬(2009)认为这种“该”已发展为纯粹的指示代词，产生于明代公文，并指出当“该”后的 NP 表示前文已经提到的处所、时间而非官府、官员时，“该”的指示代词性质最纯粹。对此，我们持保留态度。就本书的公文语料样本来看，例(146)、例(147)这种近似指示代词的情况仅限于“该+处所”，并未看到现代汉语“该+非官员”(如“该人”)、“该+物品”(如“该书”)一类用例，而这些“该+处所”有的是专指一个处所，如例(146)；而有的则可以理解为泛指相关的一类处所，如例(147)。至于“该+时间”，本书的公文语料样本中并未发现，刘君敬(2009)举到两例：

(148)(弘治)十七年议准，盐场先将该年正课纳完，剩有盐斤方许各商买补。(《大明会典》卷三四“盐法通例”)

(149)自嘉靖十一年夏季为始，每季于新升除官员系两司以下、州县正官以上，每布政司选委一人，直隶各照巡按地方选委一人，开送过部，将该季所有册单尽数给与。(《皇明疏钞》卷五十二王宪《计处清军事宜疏》)

例(148)采自《大明会典》第三十四卷的“盐法通例”，原句是“十七年议准，盐场先将该年正课纳完，剩有盐斤，方许各商买补。正课未完，就将盐斤先买装出者，灶商一体治罪”。可见，此例是以弘治十七年的廷议作为法规，“该年”不是指弘治十七年，而是泛指课税年份，相当于现代汉语的“当年”。例(149)也不是专指嘉靖十一年夏季，而是泛指应当上缴册单的季度，相当于“当季”。综上，那些近似指示代词用例的“该+处所”“该+时间”并不一定是指上文提到的一个特定的处所或时间，还可以理解为甚至只能理解为泛指相关的一类处所或时间。鉴于这一情况，可以认为明清公文的“该”跟现代汉语的指示代词“该”还有一定差距。

上述可见，明清公文语体存在“其”与“该”的功能对立——强指示代词“其”标记施政对象，“该”标记施政主体。之所以存在这种对立,是公文语体要求严格区分施政对象与施政主体所致。因此这种对立是交际情境特征造成语法特征变异的典型表现。

至此,再来看指示代词“其”的功能变异,可以认为,指示代词“其”的强指示性功能的激增,是明清公文以强指示性代词“其”标记施政对象所致;指示代词“其”的功能变异,强指示性功能激增只是表象,强指示性代词“其”被用作施政对象标记才是变异的实质;这种变异,是公文的交际情境特征对语法成分提出新的功能诉求所致。

3.3　“伊”迁移到公文语体的历程和动因

一般认为第三人称代词“伊”由指示代词发展而来,兴起于魏晋,唐代仍然常见,宋代衰落。(吕叔湘 1985;郭锡良 1980;王力 1989;柳士镇 1992)吕叔湘(1985)[17—19] 特别指出,在五代和宋代,第三人称代词“伊”的使用可能只是“词家传统”,口语中至多局限于一个方言区域。

分语体考察显示,宋元时期,第三人称代词“伊”虽然在口语中衰落,但在书面语中仍然活跃,除作为“词家传统”以外,还成为公文语体最主要的第三人称代词。第三人称代词“伊”很可能是从韵律性白话语体迁移到传统公文语体中的;迁移的动因,可以从语言系统内部和语体间语言接触两方面分析。

为便于讨论,这里先对宋元时期涉及的语体做一介绍: 1) 韵律性白话语体和非韵律性白话语体。根据是否讲究押韵和平仄,对白话语体做出的细分。宋元时期,韵律性白话语体的典型材料有词、曲、白话诗、偈以及各类讲唱艺术的唱词等,非韵律性白话语体的典型材料有戏曲宾白、语录等。2) 传统公文语体和直译公文语体。元代公文语体可细分为传统公文语体和直译公文语体,前者是对唐宋公文语体的继承,使用汉语固有的公文语言,属典型公文语体;后者由蒙古语直译而来，既有公文语体的语言特征，也吸纳了白话语体的语言特征。

3.3.1　宋代第三人称代词"伊"

这一时期"伊"主要出现在韵律性白话语体中，非韵律性白话语体极少使用，文言语体、公文语体未见使用。

3.3.1.1　韵律性白话语体

宋代，第三人称代词"伊"在韵律性白话语体中较为常见。《全宋词》有代词"伊"（包括"伊家"）528例。但韵律性白话语体的语境往往不完整，给第三人称代词"伊"与第二人称代词"伊"的辨别带来困难。如果语境中存在第三方的预设或先行成分，且没有出现第二方，那么"伊"应视为第三人称代词。例如：

（150）洞房记得初相遇。便只合、长相聚。何期小会幽欢，变作离情别绪。况值阑珊春色暮，对满目、乱花狂絮。直恐好风光，尽随伊归去。一场寂寞凭谁诉。算前言、总轻负。早知恁地难拚，悔不当时留住。（柳永《昼夜乐·洞房记得初相遇》，《全宋词》第一册）

（151）悲泣呼醒虞姬，和伊死别，雪刃飞花髓。［黎廷瑞《大江东去（题项羽庙）》，《全宋词》第五册］

（152）雪中蓓蕾嫣然，美人莫恨春容少……楼上角声催晓。是东皇、丝纶新草。青旗苍辂，欲临东阙，遣伊先到、排斥风霜，扫除氛雾，直教闻早。（史浩《水龙吟·次韵弥大梅词》，《全宋词》第二册）

例（150）"伊"称代主人公思念的人，由于全词是主人公自叙幽情，他思念的人不是他正在倾诉的对象，而是第三方，因此"伊"应视为第三人称代词。例（151）"伊"称代先行词"虞姬"，例（152）"伊"称代梅花，这两例"伊"也是第三人称代词。

南戏《张协状元》有第三人称代词“伊”3例，均出自唱词(曲)：

(153) (净唱)[福州歌]伊夺檐去，我底行货，都是川里买来底。

(154) (末)[同前]我婆扯住！(净)秀才说话跷蹊，不要时，我做个说合底？请它归，着些言语说化伊。(末)我婆要与你说作一对儿。(生)仗托公公做主议。

(155) (生、旦)[同前换头]我婆且自宽心，张叶为人恁底村，婆要镜，没时岂敢上婆门。(净)拜辞君，我和伊今夜有人相请，隔岸村庄祭土神。(末白)只为吃。

例(153)是净角独唱，净角被强盗抢劫后向末角哭诉，“伊”称代强盗。例(154)是多角色轮唱，净角欲助张协劝说贫女，“伊”称代贫女。例(155)也是多角色轮唱，净角以自己和丈夫“今夜有人请”为由向张协道别，“伊”称代净角的丈夫。

《临川先生集》收录王安石所作诗、词、赋、散文、公文、书信等多类作品，其中有第三人称代词“伊”3例，均出自《拟寒山拾得二十首》：

(156) 便遭伊缠绕，鬼窟里忍饿。

(157) 终日受伊谩，更被索钱财。

(158) 亦有客是贼，切莫受伊谩。

3.3.1.2　非韵律性白话语体

相比之下，非韵律性白话语体极少使用第三人称代词“伊”。《张协状元》的宾白中没有出现人称代词“伊”，称代第三方一律用“它”。《朱子语类》《大唐三藏取经诗话》《燕云奉使录》《茅斋自叙》《靖康城下奉使录》《靖康大金山西军前和议录》《绍兴甲寅通和录》《采石战胜录》皆不见人称代词“伊”。只有《河南程氏遗书》出现1例第三人称代词“伊”：

(159) 正叔谓：“今唱名，何不使伊儒冠徐步进见？何用二人把见趋走，得不使殿上大臣有愧色？”子厚言：“只先出榜，使之

见其先后，何用旋开卷呼名？”（《河南程氏遗书》卷十）

需要注意的是，《碧岩录》《五灯会元》等禅宗语录存在丰富的第三人称代词“伊”，这是模仿唐五代禅宗语录的语言所致。宋代禅宗语录的语言因袭前代，已近程式化，不宜作为宋代白话语体的代表。

3.3.1.3　文言语体和公文语体

宋代文言语体和公文语体均不见第三人称代词“伊”。

王安石《临川先生集》第六十二至七十一卷、第八十二至八十四卷、第九十卷，收录论议、记、序、行状、墓表等文言散文 147 篇；苏轼《东坡全集》第三十四至四十四卷、第九十卷，收录叙、记、传、论、行状等文言散文 159 篇；陆游《渭南文集》第十七至二十卷、第二十三至二十五卷、第四十三至第四十八卷，收录记、传、杂文等文言散文 85 篇。三者皆不见第三人称代词“伊”，称代第三方用“其”“之”。

《临川先生集》第三十九至六十一卷，收录书疏、奏状、扎子、内制、外制、表等公文 923 件；《东坡全集》第五十一至第六十六、第六十八至第七十一卷，收录奏议、表状、启等公文 367 件；《渭南文集》第一至十三卷，收录表、扎子、奏状、启、书等公文 199 件。三者皆不见第三人称代词“伊”，称代第三方用“其”“之”。

《俄藏黑水城文献》第六册所载《宋西北边境军政文书》，收录黑水城出土宋代鄜延路军政文书 74 件（一说 81 件），[①]除个别军人家书外，绝大多数为公文。当中并未见到第三人称代词“伊”，称代第三方用“其”。

3.3.2　元代第三人称代词“伊”

元代，第三人称代词“伊”在韵律性白话语体中沿用。例如：

（160）瘦后因他瘦，愁后为他愁。早知伊家不应口，谁肯先

① 《俄藏黑水城文献》第六册所载《宋西北边境军政文书》共 106 纸，孙继民（2009）计为 74 件文书，孟列夫（1994）计为 81 件文书。

成就。(吕止庵《仙吕·醉扶归》,《全元散曲》)

(161) 春风花草香,迟日江山丽。万紫千红,总是伤情处。恹恹为伊,愁怀为伊……此情为谁？冷落闲庭院,暮雨潇潇郎未归。(无名氏《南吕·七贤过关四时思情》,《全元散曲》)

非韵律性白话语体和文言语体中完全不见人称代词“伊”。古本《老乞大》第三人称代词主要用“他”,《新校元刊杂剧三十种》宾白一律用“他”,许有壬《至正集》第三十卷至第六十四卷(序、记、碑志)主要用“其”“厥”“之”,三者皆不用“伊”。

公文语体出现了丰富的第三人称代词“伊”,全部集中在传统公文语体中,直译公文语体不用“伊”而用“他”。下面专门讨论元代公文语体的“伊”。

3.3.2.1　《元典章·刑部》

《元典章·刑部》可看作由法律文书、官府行移公文、上奏公文、诏敕公文构成的公文集合。全书有第三人称代词“伊”107 例,全部出自传统公文,没有例外。这些“伊”数量丰富,功能趋于健全。有 97 例做领属性定语,其中 90 例修饰指人 NP,7 例修饰指事物的 NP。分别例如:

(162) 大德二年,行省准中书省咨:枢密院呈:张德清告:本管千户王继祖,于伊父服,停尸成亲。(《元典章·刑部》卷三)

(163) 送刑部议得:周方大等所招,为萧朋二将伊银盘藏去,指证明白,不说下落,因而打拷致死。(《元典章·刑部》卷四十二)

还有 8 例做介词宾语,1 例做动词宾语,1 例做主谓结构的主语。分别例如:

(164) 延佑二年八月日,承奉行省劄付:来呈:建宁路归勘到李孙砍死妻蔡佛姑。犯人李孙状招:皇庆二年三月内,因为过活生受,有妻义父蔡林并妻蔡佛姑,嗔责不行求趁衣饭,时常将

伊弃逐打骂。(《元典章·刑部》卷四)

(165) 议得：……切缘霍牛儿终为妻毁祖骂詈，弃伊还家，以此杀死。比例，合准池州路所拟，杖断一百七下，烧埋银两，同居不须追理。(《元典章·刑部》卷四)

(166) 呈奉中书省劄付：送刑部议得：郑贵所犯，因侄男郑昭举要行搅扰伊违例请所管人户集敛米谷等事，与房弟郑子进同谋，故将郑昭举啜引山上无人处，用棒打死埋尸。(《元典章·刑部》卷三)

与此相对，《元典章·刑部》还有第三人称代词"他"162 例，全部出现在直译公文中，也无例外。例如：

(167) 皇庆二年正月十三日，本台官奏过事内一件：昨前，省家俺根底与将文书来：淮东廉访司官人每文字里说将来：扬州宣慰使汪元昌小名的人，他的爷殁了呵，"省家交他奔丧去"么道，与将文书去呵。他不奔丧，将省家文书藏了，每日筵席有。完泽笃皇帝升天了呵，别了大体例，家里唤得乐人来，交唱着，他自弹着，筵席有。(《元典章·刑部》卷一)

卷三"乱言平民作歹"条，由传统公文语言和直译语言杂糅而成，传统公文的部分用"伊"，直译的部分用"他"：

(168) 至大三年九月日，福建宣慰司承奉江浙行省劄付：准尚书省咨：刑部呈：……于至大元年六月二十日，有马三就于甸内锄田处，对木八剌道："……您杀了俺，几时还俺？那将军道，日头月儿厮见呵还您。如今日月厮见也，这的是还他也。"……于当年十二月内不记日上灯前后，就于伊家，对木八剌说道："簸箕星下界也。达达家则有一年半也。"(《元典章·刑部》卷三)

3.3.2.2 《元代奏议集录》

今人所编《元代奏议集录》，辑录元明以来历史文献中记载的元代公文，以书奏、面奏为主，也有少量官府行移文书，时代跨度为元太祖至元世祖八十余年。这批公文不见用“他”，有“伊”2例，出自元代许有壬撰写的一件上奏类传统公文：

(169) 令人诱说伊房弟胥益儿哈呼，将赦前干名犯义虚妄事情，排陷陈告，差人勾唤，赴都对问，行至中途，遇诏赦释免。又行差官催促到部，令伊门下心腹人尚书答里马失里，非法锻炼，勒要招服，锁发前去。(《元代奏议集录·许有壬·辨平章赵世延》)

3.3.2.3 《黑城出土文书(汉文文书卷)》

《黑城出土文书(汉文文书卷)》，收录1983年至1984年间黑水城出土的元代公、私文书760件，其公文分“卷宗”“人事”“民籍”“礼仪”“军政事务”“农牧”“钱粮”“俸禄”“诸王妃子分例”“军用钱粮”“惯用钱粮”“律令与词讼”“站赤”等十三类。这十三类公文不见用“他”，有“伊”8例，皆出自传统公文。例如：

(170) 彼处饥……玄都迭减，亦引领伊眷属……觅衣食。(《黑城出土文书(汉文文书卷)》145页，F1：W24)

(171) 状呈汉卿等将伊毁骂，将栏□头阿立嵬殴打等事，已蒙取允。(《黑城出土文书(汉文文书卷)》147页，F116：W294)

3.3.3 “伊”迁移的动因

宋元时期，第三人称代词“伊”一直用于韵律性白话语体，非韵律性白话语体自北宋以后未见用例，文言语体完全不用。由此推测，出现在元代传统公文语体中的第三人称代词“伊”，很可能是从韵律性白话语体迁移而来的。

驱动“伊”迁移的内部因素，是元代传统公文语体需要一个新的代词来分化“其”的第三人称代词功能；外部因素，是元代传统公文语体与其他语体的语言接触。下面结合《元典章·刑部》加以讨论。

3.3.3.1　分化“其”的第三人称代词功能

代词“其”的主要功能有二。一是充当第三人称代词，做领属性定语。有的处在回指位置，称代先行成分；有的没有先行成分，但语境中有相关预设，并非无所称代。分别例如：

(172) 祁奚请老，晋侯问嗣焉。称解狐，其仇也。(《左传·襄公三年》)

(173) 子犯请击之。公曰：“不可。微夫人之力不及此。因人之力而敝之，不仁；失其所与，不知；以乱易整，不武。吾其还也。”(《左传·僖公三十年》)

二是充当指示代词，做非领属性定语，表特指。(王力 1989；郭锡良 1989)例如：

(174) 或曰：“以子之矛，攻子之盾，如何？”其人弗能应也。(《韩非子·难一》)

但是在元代传统公文语体中，“其”的功能发生了变异——指示代词“其”加在指人 NP 前，不仅表特指，而且标明 NP 所指之人是公文的施政对象；若不是施政对象，不可用“其”标记。例如：

(175) 至元七年六月，御史台奉尚书省劄付：据刑部呈：顺天路总管府备易州知州杨恕等七处见职官连名状申：契勘：诸犯刑名罪囚，比之官司鞫问，在于不泄。其狱吏等，不思犯人罪之轻重，务求财利，私下凌虐，不堪其苦。(《元典章·刑部》卷三)

(176) 延佑二年十月十三日，袁州路奉江西行省劄付：据来申：备萍乡州问到彭阿许告养老女婿许辛五咬伤事。看详：彭国清并妻阿许，别无儿男，将女淑六娘，招到许天祥为婿，本期养老，其许天祥先犯抵触，亲戚勉劝，不曾告官。(《元典章·刑部》卷三)

例(175)的发文目的是规范吏治，“狱吏”是该件公文的施政对象；例

(176)是对许天祥伤人案的叙述,“许天祥”作为该案罪犯,是该件公文的施政对象。至于其他人员,如“诸犯刑名罪囚”“彭国清”等,由于不是施政对象,所以即便出现在句首,也不可用“其”来指别。

这一变异引发了连锁反应。指示代词“其”作为施政对象标记频繁出现在指人NP之前,与同样出现在指人NP前表示领属的人称代词“其”产生了歧义——“其+NP”既可以指作为施政对象的人,也可以指被第三方所领属的人。这一歧义,混淆了人员的政治职能,是公文交际坚决不能容许的。因此,元代传统公文语体需要一个新的第三人称代词,能够在指人NP前的位置上取代人称代词“其”,从而避免歧义。

调查显示,元代传统公文语体是用“伊”来取代人称代词“其”的。《元典章·刑部》传统公文中,不见人称代词“其”加在指人NP前的用例,凡需在指人NP前添加第三人称代词以表明领属的,一律用“伊”(90例,占“伊”总量的84.1%)。以下“其”“伊”共现的例句可以说明这一情况:

> (177) 本部照得:诏条内,收嫂者有例,夫亡服缺守志者有例。<u>其</u>王唐儿不候葬讫<u>伊</u>兄,于停丧之夜,与嫂贺真真拜尸成亲,大伤风化。(《元典章·刑部》卷三)
>
> (178) 法司议得:……<u>其</u>杨买儿自首,原免。部官公议得:杨买儿所挟仇故烧王祚舍屋,本罪非轻,却缘<u>伊</u>父杨青将男杨买儿执缚到官,合从原减。(《元典章·刑部》卷十二)

例(177)“王唐儿”是公文的施政对象,故称“其王唐儿”;“兄”不是施政对象,仅是王唐儿之兄,故称“伊兄”。例(178)“杨买儿”是公文的施政对象,故称“其杨买儿”;“父”不是施政对象,仅是杨买儿之父,故称“伊父”。若称“其兄”“其父”,则会使读者误以为“兄”“父”也是施政的对象。由此可见,元代传统公文语体需要一个新的人称代词在指人NP前的位置上分化“其”的第三人称代词功能,从而避免歧义,这是驱动“伊”迁移的重要因素。

3.3.3.2　语体间的语言接触

一种语体的语言特征迁移到另一种语体中，通常被视为语言特征在不同语体间的扩散，前辈学者对此已有关注，口语与书面语的相互影响、文言与白话的相互影响也属此类问题。然而扩散必定经过接触，这提示我们，或许可以从语言接触的角度来考察语言特征如何从一种语体迁移到另一种语体。

语言特征的语体间扩散与语言接触造成的语言演变，有一个共同的机制，即语码转换（code-switching）。Scotton（1988）将语码转换界定为“说话人在同一次会话中使用两种甚至更多语言变体”，并指出转换的语码可以是两种不同的语言，也可以是一种语言的两种语体。Thomason（2001）[131] 将语码转换视为语言接触引发语言演变的主要机制，双语人可能在一次会话中使用两套不同语码，从而造成将语言特征从一种语言迁移到另一种语言的现象。

元代的国家机构中，传统公文与直译公文双轨并行，各级官吏至少都具备阅读两种公文的能力。因此元代官吏的头脑中普遍贮存着两套不同的语码——传统公文语体和直译公文语体。这两套语码在人称代词方面有一个显著的差异，即传统公文语体没有功能健全的第三人称代词（“其”“之”的功能皆不健全），而直译公文语体具备功能健全的第三人称代词（“他”）。因此，元代官吏在写作传统公文时，很可能会受到直译公文语体的影响，倾向于为传统公文语体引进一个同样功能健全的第三人称代词。这是驱动“伊”迁移到传统公文语体的另一个因素。

需要说明的是，迁移到传统公文语体的第三人称代词是“伊”而不是“他”，原因有二。首先，“伊”做定语修饰中心语不需要结构助词的参与，与“其”的句法表现一致，而“他”往往需要结构助词参与，因此“伊”比“他”更适合在指人 NP 前取代“其”。第二，语体选择往往与语体负载的社会价值有关，这种价值意识是决定语码转换的重要心理基础。(孙德金 2012)[48,62] 传统公文语体无疑具有高贵的社会价值,而“伊”来自雅致的韵律性白话语体,“他”则相对俚俗,因此“伊”比“他”更契合传统公文语体的社会价值。

3.4　语体划分参项:第三人称与指示的重合度

不同的语体,在第三人称代词系统跟指示代词系统的重合程度上有不同的表现,因此第三人称代词系统跟指示代词系统的重合程度可以作为划分语体类型的一个语言参项。有无专门的第三人称代词、“其”的强指功能(做非领属性定语)与弱指功能(做领属性定语)的数量之比,是我们衡量“重合”程度的重要标准。

下面首先讨论“第三人称代词系统与指示代词系统的重合度”参项的语言类型学意义;然后将明清时期七种书面语体分为“文言志人记事散文、公文、白话历史小说”和“白话侠义小说、白话神魔小说、白话世情小说、戏剧”两组,分别进行考察,检验上述参项的有效性,并对这七种书面语体做出类型划分。

3.4.1　语体类型参项的语言类型学意义

语体间的第三人称代词系统与指示代词系统的重合度差异,实际是上古汉语和近代汉语两种语言类型的差异在语体上的反映。

郭锡良(1980)、吕叔湘(1985)、徐丹(1989)都指出汉语和世界上很多语言都有着由指示代词发展出第三人称代词的历史。Bhat(2013)从共时平面着眼,按照第三人代词与指示代词的关系,将世界上225种语言分为两种类型:一种是第三人称代词与指示词无任何关系的语言,另一种是第三人称代词与指示词之间具有等同或派生关系的语言。后者又可以细分为五种情况:第三人称代词与所有的指示词都相关,第三人称代词与远指指示词相关,第三人称代词与非远指的指示词相关,第三人称代词与性别标记相关,第三人称代词与非指人用法相关。

在此基础上，再来看汉语史上第三人称代词系统与指示代词系统的关系。上古汉语中，最常用的第三人称代词是做领属性定语的“其”和做宾语的“之”，二者本质上是弱指示代词；同时，领属性定语“其”和定语“之”作为强指示代词，也使用“其”“之”这两个词形。近代汉语中，最常用的第三人称代词是“他”，第三人称代词“他”是由上古的旁指代词“他”发展来的，跟其他种类的指示代词无关；不过，近代汉语最常用的旁称代词是“人家”“别人”，最常用的旁指代词是“别”“别的”，“他”已经极少使用，主要作为词内成分被保留下来。

至此，我们可以借鉴 Bhat(2013)的类型学标准，在汉语史上做出大致的划分——上古汉语，从共时平面看，属于第三人称代词与指示代词密切相关甚至等同的语言；而近代汉语，从共时平面看，属于第三人称代词与指示代词关联较小甚至不相关的语言。

上古汉语是文言语体的源头，近代汉语(口语)是白话语体的基础，因此上古汉语和近代汉语在“第三人称代词与指示代词的关系”上表现出的不同语言类型差异，势必反映在文言语体和白话语体上。而文言语体和白话语体又是两大基础性书面语体，其他书面语体都从它们身上汲取养分，因此其他语体很可能在文言语体和白话语体所属类型的基础上发生变异。明清文言语体、白话语体和公文语体在“第三人称代词系统与指示代词系统重合度”参项上的差异，正反映了这种变异。

3.4.2　文言志人记事散文、公文和白话历史小说

3.4.2.1　明清文言志人记事散文语体和公文语体

前文(3.1.1.2)已经以明清志人记事散文语体为代表考察了明清文言语体的代词系统。明清文言语体的代词系统与上古汉语一致，有两个结构性特点：一是没有真正意义上的第三人称代词；二是

使用弱指代词（主要是领属性定语“其”和宾语“之”）称代第三身，如“杜元凯自书其功于二石”“然子五岁则使就学，督之严甚”。上文已经谈到，这两个特点是相对于近代汉语而言的，实际上文言本就没有第三人称代词这个范畴，称代第三身的功能在文言中主要由弱指示代词表达。本书之所以设置第三人称代词这一“空位”，将指示代词对第三身的称代视为第三人称代词系统与指示代词系统的“重合”，是为了便于跨语体比较。从“空位”和“重合”的角度看，由于明清文言没有专门的第三人称代词，第三身称代功能主要由指示代词表达，那么可以说，明清文言的第三人称代词系统跟指示代词系统是高度重合的。明清文言语体的这些特征，同时也是明清文言志人记事散文语体的特征。

明清公文语体虽然拥有专门的第三人称代词“伊”，但由于它的代词系统在很大程度上继承了文言语体，所以同时也存在大量的“其”“之”。“其”“之”有强指示性（非领属性定语“其”和定语“之”）和弱指示性（领属性定语“其”和宾语“之”）之分，后者正是第三人称代词与指示代词系统高度重合的体现。由此看来，公文语体的第三人称代词系统跟指示代词系统也有很高的重合度。

那么究竟明清文言志人记事散文语体的“重合度”高，还是公文语体的“重合度”高呢？从以下两个指标来看，应是文言志人记事散文语体的“重合度”更高：

第一，有无专门的第三人称代词。明清公文语体有专门的第三人称代词“伊”，而且数量庞大，第三身称代功能在很大程度上是由“伊”承担的。而志人记事散文语体没有专门的第三人称代词，第三身称代功能几乎完全由指示代词承担。因此，从宏观上看，应是明清文言志人记事散文语体的第三人称代词跟指示代词的重合度更高，明清公文语体的重合度更低。

第二，“其”“之”强指功能跟弱指功能的数量之比。这一指标从数据上证明了明清文言志人记事散文语体的第三人称代词跟指示代词的重合度更高，而明清公文语体的重合度更低。统计指示代词内部强指功能与弱指功能的数量之比，可以衡量这个语体的指示代词系统是指示性更强，还是称代性更强，进而可以推测其第三人称代词系统跟指示代词系统的重合程度。如果强指代词更多，意味着指示代词系统的指示性更强（称代性较弱），间接反映出这个语体的指示代词系统跟第三人称代系统更疏远，重合度低；如果弱指代词更多，则意味着指示代词系统的称代性更强（指示性较弱），间接反映出这个语体的指示代词系统跟第三人称代词系统更亲近，重合度高。如果在两种语体之间进行比较，那么哪个语体的指示代词系统的称代性更强，哪个语体的指示代词系统跟第三人称代词系统的重合度也就越高。下面就在这一指标上，对明清文言志人记事散文语体、公文语体进行考察。

由于强指示性代词“之”在明代文言、公文、白话语体中皆未见，因此这里只讨论“其”的强、弱比例，不讨论“之”，后文亦同。本书明清文言志人记事散文语体的语料有 8 种，这 8 种语料强指代词“其”跟弱指代词“其”的用量（单位“个”）以及二者之比，如表 3－6 所示：

表 3－6

	《宋学士集》	《震川先生集》	《牧斋初学集》	《元史》	《方苞集》	《惜抱轩文集》	《曝书亭集》	《明史》
强指示	0	10	4	12	23	28	26	19
弱指示	108	381	426	599	346	267	360	323
强弱比例	/	1∶38.10	1∶106.5	1∶49.92	1∶15.04	1∶9.54	1∶13.85	1∶17.00

总体计算，明清志人记事散文语体中，强指示代词“其”116 个，弱指示性代词“其”3 106 个，二者比例 1∶26.78。

本书明清公文语体的语料分官府行移、上奏、诏敕 3 类，这 3 类语料中“其”的强、弱用量（单位“个”）和二者之比如表 3－7 所示：

表 3－7

	明清官府行移	明清上奏	明清诏敕
强指示	316	616	273
弱指示	345	621	491
强弱比例	1∶1.09	1∶1.01	1∶1.80

总体计算，明清公文语体中，强指示代词“其”1 205 个，若指示代词“其”1 457 个，强、弱之比是 1∶1.21。

明清志人记事散文语体中，指示代词“其”的强、弱之比是 1∶26.78，这个语体的指示代词系统，称代性远远高于指示性。明清公文语体中，指示代词“其”的强、弱之比是 1∶1.21，这个语体的指示代词系统，称代性与指示性大致持平，称代性稍强。将两种语体的指示代词系统进行比较，明清志人记事散文语体的 1∶26.78 低于公文语体的 1∶1.21，这说明前者的弱指示性“其”比后者发达，也即前者的指示代词系统的称代性比后者强，由此推断，明清志人记事散文语体的指示代词系统跟第三人称代词系统的重合度，是高于明清公文语体的。

3.4.2.2　白话历史小说语体

从语言面貌上看，白话历史小说语体基本属于白话语体的范畴，但同时它也含有大量文言语体的成分。那么这种语体含有哪些文言语体的成分，在多大程度上接近文言语体，又在多大程度上属于白话语体，目前还未见专门研究。

调查显示，在第三人称代词系统和指示代词系统上，白话历史小说显示出很强的文言语体特性，主要表现在：主要使用“其”“之”称代第三身；极少使用第三人称代词“他”；极少使用指示代词“这”（包括“这 X”，下同）和“那”（包括“那 X”，下同）。考虑到这一点，本书将白话历史小说语体跟其他白话语体区分开，单独进行讨论。

本书白话历史小说语体选用的语料有四种。这四种语料在第三人称代词和指示代词方面的成员和用量(单位“个”)，如表3－8所示：

表3－8

	强指其	弱指其	弱指之	他	这	那
《春秋列国志传》	40	421	607	4	2	2
《三国演义》	10	231	327	62	18	24
《北史演义》	31	375	513	45	4	12
《南史演义》	40	421	607	4	2	2

可以看到，白话语体的典型第三人称代词“他”和指示代词“这”“那”，在白话历史小说语体中都是很少使用的，文言语体的典型指示代词“其”“之”(包括强、弱两种功能)占绝对主体。

正是由于明清历史小说语体在表示第三身称代上以文言代词为绝对主体，因此可以用强指示性“其”与弱指示性“其”的比例，来衡量“第三人称代词系统和指示代词系统的重合度”。明清历史小说4种语料中“其”的用量(单位“个”)和强、弱比例，如表3－9所示：

表3－9

	《春秋列国志传》	《三国演义》	《北史演义》	《南史演义》
强指示	40	10	31	40
弱指示	421	231	375	421
强弱比例	1：10.53	1：23.1	1：12.10	1：10.53

总体计算，明清白话历史小说语体中，强指示代词“其”121个，弱指示性代词“其”1 448个，二者比例1：11.97。

历史小说语体1：11.97的比例，高于文言语体(1：26.78)，低于公文语体（1∶1.21）。这说明历史小说语体的指示代词系统的称代性比文言低，比公文高。这意味着，历史小说语体的指示代词系统与第三人称代词系统的重合度比文言低，比公文高。这也反映出，在“第三人称代词系统和指示代词系统的重合度”参项上，白话历史小说语体更接近公文和文言语体，而跟其他白话语体相距较远。

3.4.3　四种白话小说语体

3.4.3.1　白话语体与文言、公文语体

明清白话语体有专门的第三人称代词“他”（包括“他们”），有专门的指示代词“这”（包括“这X”）、“那”（包括“那X”），这些代词是白话语体的口语语体属性的体现。由于“他”在明清时期已经极少作为指示代词使用，只作为词内成分少量留存，因此从白话语体的口语语体层面来看，白话语体的第三人称代词系统跟指示代词系统重合度极低，甚至是分离的、不重合的。

但是，白话语体还具有书面语体属性，而且小说材料的白话语体还涉及小说虚构性对语言的影响，因此，白话语体中还存在另一个层面的人称代词和指示代词，即少量的弱指示代词“其”“之”，以及更少的强指示代词“其”。在这个层面上，白话语体的第三人称代词跟指示代词在很大程度上又是重合的。

那么白话语体的第三人称代词系统与指示代词系统究竟是分离的，还是重合的呢？显然，除了特殊的白话历史小说语体以外，白话语体的第三人称代词“他”、指示代词“这”和“那”的用量是远远超过指示代词“其”“之”的，数量差距之大简直可以令“其”“之”忽略不计。所以，既然白话语体的第三人称代词和指示代词是以“他”“这”“那”作为绝对主体的，那么白话语体中第三人称代词系统与指示代词系统的重合程度应当认为是非常低的，甚至可以说是不重合的；其重合度肯定是低于文言语体和公文语体的。

至此，结合 2.5.1 考察，可以认为，在“指示代词系统跟第三人称代词系统的重合度”这个参项上，按照重合度由高到低排列，分别是明清文言志人记事散文语体、明清白话历史小说语体、明清公文语体、明清白话（不含历史小说）语体。

但是，白话（不含历史小说）语体的内部也是有差异的。下面就对明清白话神魔小说语体、明清白话侠义小说语体、明清白话世情小说语体、明清戏剧语体等四种白话语体进行讨论。

3.4.3.2 四种白话语体间的比较：“其”的强弱功能数量比

我们可以凭借“第三人称代词系统与指示代词系统的重合度”这个参项，区分开明清文言语体、明清白话历史小说语体、明清公文语体和明清白话（不含历史小说）语体。但是，这个参项在不包括历史小说语体的一般白话语体之间，就不易使用了。这是因为，一般白话语体本就是“重合度”极低甚至是没有“重合度”的，在这种情况下，“重合度”参项就显得缺乏参考意义了。

不过，调查显示，有的白话语体很排斥使用强指示性“其”，但可以接纳弱指示性“其”；而有的白话语体，则在相对较大的程度上接纳了强指示性“其”。因此，“对强指示性代词‘其’的接纳程度”可以作为考量四种白话语体的语言参项。至于如何衡量“接纳程度”，我们仍采用计算强指示性“其”跟弱指示性“其”的用量之比的方法。不过要注意，这时的“强”“弱”之比的意义，跟前文不同——在前文，我们用这个数量比，来衡量指示代词系统的称代性/指示性的强弱，借以推测第三人称代词系统与指示代词系统的“重合度”；而在这里，我们用这个数量比，来反映四种白话语体对强指示性“其”的接纳程度。

在明清白话历史小说语体以外，本书还设置了明清白话侠义小说、白话神魔小说、白话世情小说和戏剧四种白话语体，对应着 16 种语料（参 2.1.3）。这 16 种语料中“其”的“强”“弱”用量（单位：个）和“强”“弱”之比，如表 3-10 所示：

表 3 - 10

	侠义小说语体				神魔小说语体				世情小说语体				戏剧语体			
	《水浒传》	《英烈传》	《荡寇志》	《水浒后传》	《三宝太监西洋记》	《西游记》	《绿野仙踪》	《女仙外史》	《金瓶梅》	《拍案惊奇》	《红楼梦》	《儒林外史》	《浣纱记》	《牡丹亭》	《长生殿》	《桃花扇》
强指示	2	5	7	5	10	1	2	19	0	4	1	0	1	2	0	0
弱指示	8	69	50	34	45	8	25	167	26	42	24	9	93	37	21	11
强弱比例	1:4.0	1:13.80	1:7.14	1:6.80	1:4.50	1:8.00	1:12.50	1:8.79	/	1:10.50	1:24.00	/	1:93.0	1:18.50	/	/

表 3 - 10 的数据显示：第一，在“强”“弱”功能的数量比上，同一种语体的语料，表现是接近的。这首先证明了我们对 4 种语体的语料选取基本是准确的，一种语体内部各语料具有一致的语言特征；另一方面，也证明了强指示“其”跟弱指示“其”的数量之比这个参项是有意义的，在同一语体中可以得到一致的表现。第二，在“强”“弱”功能的数量比上，世情小说语体的语料大都处于较低水平，戏剧语料所处的水平大都比世情小说稍高，神魔小说语料所处的水平大都更高，而侠义小说语料所处的水平基本最高。这表明，强指示“其”跟弱指示“其”的数量之比这个参项可以有效区分四种白话语体。四种白话语体按照这一比值，从低到高排列，大致是世情小说语体、戏剧语体、神魔小说语体、侠义小说语体。这样的排序同时反映出，世情小说是最排斥强指示性“其”的，侠义小说相对最接纳强指示性“其”。

本节提出以“第三人称代词系统与指示代词系统的重合度”作为划分语体类型的参项。这一参项可有效区分明清文言志人记事散文语体、明清历史小说语体、明清公文语体和历史小说以外的明清白话语体。有无专门的第三人称代词、“其”的强指功能和弱指功能的数量比，是我们衡量“重合”程度的重要标准。

明清文言语体没有“第三人称代词”的范畴，如果人为设置一个“第三人称代词”的空位，那么这个第三人称代词系统跟指示代词系统是高度重合的。明清公文语体虽有专门的第三人代词“伊”，但弱指示性的“其”“之”仍是最主要的第三身称代表达方式，因此明清公文语体的第三人称代词系统跟指示代词系统有着一定的重合度。由于公文语体中强指示“其”与弱指示“其”的数量之比低于文言语体，因此公文语体的指示代词系统的称代性比文言语体弱。指示代词系统的称代性弱，意味着第三人称代词与指示代词系统的重合度低。因此公文语体的“重合度”低于文言语体。

明清白话语体称代第三身主要使用专门的第三人代词“他”，表达指示有专门的指示代词“这”“那”等，由于“他”在明清白话语体中几乎不做指示代词（偶作为词内成分出现），因此明清白话语体的第三人称代词系统跟指示代词系统是低度重合，甚至是不重合的。

白话历史小说语体是白话语体中的例外，它在代词上的表现与文言语体高度一致，跟一般白话相距甚远，衡量其“重合度”，应排在文言语体和公文语体之间。

白话语体的内部差异，很难靠“重合度”来衡量，但可以靠它们对强指示性代词“其”的接纳程度（强指示性“其”跟弱指示性“其”的数量比）来衡量。检验的结果，按照接纳程度由高到低排列，依次是白话侠义小说语体、白话神魔小说语体、戏剧语体、白话世情小说语体。

至此，我们在“第三人称代词系统与指示代词系统的重合度”参项上，将明清七种书面语体分为三种类型：

第三人称代词系统与指示代词系统高度重合的语体：文言志人

记事散文语体。

第三人称代词系统与指示代词系统中度重合的语体：白话历史小说语体、公文语体。

第三人称代词系统与指示代词系统低度重合的语体：白话侠义小说语体、白话神魔小说语体、戏剧语体、白话世情小说语体。

其中，低度重合的语体可以按照对强指示代词的接纳程度加以区别，接纳程度由低到高依次是：白话世情小说语体>戏剧语体>白话神魔小说语体>白话侠义小说语体。

3.5　小　　结

本章考察了明清公文语体代词系统的语法特征及其变异机制，并以此为基础归纳了语体类型参项，尝试划分了语体类型。明清公文语体的代词系统有两个显著特征：

第一，独有一种成熟的第三人称代词“伊”。明清文言语体没有真正意义上的第三人称代词，明清白话语体虽有成熟的第三人称代词，但并不使用“伊”。“伊”是元代传统公文语体在直译公文语体的影响下产生了建立第三人称代词范畴的需要，从而由韵律性白话语体迁移而来的，这一过程突出体现了语体间成分/范畴迁移这一变异机制。迁移的动因同样值得注意，涉及语体间的语言接触和语言系统内部因素两个方面。

第二，强指示性“其”（做非领属性定语）使用频率激增，主要被用来标记公文语体中的施政对象。明清公文语体强指示性的指示代词“其”在使用频率上跟弱指示性“其”（做领属性定语）大致持平。这与文言、白话语体不同，文言、白话语体都是弱指示性功能占绝对优势的。强指示性“其”激增，主要被用来标记公文语体中的施政对象，这是明清公文语体要求严格区分施政主体和施政对象所致，突出体现了成分的功能变异这一变异机制。

“第三人称代词系统与指示代词系统的重合度”是具有语体类型意义的语言参项。有无专门的第三人称代词、“其”的强指功能和弱指功能的数量比，是我们衡量“重合”程度的重要标准。七种明清汉语书面语体，可以分为高度重合、中度重合、低度重合三类。低度重合的书面语体，又可以按照对强指示代词的接纳程度加以区别。

第四章

量词：功能变异的系统性

汉语的个体量词是一种对名词所指事物进行分类的分类词(classifiers),分类的角度是多样且约定俗成的。张赪(2012)指出,汉语的个体量词常常从职业、身份、地位等角度对表示人类的有生名词进行分类,这类个体量词如人员量词“位”“员”“名”等;从物理属性和功用上对非人类的有生名词和无生名词进行分类,前者如动物量词“头”“匹”,后者如功用量词“篇”“件”等。

本章从个体量词的分类功能着眼,通过跟明清典型文言、白话语体的对比,呈现明清公文语体的人员量词、牲畜量词和通用量词“个”在分类功能上的变异;在此基础上,讨论明清公文语体个体量词功能变异的系统性,即系统成员的功能变异不是孤立的,而是相互影响、相互适应的;最后,以“通用量词‘个’的通用度”作为语言参项,为明清七种书面语体划分类型。

4.1 明清文言语体和白话语体的量词

4.1.1 明清文言语体的量词

明清文言语体在表达人、牲畜或其他事物的数量时,一般不用个体量词,而是使用数词与名词直接结合的方式。例如:

(1) 其子时敏方幼，一少年诱其驰马，竟跌死。(《宋学士集》卷九《刘彬卿传》)

(2) 海北有平江、青莺、杨梅、乐民四珠池，诏书督采甚急。(《震川先生集》卷二十二《中奉大夫江西右布政使致仕雍里顾公权厝志》)

(3) 引骑兵沿岸迎射，大破之，溺死者过半，余皆走郢，壁坚，不能下，俘生口、马牛数万而还。(《元史·列传第六》)

(4) 家僮数十，出入呼拥。(《方苞集》卷八《高节妇传》)

(5) 公乃诹日展界，自钦州之防城始，遵海以东，历府七、州三、县二十九、卫六、所一十七、巡检司一十六、台城堡寨二十一，给还民地二万八千一百九十二顷、复业丁口三万一千三百、定悬军之营二十八，而广东之疆理复矣。(《曝书亭集》卷六十六《尚书杜公疆理记》)

但明清文言语体并非完全不用个体量词。在本书的文言志人记事散文语料中，出现了2例"员"，皆修饰官员，如：

(6) (抄思)制授万户，与内侍胡都虎、留乞签起西京等处军人征行及镇守随州。招集民户，每千人以官一员领之。(《元史·列传第八》)

(7) (虎都铁木禄)止奏茶、漕置局十有七所，以七品印章敕授局官五十一员，增中统课缗五十万。(《元史·列传第九》)

这2例并非出自清单籍册或其他统计性话语，而是作者的一般性叙述。

公文语体常见的人员量词"名""口"在本书的志人记事散文语料中皆未见；白话常用的"位"和用于人员的"个"也未见。

在文言志人记事散文语料中，很少见到量词用于牲畜的情况，所见用例都集中在《元史》《明史》两部材料里。这是因为，这两部材料的人物传记经常涉及赏赐、进贡以及战争缴获等情节，所以多出现量词用于牲畜(主要是马、牛、羊、驼、鸡等)的情况。在所有用例中,不使用量词的用例跟使用量词的用例数量持平,各有20例。不使用量词的用例,例如:

(8) 金兵大败,斩七千级,获马八百。(《元史·列传第六》)

(9) 太祖命取一牛,剖其腹,纳布智兒于牛腹,浸热血中,移时遂更。(《元史·列传第十》)

(10) 愈仓卒闻变,以数十骑走,数与贼遇。从骑死且尽,窘甚。连易三马,马辄踣。(《明史·列传第十四》)

(11) 分兵为三道,穷追至昆仑山,俘斩万计,获马牛羊十余万,留兵戍诸要害乃还。(《明史·列传第十四》)

使用量词的用例,包括"匹"用于马17例,"口"用于羊1例,"蹄"用于驼1例,"头"用于牛1例,分别例如:

(12) 木华黎大喜,以马十匹、甲五事赏其功。(《元史·列传第七》)

(13) 阿哥潘以私马百匹充驿骑,羊千口代民输。(《元史·列传第十》)

(14) 世祖至帮道,玉昔帖木儿已退敌,僵尸覆野,数旬之间,三战三捷,获乃颜以献。诏选诚舆橐驼百蹄劳之。(《元史·列传第六》)

(15) 获其宗王庆生及平章鼎住等将士万人,车万辆,马三千匹,牛五万头,子女宝货称是。(《明史·列传第十三》)

4.1.2　明清白话语体的量词

4.1.2.1　人员量词

明清白话语体拥有丰富的个体量词。在人员方面,公文语体常见的"员""名""口"在白话语体中同样常见,但分类意义与公文语体有明显的不同。在本书的白话世情小说语料中,"员""名""口"的用量不算丰富，只有“员”4 例、“名”7 例，“口”未见，绝大多数出现在“数+量+名”结构中，1 例是做宾语的“数+量”结构。大致上，“员”都是用于官员（男性），“名”都是用于男性仆役，或作为仆役使用的底层士兵。“员”的用例有：

(16) 王姑子又道：“一家三个媳妇儿，与公公上寿。”先是大媳妇递酒，说：“公公好相一员官。”公公云：“我如何相官？”（《金瓶梅》第二十一回）

(17) 知县自恁要做分上，胡乱差了一员司吏，带领几个仵作来看了。（《金瓶梅》第二十六回）

(18) 如今三百员龙禁尉短了两员，昨日襄阳侯的兄弟老三来求我，现拿了一千五百两银子，送到我家里。（《红楼梦》第十三回）

“名”的用例，例如：

(19) 那时本县正堂李知县，会了四衙同僚，差人送羊酒贺礼来，又拿帖儿送了一名小郎来答应，年方一十八岁，本贯苏州府常熟县人，唤名小张松。（《金瓶梅》第三十一回）

(20) 拿手本三班送了十二名排军来答应，就问讨上任日期，讨问字号，衙门同僚具公礼来贺。（《金瓶梅》第三十一回）

(21) 少顷，西门庆出来，就叫书童，分付：“……教来兴儿买办东西，添厨役茶酒，预备桌面齐整；玳安和两名排军送帖儿，叫唱的；留下琴童儿在堂客面前管酒。”（《金瓶梅》第三十一回）

(22) 至天明，吉时已到，一般六十四名青衣请灵，前面铭旌上大书“奉天洪建兆年不易之朝诰封一等宁国公冢孙妇防护内廷紫禁道御前侍卫龙禁尉享强寿贾门秦氏恭人之灵柩”。（《红楼梦》第十四回）

由于白话世情小说语料样本的“员”“名”“口”并不丰富，无法为考察三个量词的分类意义提供充分的依据，因此我们补充调查了《金瓶梅》和《红楼梦》前八十回，得到用于人员的个体量词“员”22 例、“名”61 例、“口”9 例。其中，“员”“名”绝大多数出现在“名+数+量”结构中，只有 3 例“名”出现在“数+量+名”结构中，2 例“名”出现在做宾语的“数+量”结构中，还有 1 例做主语的“每名”。“员”修饰的人既有官员，也有底层小吏。[①] 例如：

(23) 当时酒进三巡，歌吟一套，六员太尉起身。(《金瓶梅》第七十回)

(24) 有词一篇，单道周统制果然是一员好将材。(《金瓶梅》第一百回)

(25) 知县自恁要做分上，胡乱差了一员司吏，带领几个仵作来看了。(《金瓶梅》第二十六回)

(26) 有仵作一员官立于增架上敲响板，指拨抬材人上肩。(《金瓶梅》第六十五回)

此外，还有 1 例伶官(本指有官身的伶人，也作为对伶人的敬称使用)，1 例犯人，以及 1 例比喻性的非现实人物。分别例如：

(27) 当筵搬演《裴晋公还带记》，一折下来，厨役割献烧鹿花猪，百宝攒汤，大饭烧卖。又有四员伶官，筝琴、琵琶、箜篌，上来清弹小唱。(《金瓶梅》第六十五回)

(28) 于是林四娘带领众人连夜出城，直杀至贼营里头。众贼不防，也被斩戮了几员首贼。(《红楼梦》第七十八回)

(29) 但见迷魂阵摆，摄魄旗开。迷魂阵上，闪出一员酒金刚，色魔王能争贯战。(《金瓶梅》第七十八回)

相比之下，“名”主要用于男性仆役或底层士兵，例如：

(30) 却说前厅王皇亲家二十名小厮，两个师父领着，挑了箱

① 由于小说中官吏名称多为虚构，跟史实存在差距，因此只能根据历史文化知识大致判断哪些属于“官”，哪些属于“吏”，很难做出截然的区分和统计。

子来，先与西门庆磕头。(《金瓶梅》第四十二回)

(31) 西门庆道："我分付留下四名青衣排军，拿杆栏拦人伺候，休放闲杂人挨挤。"(《金瓶梅》第四十二回)

(32) 薛姨妈便和宝钗香菱并两个老年的嬷嬷连日打点行装，派下薛蟠之乳父老苍头一名，当年谙事旧仆二名，外有薛蟠随身常使小厮二人，主仆一共六人，雇了三辆大车，单拉行李使物，又雇了四个长行骡子。(《红楼梦》第四十八回)

不过，"名"也可以用于官吏、伶优和盗贼，分别例如：

(33) 又取过一张扎付来，把来保名字填写山东郓王府，做了一名校尉。(《金瓶梅》第三十回)

(34) 西门庆教陈敬济："后边讨五十两银子，令书童写一封书，使了印色，差一名节级，明日早起身，一同下去，与你钞关上钱老爹，教他过税之时，青目一二。"(《金瓶梅》第五十八回)

(35) 大清早辰，本府出票拨了两院三十名官身乐人，两名伶官、四名排长领着，来西门庆宅中答应。(《金瓶梅》第七十五回)

(36) 夏提刑家中做了些菊花酒，叫了两名小优儿，请西门庆一叙，以酬送马之情。(《金瓶梅》第三十八回)

(37) 那两名强盗还攀扯他，教我每人打了二十，夹了一夹，拿了门外寺里一个和尚顶缺，明日做文书送过东平府去。(《金瓶梅》第七十六回)

(38) 库子呈禀贼情事，带陈敬济上去，说："昨夜至一更时分，有先不知名今知名贼人二名：陈敬济、陈安，锹开库门锁钥，偷出赃银二百两，越墙而过，致被捉获，来见老爷。"(《金瓶梅》第九十二回)

上述可见，"员"和"名"大致的区别是，"员"主要用于官员，而"名"主要用于仆役、士兵。但是，"员""名"都可以用于低层次的官吏，也都可以用于伶人、盗贼，这一方面说明"员""名"各自的分类意义并不像公文那样明确，另一方面更说明二者的区别并不严格。

《金瓶梅》和《红楼梦》前八十回还出现了9例“口”，其中，8例“名+数+量”结构，1例“数+量+名”结构。用于平民，不限性别。例如：

(39) 可怜这吴月娘，穿着随身衣服，和吴二舅男女五口，杂在人队里挨出城门，到于郊外，往前奔行。(《金瓶梅》第一百回)

(40) 西门庆道：“休说！我先妻若在时，却不恁的家无主，屋倒竖。如今身边枉自有三五七口人吃饭，都不管事。”(《金瓶梅》第三回)

(41) 况且他们今年又添了两口人，也难丢了他们跑到这里来。(《红楼梦》第七十六回)

(42) 贾珍又给了一房家人，名叫鲍二，夫妻两口，以备二姐过来时伏侍。(《红楼梦》第六十四回)

“口”还有“人”“人口”义名词的用法，在《金瓶梅》、《红楼梦》前八十回中也很常见，例如：

(43) 李瓶儿点头儿，便道：“也罢。你休要信着人，使那憨钱，将就使十来两银子，买副熟料材儿，把我埋在先头大娘坟旁，只休把我烧化了，就是夫妻之情。早晚我就抢些浆水，也方便些。你偌多人口，往后还要过日子哩。”(《金瓶梅》第六十二回)

(44) 贾芹道：“我家里原人口多，费用大。”(《红楼梦》第五十三回)

(45) 凤姐即命彩明钉造簿册。即时传来升媳妇，兼要家口花名册来查看，又限于明日一早传齐家人媳妇进来听差等语。(《红楼梦》第十四回)

“口”还可以加上后缀“儿”“子”，配合数词使用，表示一个人群整体，通常是以家庭关系为基础的群体。例如：

(46) 回到家，那妇人又早齐齐整整安排下饭。三口儿同吃了饭，妇人双手便捧一杯茶来，递与武松。(《金瓶梅》第二回)

(47) 奴与他十两银子，两套衣服，两口子欢喜的要不的，临出门谢了又谢。(《金瓶梅》第十六回)

(48) 又笑道："林之孝两口子都是锥五扎不出一声儿来的。"(《红楼梦》第二十七回)

(49) 尤氏等笑道："平儿没有不是，是凤丫头拿着人家出气。两口子不好对打，都拿着平儿煞性子。"(《红楼梦》第四十四回)

"人口"义和"数词+'口子/儿'"的存在，似乎表明"口"不是一个纯粹的人员量词。但是，明清白话中的"口"跟"人"不同，它经常出现在"数+量+名"结构中，例如：

(50) 元帅道："国师叫转来，有甚么话儿吩咐？"国师道："这五百口人都是假的。"(《三宝太监西洋记》第四十五回)

(51) 丁利国又问："你可肯教书么？"回说："教书是我本等的营生，怎的不肯。"丁利国道："你又肯到我庄上，又肯教书，你这三口人过日也不甚难。"(《醒世姻缘传》第二十七回)

(52) 这安老爷家，通共算起来，内外上下，也有二三十口人，虽然算不得簪缨门第，钟鼎人家，却倒过得亲亲热热，安安静静。(《儿女英雄传》第一回)

(53) 况且不是我得罪的话，黎府上的境况也不好，去了可以省了一口人吃饭。(《二十年目睹之怪现状》第三十三回)

从这一点来看，"口"可以认为是一个用于人员的个体量词。至此，我们也可以看到明清白话语体的"口"跟公文语体的不同，即明清白话的"口"不区分性别，主要用于普通民众，而公文语体的"口"专门用于女人。

事实上，明清白话语体最常用的人员量词并不是"员""名""口"，而是"位"和通用量词"个"。本书的白话世情小说语料样本有"位"250 例，既可以跟数词构成数量结构，也可以跟指示代词构成指量结构。所修饰的人员没有身份或性别的限制：既有官吏，也有民众；既有妇女，也有男子。应当说，凡是叙述者或说话人对某一对象抱有敬意时，都可以用“位”。例如：

（54）月娘道：“姐夫来的正好，且来替你二位娘送送儿，丫头每气力少。”（《金瓶梅》第二十五回）

（55）主人道：“这位老客长不曾会面，想是新出海外的，置货不多了。”（《拍案惊奇》卷一）

（56）旁边一个贴身伏侍的婆子道：“何尝不是这样呢。真正先生说得如神，倒不用我们告诉了。如今我们家里现有好几位太医老爷瞧着呢，都不能的当真切的这么说，有一位说是喜，有一位说是病；这位说不相干，那位说怕冬至，总没有个准话儿。求老爷明白指示指示。”（《红楼梦》第十回）

（57）杜慎卿道：“各位先生一时名宿，小弟正要请教，何得如此倒说！”（《儒林外史》第二十九回）

通用量词“个”是白话语体最常用的人员量词。在本书的白话世情小说语料中，用于人员的“个”有1 100余例；所处结构也最为丰富，包括“数+量+名”“数+量”“量+名”“代+数+量”“代+量”“代+量+名”以及“真个”“好个”等。所修饰的人员没有身份或性别的限制：既有官吏，也有民众；既有妇女，也有男子。例如：

（58）太师道：“既无官役，昨日朝廷钦赐了我几张空名告身札付，我安你主人在你那山东提刑所，做个理刑副千户，顶补千户贺金的员缺，好不好？”（《金瓶梅》第三十回）

（59）当下三个妇人带领着一簇男女，来安、画童两个小厮，打着一对纱吊灯跟随。（《金瓶梅》第二十四回）

（60）慧澄道：“是一个少年官人，因仇家诬枉，失了宜职，只求一关节到吏部辨白是非，求得复任，情愿送此珠子。”（《拍案惊奇》卷六）

(61) 说到助银，没一个则声。(《拍案惊奇》卷一)

(62) 一时摆上茶果，宝玉便说："我们两个又不吃酒，把果子摆在里间小炕上，我们那里坐去，省得闹你们。"(《红楼梦》第七回)

(63) 凤姐在车上说与贾蓉道："以后还不早打发了这个没王法的东西！"(《红楼梦》第七回)

白话语体中，"个"可以用于官员，是通用量词"个"的通用度极高的表现。后文将专门讨论各语体中"个"的通用度问题。

4.1.2.2　牲畜量词

在《金瓶梅》和《红楼梦》前八十回中，用于牲畜的量词有"匹""只""口""腔""牵""头"以及通用量词"个"。

"匹"共出现16例，多数用于马；但也有4例用于驴，1例用于骡。例如：

(64) 夏提刑见西门庆骑着一匹高头点子青马，问道："长官那匹白马怎的不骑，又换了这匹马？"(《金瓶梅》第三十八回)

(65) 原来宝玉心里有件私事，于头一日就吩咐茗烟："明日一早出门，备下两匹马在后门口等着，不要别一个跟着。"(《红楼梦》第四十三回)

(66) 初时，往人家看病只是走，后来买了一匹驴儿骑着，在街上往来，不在话下。(《金瓶梅》第十七回)

(67) 薛蟠自骑一匹家内养的铁青大走骡，外备一匹坐马。(《红楼梦》第十九回)

"只"共出现40例，多数用于鸡、鸭、鹅等家禽，也有鹤、雁、凤等其他禽类，猫、狗、獐、狍、鹿等小动物，还有2例用于老虎。分别例如：

(68) 那桂卿将银钱都付与保儿，买了一钱猪肉，又宰了一只鸡，自家又赔些小菜儿，安排停当。(《金瓶梅》第十二回)

(69) 活鸡、鸭、鹅各二百只，风鸡、鸭、鹅二百只。(《红楼

梦》第十八回)

(70) 吴月娘那边买了礼来,一盘寿桃,一盘寿面,两只汤鹅,四只鲜鸡,两盘果品,一坛南酒。(《金瓶梅》第九十七回)

(71) 最高处一只仙鹤,口里衔着一封丹书,乃是一枝起火,一道寒光,直钻透斗牛边。(《金瓶梅》第四十二回)

(72) 宝玉真个喝了酒,听黛玉说道:"落霞与孤鹜齐飞,风急江天过雁哀,却是一只折足雁,叫的人九回肠,这是鸿雁来宾。"(《红楼梦》第六十二回)

(73) 后面便是一片冰山,上面有一只雌凤。其判曰:"凡鸟偏从末世来,都知爱慕此生才。一从二令三人木,哭向金陵事更哀。"(《红楼梦》第五回)

(74) 却说潘金莲房中养的一只白狮子猫儿,浑身纯白,只额儿上带龟背一道黑,名唤"雪里送炭",又名"雪狮子"。(《金瓶梅》第五十九回)

(75) 因见阶下两只犬儿交恋在一处,说道:"畜生尚有如此之乐,何况人而反不如此乎?"(《金瓶梅》第八十五回)

(76) 一面忙展开单子看时,只见上面写着:大鹿三十只,獐子五十只,狍子五十只……(《红楼梦》第五十三回)

(77) 众人不解,黛玉笑道:"古人曾云'蕉叶覆鹿'。他自称'蕉下客',可不是一只鹿了?快做了鹿脯来。"(《红楼梦》第三十七回)

(78) 伯爵道:"就是前日吴道官所说的景阳冈上那只大虫,昨日被一个人一顿拳头打死了。"(《金瓶梅》第一回)

"口"共出现15例,主要用于猪,也有1例用于羊。

(79) 叫家人来兴儿买了一口猪、一口羊。(《金瓶梅》)

(80) 事毕,刘太监感情不过,宰了一口猪,送我一坛自造荷花酒。(《金瓶梅》第一回)

(81) 果然贾珍煮了一口猪，烧了一腔羊，余者桌菜及果品之类，不可胜记，就在会芳园丛绿堂中，屏开孔雀，褥设芙蓉，带领妻子姬妾，先饭后酒，开怀赏月作乐。(《红楼梦》第七十五回)

"牵"3例，"腔"5例，都用于羊。例如：

(82) 且说西门庆走到前边，薛太监差了家人，送了一坛内酒，一牵羊，两匹金段，一盘寿桃，一盘寿面，四样嘉肴。(《金瓶梅》第三十一回)

(83) 忽报宋御史差人来送贺黄太尉一桌金银酒器，两把金壶，两副金台盏，十副小银钟，两副银折盂，四副银赏钟；两匹大红彩蟒，两匹金段，十坛酒，两牵羊。(《金瓶梅》第六十五回)

(84) 于是拿帖看，上写着："谨具金段一端，云纻一端，鲜猪一口，北羊一腔，内酒一坛，点心二盒。"(《金瓶梅》第七十一回)

(85) 果然贾珍煮了一口猪，烧了一腔羊，余者桌菜及果品之类，不可胜记，就在会芳园丛绿堂中，屏开孔雀，褥设芙蓉，带领妻子姬妾，先饭后酒，开怀赏月作乐。(《红楼梦》第七十五回)

"头"的用例很罕见，《金瓶梅》、《拍案惊奇》、《红楼梦》前八十回中皆未见，我们只在《儒林外史》中看到1例。字面来看，这例"头"用于驴；但结合具体语境来看，这里的"驴"实际是比喻的和尚。例如：

(86) 萧金铉笑道："将来我们在这里住，岂但买办厨子是用两个人，还要牵一头秃驴与那买东西的人骑着来往，更走的快！"把那和尚骂的白瞪着眼。(《儒林外史》第二十八回)

用于牛的情况也比较罕见。《金瓶梅》、《红楼梦》前八十回中皆未见。在《三宝太监西洋记》中，用于牛的用例有9例，其中，6例用"头"，3例用"只"。分别例如：

(87) 却说荒草坡前摆列着千百头野水牛，姜金定撮弄撮弄，

弄得一头牛背上一个小娃子，一个小娃子手里一条丝鞭。（《三宝太监西洋记》第三十回）

(88) 天师道："前日金角大仙是只牛，这决也是个甚么畜生。请问国师老爷，就有个处置。"（《三宝太监西洋记》第七十一回）

《三国演义》中有1例用"只"，例如：

(89) 时殿上悬一水墨画，画着两只牛，斗于土墙之下，一牛坠井而亡。（《三国演义》第七十九回）

除上述量词以外，白话语体中还经常使用通用量词"个"来修饰牲畜。在《金瓶梅》和《红楼梦》前八十回中，用于牲畜的"个"有22例，除了没有见到修饰"马"的用例，其他常见牲畜都可以用"个"。例如：

(90) 西门庆分付玳安："叫了两个驴子，同师父先往家去等着，我就来。"（《金瓶梅》第四十九回）

(91) 只见旁边一个大黑猫，见人来，一溜烟跑了。（《金瓶梅》第五十二回）

(92) 一个黄白花狗，咬着那绵花叉口。（《金瓶梅》第六十回）

(93) 野羊二十个，青羊二十个，家汤羊二十个，家风羊二十个。（《红楼梦》第五十三回）

(94) 大家忙走来一看，只见薛蟠的衣衫零碎，面目肿破，没头没脸，遍身内外，滚的似个泥猪一般。（《红楼梦》第四十七回）

"个"广泛用于牲畜，是"个"在白话语体中使用度极高的表现。

综上所述，明清白话语体的牲畜量词，"匹"主要用于马，但也可以用于驴、骡；"只"主要用于禽类和小动物，但也可以用于虎、牛等大型动物；"口"主要用于猪，也可以用于"羊"；"头"可以用于"牛"，也可以用于"驴"；通用量词"个"几乎可以用于各种牲畜。

4.2　明清公文的量词

4.2.1　人员量词

4.2.1.1　人员量词的功能变异

公文最常见的人员量词是“员”“名”“口”。相比明清白话语体，公文的“员”“名”“口”发生了一定程度的功能变异，表现为“员”的分类意义更加严格，“名”“口”的分类意义发生了变化。

1) 员

明清公文语料样本中，“员”单用共 251 例，237 例出现在“名+数+量”结构中，例如：

(1) 计管押胶州守御千户所秋班挂号赴操札付官百户一员：黄宪臣。(辽东，二 · 二七，官府)

(2) 要精兵壹百名，将官叁员，前去协堵。[清档，第六册，关于明末农民起义的档案史料(清) · 116，官府]

(3) 先年尝设有都御史一员，巡抚前项地方，就令督剿盗贼。(王文成，卷十，换敕谢恩疏，上奏)

(4) 广东琼州一府释悬海外，特设巡道一员。(清档，第十册，康熙朝黄册中有关科举考试史料 · 6，上奏)

(5) 或于三厅内择一紧要之地，改设知府一员，以资控驭。(苗民，七 · 467，诏敕)

有 8 例出现在“数+量”结构中，整个“数+量”结构做宾语或主语。其中，做宾语 7 例，例如：

(6) 仰司抄案呈堂，即于本司佥书署都指挥佥事内坐委一员，会同守巡该道查照先今节行案验内事理。(辽东，二 · 二七，官府)

(7) 及查空闲署正千户周朝新袭未练，副千户蒋经曾蒙奖

励,合无于内定委一员,掌管印信。(辽东,二·四二,官府)

(8) 于巴图鲁侍王章京内挑派二十员,力令迅速驰抵军营,俾资派委带兵。(苗民,七·405 诏令)

做主语1例,例如:

(9) 查得臣监原有汉官五员,见今止有三员,此内一员有罪。(清档,第七册,顺治十七年尚衣监行文知会簿·9,官府)

另有6例出现在指量结构中,包括2例"该+数+量"、4例"每+量"结构(此4例出自同件公文),分别例如:

(10) 英俊、双德、杨炳堃均着先行革职,仍查明纵贼根由,严行参办。该三员暂留军营差遣,责令协剿赎罪,不准置身事外。(清档,第二册,李沅发起义·51,诏敕)

(11) 兹据查明朝阳县知县廖伦明……建常县知县章奏凯……平泉州知州文卜年……该三员贪诈庸劣,贻害地方,深堪痛恨。(清档,第十二册,朝阳金丹道教起义史料·90,诏敕)

(12) 李武臣、齐恩贤、王瀛,以上每员欠钱四百一十一文。(辽东,二·三七,官府)

(13) 百户成邦、施大恩、杭文举、袁通、镇抚邵升,每员欠钱三百六十文。(辽东,二·三七,官府)

明清公文语体中,"员"只用于官员,不用于吏、民。就本书的明清公文语料样本来看,在"员"所处的数量结构和指量结构中,名词表示确切官职的,最低职位是"百户"(六品,见于明代公文)和"外委把总"(九品,见于清代公文):

(14) 随拨精锐有马官百户一员。(辽东,二·二〇,官府)

(15) 再查该县驻防,仅有外委把总一员,兵丁十名,倘再滋事,不敷弹压。(清档,第十三册,乾隆十二年安邑万泉聚众抗粮案·4,上奏)

名词不表示确切官职的，可分为两类。一类是笼统表示官员的职务类属，如“县官”“领兵官”“堂上官”等。又如：

(16) 即今该班迫近，用札付官一员赍册赴分巡道用印钤盖。(辽东，二·二七，官府)

(17) 该本部等衙门题，内开南京守备参赞官连奏十分紧急军情，相应急为议处，合无请命将官一员，挂平贼将军印，充总兵官。(王文成，卷十二，请止亲征疏，上奏)

(18) 该部司官尚有十余员。(清档，第十册，康熙朝黄册中有关科举考试史料·8，上奏)

(19) 查故明洪永年间，最重教官之选，府学生员三十名，设教授一员、训导四员……本朝初制虽从裁减，每学尚留教官二员。(清档，第十册，康熙朝黄册中有关科举考试史料·3，上奏)

“札付官”“将官”“司官”“教官”都不是特定的官职：“将官”泛指武官，“司官”泛指在部司工作的文官，“札付官”指受到上级委派去收发文书的官员，“教官”在这里泛指地方教育官员。另一类，不表明官员职务类属，只表明官员身份，例如：

(20) 委相应官一员领班，庶乎公事早完而无贻累矣！(辽东，二·二七，官府)

(21) 着落知县柯相，即便起集梅花峒等乡精勇民兵大约一千名，各备便用坚利器械，选差该乡义官良民部领，就委该县谋勇胆略官一员总领。(王文成，卷三十一，差官调发梅花等峒义兵牌，官府)

(22) 今称草创之初，止乞选官一员掌管，并拨补廪增生员等项，俱于事体相应。(王文成，卷十一，再议平和县治疏，上奏)

(23) 旧例用光禄寺、国子监、上林苑及顺天府学衙门等官，此四衙门官不过二十余员。(清档，第十册，康熙朝黄册中有关科举考试史料·26，上奏)

此外，在清末的公文中，出现了外交使节的随从人员使用“员”来修饰的例子，共2例。例如：

(24) 于十六日派副公使哈姓一员、翻译官龚姓一员前来，崇厚当即面见。(澳门，891，官府)

(25) 及期，该使偕其帮办等官共四员前来公所拜会，陈明来此换约之意。(澳门，898，官府)

上例“翻译”“帮办”本不属于“官”的序列，只是外交使节的随从人员。但公文中称他们为“翻译官”“帮办等官”，可见公文作者是将这类随从人员也视为官员了。正因为此，才使用“员”来修饰他们。

明清公文语体的“员”只用于官员，这样的分类意义显然比明清白话语体更加严格。明清白话语体的“员”虽然主要用于官员，但也可以用于小吏、伶人和犯人。事实上，量词“员”自产生之初便用于官员，其分类意义在明清白话语体中发生了扩展，在明清公文语体中恰是严格地遵循了“员”本来的分类意义。

2) 名

明清公文语体中，量词“名”用来修饰官府小吏、生员、士兵、仆从、役夫、犯人、贼匪以及普通男性民众。以上几类人员，涵盖了明清公文中除官员以外的各类男性。因此可以说，明清公文中凡是非官员的男性人员，都用“名”修饰。

明清公文语料样本中，“名”单用共1 054例。其中，998例出现在“名+数+量”结构例，按照“名”所修饰的人员(小吏、生员、士兵、仆从、役夫、贼匪、犯人、普通男性民众)，分别例如：

(26) 计审解吏一名：刘景和。(辽东，二·四二，官府)

(27) 该本监查得书办周永盛等七名，俱已五年役满，合将应咨应留姓名开列移送。(清档，第七册，顺治十七年尚衣监行文知会簿·5，官府)

(28) 昔取生员八十名，今止取十五名。(清档，第十册，康

熙朝黄册中有关科举考试史料·2，上奏）

（29）今科武举中式二百二十名，应照文进士一体殿试，朕亲行阅视。（清档，第九册，顺治朝朱谕·七，诏敕）

（30）即拨精锐有马官一员，旗军四名，随牌送司，以凭差用。（辽东，二·二〇，官府）

（31）昨又派恒瑞带领西安满兵两千名，由郧阳一带速往。（苗民，七·412，诏敕）

（32）今彭荩臣不在随征之列，未经结勘，但伊父彭九霄见在统兵，本舍又称选带家丁三千名前往报效，似应俯从。（王文成，卷三十，土舍彭荩臣军前冠带札付，官府）

（33）并开跟役杨义、李方二名，转报到司。（澳门，238，官府）

（34）各州县止是应付人夫数十名，再不许别项科派劳扰，已行该道守巡等官，通行各该府县查照施行。（王文成，卷三十，批兴安县请发粮饷申，官府）

（35）查得宁夏城并中卫所种进贡红花空闲地三顷三十亩，递年额拨空闲余丁老幼一百名播种，浇灌水利。（关中，卷八，为乞恩停免进贡红花以恤边兵事，上奏）

（36）生擒六千二百七十九名：首贼一百零四名，从贼六千一百七十五名，内审放一千一百九十二名。（王文成，卷三十一，开报征藩功次赃仗咨，官府）

（37）再，泸溪一路总兵袁敏、木腾额歼毙苗匪一二百名，亦距乾州不远。（苗民，七·443，诏敕）

（38）行准本府同知朱裕、平凉卫指挥赵文解送犯人顾成第二百六名，并取勘供词卷册，及据邠州申解犯人员祥等四十七名到职。（关中，卷二，为添设马苑营堡以便收牧事，上奏）

（39）兹据报称，委员等在江北先后拿获逃犯张连、李帼起、李宽、张富、王泳等五名。（清档，第十一册，同治年东北人民反清斗争史料·5，上奏）

(40) 被伤男妇四名口：马家屯男子一名张世臣、妇女一口吴氏，张见屯男子一名赵国，王老屯男子一名李三。(辽东，一·二二二，官府)

(41) 亦被各贼杀死老人胡文政一名，戳伤乡夫叶永旺等五名。(王文成，卷九，闽广捷音疏，上奏)

27 例出现在“数+量”结构中，做宾语或兼语。例如：

(42) 又会合成靖营在忠心集、龙得寺等处截击窜匪，杀毙三百余名，生擒十余名。(清档，第十三册，光绪二十四年涡阳起义·21，上奏)

(43) 当经宝庆府知府张镇南等督率兵勇，奋力堵截，复先后杀毙匪徒三百余名，生擒十五名。(清档，第二册，李沅发起义·15，诏敕)

(44) 总期务要悉数歼擒，地方及早绥靖，断不任一名漏网，以期仰慰圣怀。(清档，第二册，李沅发起义·17，上奏)

(45) 著郑祖琛严饬文武员弁，厚集兵力，不分畛域，深捣巢穴，毋令一名窜逸。(清档，第二册，李沅发起义·34，诏敕)

20 例与代词“每”构成“每名”。其中 18 例“每名”做受事主语，例如：

(46) 现操军人彭廷佐等四百四十五员名，每名置给预支粮银十个月。(辽东，二·二七，官府)

(47) 兵一万二千余名，每名日给米三升，一日该米三百七十余石。(王文成，卷十，议夹剿兵粮疏，上奏)

(48) 先帝采纳廷议，遣官招募，两镇共得工兵二万之上，每名给领官银五两，优免一丁帮贴，招首人员又皆论功升授。(关中，卷八，为急缺领军官员事，上奏)

(49) 如杀人放火及盗劫谋财，情罪重大之犯，若能擒献到官者，每名赏银二十两。(清档，第十四册，乾隆年间治理湖南苗疆史料·1，上奏)

2例“每名”做宾语，例如：

(50) 乞敕该部计议，合无将各苑操丁一千名，除旧领有盔甲、军器外，今次增选者，俱照数给与每名盔甲、弓箭、腰刀各一副。（关中，卷二，为防御虏寇保障官马事，上奏）

(51) 现经该抚于每名各赏银一两。（苗民，八·37，诏敕）

此外，还有1例“各名”：

(52) 牌仰韶州、南雄府当该官吏，即于该府地方及所属各县。不拘机兵打手各色人内，访求武艺骁勇，胆力之士……各名备开年貌亲族邻里，限一月之内送赴军门应用，毋得迟违。（王文成，卷三十，行南韶二府招集民兵牌，官府）

明清公文语体的“名”可以用于官员以外的各类男性，而明清白话语体的“名”主要用于随从、士兵，也可用于官员、小吏、伶人、犯人。两种语体相比，明清公文语体“名”的分类意义发生了两点变化：一是将普通男性民众纳入可修饰的人员，二是将官员从可修饰的人员中排除。

3）口

明清公文语体中，量词“口”专门用于女性民众。语料样本中，“口”多是跟“名”连用构成“名口”形式，单用的情况很少，只有7例：

(53) 被伤男妇四名口：马家屯男子一名张世臣、妇女一口吴氏，张见屯男子一名赵国，王老屯男子一名李三。（辽东，一·二二二，官府）

(54) 杀死不知姓名经行男子四名、妇女一口。（辽东，一·二二九，官府）

(55) 瑷阳守备下家丁截下妇女一十三口、驴一头，亦听候查发。（辽东，一·二三〇，官府）

(56) 又同百户张学礼、徭官邓清茂、生员吕奏，乡勇、民壮、

弩手广良学、晏正贵、刘诺等，共生擒二百十七名，斩级五十七颗，割获小功二十七个，获妇女五口。（辽东，三·一六，官府）

（57）云会同乡勇薛忠贤，带兵前去侦探，行至两河口，招出郝贼营内逃出贼丁二名何开凤、刘大，妇人一口刘氏。［清档，第六册，关于明末农民起义的档案史料（清）·90，官府］

（58）本月十九日，据守把嘉峪关千户曹敞呈送哈密走回汉人妇女一口到关。（关中，卷十二，为被虏走回人口供报回贼声息事，上奏）

（59）先准肃州参将云冒手本，呈送走回汉人妇女一口朱氏供：土鲁番夷人还在哈密，造盔甲翎箭，说到青草大了时，还要往甘、肃州抢来。（关中，卷十二，为斩获犯边回贼首级事，上奏）

明清公文语体的"口"专门用于女性民众，而明清白话语体的"口"用来修饰普通民众，不限性别，比较而言，明清公文语体的"口"在分类意义上的变化是将男性民众排除在可修饰的人员之外了。考虑到明清公文中出现的女性往往都是民众身份，因此可以说，"口"在明清公文语体中成为了专门用于女性的量词。

4.2.1.2　人员量词的连用

明清公文语体的人员量词可以连用。量词连用，指数量结构中连续排列两个或多个量词的现象。量词连用现象是明清公文语体的一个重要语法特征，是明清白话语体所没有的，属于明清公文语体量词系统中的一种语言变异现象。

在明清公文的人员量词中，最常见的是"员""名"连用和"名""口"连用，构成"名+数+量量"结构。

"员""名"连用共155例，用以修饰一整个官兵群体或官民群体，出现在"名+数+'员名'"结构中。在这个数量结构中，名词性成分通常是一个并列短语，由一个表示官员的名词和另一个或几个表示士兵、民众等人员的名词构成，有时在这个并列短语前还有定语，二者构成定中结构；数词性成分表示官兵或官民群体的总人数；"员名”作为量词，表明前面名词性成分的人员构成既有官员也有兵、民等其他人员，其数量既包括官员数量也包括兵、民等其他人员的数量。例如：

(60) 青州左卫原额秋班官军二千一百六员名，于本年闰七月二十七日起程。(辽东，二·二七，官府)

(61) 仰二哨统兵官赣州府知府邢珣，即统部下官军兵快三千一百三十余员名，进攻顺化门。(王文成，卷十七，牌行各哨统兵官进攻屯守，官府)

(62) 节据知县顾佖等报宁王已下南京，留有逆党内官，驱胁官民人等一万余员名，固守城池，阻绝往来等情。(王文成，卷十七，咨两广总督都御史杨停止调集狼兵，官府)

(63) 先建半营，共计官弁兵夫五百二十一员名，马六匹，月支饷银三千九百九十六两四钱。(清档，第十册，北洋练兵案·4，官府)

(64) 必须调发本省土汉官军民兵杀手人等共三万员名，分立哨道，刻期进剿。(王文成，卷十，议夹剿兵粮疏，上奏)

(65) 一枝固原镇戎所备冬原额马队官军一千员名，实有官军五百九十八员名，事故在逃官军四百二十员名。(关中，卷十二，为整理边务以备虏患事，上奏)

(66) 奴才即由临武折回，于本月二十八日旋永，即带本标官兵三百余员名，配带军火，驰往新宁。(清档，第二册，李沅发起义·5，上奏)

“名”“口”连用61例，用以修饰一整个平民男女群体，出现在“名+数+‘名口’”结构中。该结构中，名词性成分在句法形式上比较多样，但都表示一个群体概念，这个群体既包括男性平民也包括女性平民；数词性成分表示整个人群的数量；“名口”作为量词，表明这个人群中既有男性也有女性，人群的数量既包括男性数量也包括女性数量。例如：

(67) 罪犯十六名口。萧才友年七十八岁,班思仁年一十九岁,孙堂年四十六岁,翁滕高年四十岁,张岳年四十一岁,萧奉年三十一岁,张氏年二十岁,曹氏年五十三岁,王氏年五十岁,董重喜年十二岁,吴进才年十一岁,张常年三十岁,姜天禄年四十岁,方俊年六十岁,张英年四十五岁,张奉年四十五岁。(辽东,二·三九,官府)

(68) 俘获宫人四十三名,贼属男妇二百三十八名口。(王文成,卷三十一,开报征藩功次赃仗咨,官府)

(69) 将何开凤等三名口并皮盔一顶解赴治院提督发落。(清代官府)

(70) 前后大战数合,擒斩首从贼犯黄烨等,共计四百三十二名颗,俘获贼属一百四十六名口。(王文成,卷十,闽广捷音疏,上奏)

(71) 查得斩获前项首级一颗,夺获贼马一匹,夷器盔甲等物一百九十六件、副,及被抢男妇三十八名口,夜不收一名,牛、驴九十二头只。(关中,卷十二,为回贼出没事,上奏)

(72) 至三十日丑刻,冒死奋击,并用火弹火箭焚烧贼棚,乘势登城巷战,焚杀贼匪无算,生擒一百六十余名,夺获枪炮刀矛旗帜马匹一百数十余件,投出男妇二百余名口。(清档,第二册,李沅发起义·21,上奏)

需要注意的是,"名口"所修饰的男女一般都是平民,其男性不包括官吏、士兵、仆从等人群;如果同时存在官吏、士兵、仆从等人群需要修饰,则使用量词"名"单独修饰,不与平民男女混为一谈。例如上文例(68),同样是被俘人员,"宫人"和"男妇"却要分别修饰,宫人用"名","男妇"用"口";例(71)"男妇"和"夜不收"(军中哨探)都是被夺回人员,但也要分别修饰,"男妇"用"名口","夜不收"用"名"。此外,"名口"所修饰的男女,其男性也不包括官员,如果要修饰的群体中包含官员,则使用"员名口"进行修饰。"员""名""口"三词连用只见1例：

（73）夺回被胁被虏官民人等三百八十四员名口。（王文成，卷三十一，开报征藩功次赃仗咨，官府）

除“员名”“名口”“员名口”以外，明清公文的人员量词还可以跟牲畜量词连用，不过仅有“名匹”1例：

（74）马路来人马二名匹。（辽东，一·二三九，官府）

还可以跟器物量词连用，包括“名颗”72例、“名颗口”1例。“颗”用于修饰作为战斗成果的首级，“名”“口”所修饰的在这里一般都是被歼灭或俘获的人。这些用例都出现在《王文成全书》收录的上奏公文和官府行移公文中。例如：

（75）我兵乘胜追杀，擒斩大贼首黄猫狸、游四并广东大贼首萧细弟、郭虎等二百九十一名颗，俘获贼属一百三十三名口。（王文成，卷十，闽广捷音疏，上奏）

（76）于今年正月十八等日，先后攻破长富村、象湖山、可塘洞等处巢穴，擒斩首从贼级一千四百二十九名颗。（王文成，卷十，升赏谢恩疏，上奏）

（77）共擒斩大贼首蓝天凤、蓝八、苏景祥等四名颗，贼从廖欧保等二百六十四名颗，俘获贼属并夺回被虏男妇五百四十四名口，烧毁贼巢房屋七百一十二间。（王文成，卷十，横水桶冈捷音疏，上奏）

（78）擒斩首从贼人贼级，并俘获官人贼属，夺回被胁被虏，招抚畏服官民男妇等项，共一万一千五百九十六名颗口；生擒六千二百七十九名，首贼一百零四名，从贼六千一百七十五名；内审放一千一百九十二名……（王文成，卷三十一，开报征藩功次赃仗咨，官府）

还可以跟牲畜量词、器物量词等多词连用，包括“名颗口只件”1例，

“名颗口只匹件把”2 例，都出现在《王文成全书》的上奏公文中。例如：

(79) 总计首从贼徒、贼属、牛马、赃仗共八千五百二十五**名颗口只件**。(王文成，卷十，横水桶冈捷音疏，上奏)

(80) 总计擒斩、俘获、夺获共五千九百五十五**名颗口只匹件把**。(王文成，卷十一，浰头捷音疏，上奏)

(81) 擒斩首从贼人贼级共二千八百九名颗，俘获贼属并夺回被虏男妇五百四名口，夺获器械赃物一百三十二件把、牛马八十三只匹，总计二千八百八**名颗口只匹件把**。(王文成，卷十一，三省夹剿捷音疏，上奏)

这 3 例多种量词连用，都是在各项数据上报完毕以后用来进行最终的合计。事实上，凡是量词连用，都带有或多或少的“合计”性质，有别于量词单用时的分别计量。

4.2.2 牲畜量词

4.2.2.1 牲畜量词的功能变异

出现在明清公文中的牲畜很有限，主要有马、牛、羊、驴、骡等，往往与战场缴获有关。用于牲畜的量词，主要有“匹”“只”“头”等。“匹”专门用于马，“只”主要用于牛、羊，“头”主要用于驴、骡。

量词“匹”单用共 136 例，都用于“马”，其中，132 例出现在“名+数+量”结构中，4 例“每匹”。分别例如：

(82) 受伤兵二名，倒毙马五匹。(清档，第十一册，同治年东北人民反清斗争史料·4，上奏)

(83) 前此，一年中马不过一百五十匹，中银不过二千余两。(关中，卷二，为处置各边马匹事，上奏)

(84) 照依时价两平易买，每匹价银一十六两，关银一百一十二两，买马七匹。(辽东，一·一九六，官府)

(85) 官弁兵丁共马五十七匹，每匹月支马乾京平银三两。(清档，第十册，北洋练兵案·35，官府)

量词“只”单用共27例，其中，13例用于“牛”，11例用于“羊”，另有1例用于狗、1例用于“鹿”，都出现在“名+数+量”结构中。分别例如：

(86) 本营家丁曹琢等截下原掳牛一十二只、驴四头、男妇十名口，俱交与司河堡台长徐景时收。(辽东，一·二三○，官府)

(87) 复又追至本沟，与贼交战，射中达贼人马数骑，夺获牛一只、毡衫二领。(关中，卷十二，为斩获犯边达贼首级事，上奏)

(88) 共得敌枪大小六十九杆，子母三万粒……羊五十三只，大麦车十五辆，衣帽五十余件，粮台一座，辎重一百二十五箱。(清档，第十三册，清廷收抚冯麟阁史料·8，官府)

(89) 如礼部派弘治十八年下半年并正德元年二起，俱供应牲口事，共绵、羯羊二千四百六只。(关中，卷五，为急处救荒事，上奏)

(90) ……白狗一只、弓一张连弦、箭六枝。(辽东，一·二四二，官府)

(91) 夺获诰命、符验，并各衙门印信关防，金银赃仗等物：……牛三十头，马一百零八匹，驴骡一十三头，鹿三只。(王文成，卷三十一，开报征藩功次赃仗咨，官府)

量词“头”单用共30例，其中，26例用于驴、骡，4例用于牛。分别例如：

(92) 掳去牛马驴共二十二只匹头：马家屯刘二牛二只、驴一头，王朝文驴一头，吴还驴一头，张世臣驴一头；张见屯雷汝振牛二只、马一匹、驴二头……(辽东，一·二二二，官府)

(93) 得牛三十二只，马十二匹，骡子十三头，枪十杆。(清档，第十三册，清廷收抚冯麟阁史料·8，官府)

（94）牛五十一条，马十匹，骡子一头。（清档，第十一册，同治年东北人民反清斗争史料·2，上奏）

（95）牛三十头，马一百零八匹，驴骡一十三头，鹿三只。（王文成，卷三十一，开报征藩功次赃仗咨，官府）

（96）又据南康县报：……续被畲贼三百余徒突来坊民郭加琼等家，掳捉男妇八十余口，耕牛一百余头。（王文成，卷九，攻治盗贼二策疏，上奏）

在明清公文语体的牲畜量词中，“匹”专门用于马，“只”主要用于牛、羊，“头”主要用于驴、骡。这样的分类，与明清白话语体差别较大。在明清白话语体中，“匹”主要用于马，但也可以用于驴、骡；“只”主要用于家禽和小动物，但也可以用于牛；“头”可以用于牛，也可以用于驴。概括地讲，公文语体“匹”“只”“头”的变异之处在于精简了所修饰牲畜的种类，以一个量词对应一类牲畜，从而使分类简明、精准。

4.2.2.2　牲畜量词的连用

牲畜量词也可以连用，形成“匹头”“只匹”“头只”“只匹头”等连用形式。

“匹”“头”连用共3例，包括“匹头”1例，“头匹”2例。其中，2例用于马和骡，1例用于马和牛。例如：

（97）车营游击张奇功营阵亡军士一名，被伤军丁五名，射死马骡二匹头。（辽东，一·二三〇，官府）

（98）共得敌枪大小六十九杆，子母三万粒，洋刀四十余把，骡马五十三头匹。（清档，第十三册，清廷收抚冯麟阁史料·8，官府）

（99）夺获水黄牛马一百三十九头匹。（王文成，卷九，闽广捷音疏，上奏）

“只”“匹”连用2例，用于牛、马。例如：

（100）夺获器械赃物一百三十二件把、牛马八十三只匹。

（王文成，卷十一，三省夹剿捷音疏，上奏）

(101) 夺获牛马一百二十二只匹。（王文成，卷十一，浰头捷音疏，上奏）

"头""只"连用 1 例，用于牛、驴。例如：

(102) 及被抢男妇三十八名口，夜不收一名，牛、驴九十二头只。（关中，卷十二，为回贼出没事，上奏）

"只""匹""头"三词连用，共 4 例，包括"只匹头"2 例、"匹头只"1 例、"头匹只"1 例。其中 3 例以"只"修饰牛，以"匹"修饰马，以"头"修饰骡/驴，例如：

(103) 及查前贼，射死马家等屯男子刘二等三名，被伤男妇张设臣等四名口，虏去刘二、王朝文等牛马驴共二十三只匹头。（辽东，一・二二二，官府）

(104) 掳去牛马驴共二十二只匹头。（辽东，一・二二二，官府）

(105) 各造册开称：共斩获达贼首级七颗，获贼器械等件五百二十一副件，夺获头畜马骡牛七十八匹头只。（关中，卷十二，为斩获犯边达贼首级事，上奏）

1 例以"头"修饰牛，以"匹"修饰马，以"只"修饰驴、羊，例如：

(106) 俘获贼属男女二十九名口，水黄牛、马、骡、羊一百四十四头匹只。（王文成，卷十，南赣擒斩功次疏，上奏）

此外，还有用于最终合计的"名颗口只匹件把""名颗口只匹件把"各 1 例，前文例(80)、例(81)已经举出，这里不再赘述。

4.2.3　通用量词"个"

在明清公文语体中，通用量词"个"的通用度很低，主要用于月份、器物，很少用于人，不见用于牲畜。

用于月份的"个"共74例,例如：

(107) 随将春班官军六百八十五员名,现操军人彭廷佐等四百四丁五员名,每名置给预支粮银十个月。(辽东,二·二七,官府)

(108) 再,连日访询情形,闻该使本有四个月内带兵船北来之说,似系上年悻悻而去,恐此来要求换约,我处有复拒之意。(澳门,996,官府)

(109) 情轻者,依律问断,仍枷号一个月发落。(关中,卷二,为禁约侵占牧马草场事,上奏)

(110) 前年林清滋事,持此书惑众,扬言为应劫起事。又,所称三教分掌天盘,弥勒掌教时,每十八个月为一年。(清档,第三册,清茶门教·11,诏敕)

用于器物的"个"最常见,共139例。"个"所修饰的器物主要有三类：一是小件首饰,往往具有小而圆的外形特点,包括戒指(界指)、扣、簪头、银箍、扳指(搬指)、带(腰带)头等,共25例,例如：

(111) 姜吉旺迸入盗出……银界指四个,重五钱八分;银箍一个,重四钱四分。(辽东,二·三九,官府)

(112) 王朝付在外把风,左天祥进入伊家,盗出……青绵女披袄一件,上带银扭扣一个……(辽东,二·三九,官府)

(113) 寿春镇总兵郭宝昌,归德镇总兵武朝聘,均著赏给白玉翎管一枝、白玉搬指一个、白玉柄小刀一把、大小荷包各一对。(清档,第十三册,光绪二十四年涡阳起义·22,诏敕)

(114) 赏给福康安珊瑚带头一个,黄绦珊瑚可大荷包一对,小荷包四个。(苗民,七·401,诏令)

二是各类包、箱、盒、袋,以及包状或盒状物("汤锣""线球""瓦坛"),共97例,例如：

(115) 王朝付又偷盗不知名主桃红、蓝布包袱各一个。(辽

东，二·三九，官府）

（116）计用皮包箱一百七个，并将应用夹板、麻连、雨袱等项如式全备，交给该解员管收。（清档，第十二册，乾隆朝内地与新疆丝绸贸易史料·51，官府）

（117）现值年节，福康安、和琳远在军营，懋著劳绩，嘉奖之余，深为眷念，亲解佩带小荷包四个，黄色珊瑚豆者，赏给福康安、和琳；……红色绿豆者，赏给额勒登保、德楞泰。（苗民，七·389，诏令）

（118）著赏给福康安、和琳金镶松石盒各一个。（苗民，七·431，诏令）

（119）本月二十六日夜，不知时分，王朝付同本县神头社未获伙贼田尚伦，将本县在官失主方俊家墙挖开，进入伊家，盗出……锡汤锣一个……瓦坛一个。（辽东，二·三九，官府）

（120）王朝付又偷……女腊靴一双，麻线球一个。（辽东，二·三九，官府）

三是新出现的器物，包括千里镜、地雷、炮架、洋表等，主要出自清末公文，共6例。例如：

（121）申刻，敌复由东堡年家屯来扑，我前营由阿什牛录截击，毙敌六名，得千里镜一个，右营哨长井东泉马被击毙。（清档，第十三册，清廷收抚冯麟阁史料·8，官府）

（122）得牛三十二只，马十二匹，骡子十三头，枪十杆……电线一盘，地雷三个。（清档，第十三册，清廷收抚冯麟阁史料·8，官府）

（123）前营复由白家窝堡堵击。约共毙敌百余名，得炮架一个、炮弹三枚，炮身委弃河内。（清档，第十三册，清廷收抚冯麟阁史料·8，官府）

（124）明亮、额勒登保、德楞泰、鄂辉著各赏给三针洋表一

个,嵌玛瑙盒一个,内贮喇嘛糖并大荷包一对,小荷包四个。(苗民,七·542,诏令)

此外,还有"字"1例、"银钱"1例、"元宵"1例、"干鹿尾"1例、"营盘"1例、"窝铺"1例、"撅枪"1例,以及插入离合词"磕头"中间4例,不再举例。

通用量词"个"在明清公文中很少用于人员,用于人员的仅13例,全都出现在公文对口语的引述(报告、供述等)中:

(125) 据通事达子那安儿等八骑□□□称,土蛮等会差两个头儿,以儿邓、黄台吉带领达贼二千余骑,来到境外地名平山、佛筵寺等处住下。(辽东,一·二一九,官府)

(126) 审得那安儿等说称,有……克委正宰桑等会计,先差两个头……吉,带领达子二千余骑到境外地名平山……处住下。(辽东,一·二二〇,官府)

(127) 据开原参将杨五典禀,据夷人王台差部落报说,大虏达子老撒卜儿亥等五个头儿在西北下营,要抢南朝地方。(辽东,一·二二一,官府)

(128) 本年三月初十日,该分守肃州右参将云冒手本,据迤北观音山口住牧属番头目普儿咱等族头目哈卜等告递番文一纸供,系这今年三月初一日,天亮时候,有回贼一百多人马,从口子里边扑到我每住处,杀了我每四个人,抢了一个娃娃,马牛羊五十个。我每收拾了人马,赶上和他厮杀。我每杀了他五个回子,两个头割着来了,三个死人,回子驮着去了。(关中,卷十二,为被虏走回人口供报回贼声息事,上奏)

(129) 及宁夏走回男子王把都儿供称:在套达贼一万,内有三个头儿,一个挤囊,一个那言,说要过河与黄毛达子仇杀;一个俺他不孩,说要先抢汉人等情。(关中,卷十二,为钦奉事,上奏)

(130) 一名钟那孩则亦供:十一月内,跟随小王子部下三个头儿台记、吉纳、俺阿不孩部落三枝达子踏冰过河，在套住牧，止知他们达子一枝约有三万，其余达子不知多少。（关中，卷十二，为虏中走回男子供报紧急夷情事，上奏）

值得注意的是，以上“个”所修饰的人，皆是明朝人眼中的“达贼”，即与明朝敌对的北方少数民族人员。那么明清公文的“达贼”是不是专门用“个”来修饰呢？显然不能这样说，因为在公文的一般叙述中，常出现用“名”修饰“达贼”的情况，例如：

（131）计开：一、步行达贼五、六名，于本年四月初一酉时，从本堡台空腾岭翻山进入，即从来路出境去讫。（辽东，一·二二八，官府）

（132）同日又据桂阳州知州陈佳士申报，率兵搜剿临坛、大富二乡，于九月二十一日获贼一百二十名。（辽东，三·一六，官府）

还有用“名”修饰南方农民起义之“贼”的情况：

（133）各职依奉会议，分兵五路，连日攻打，生擒大贼首詹师富、江嵩、范克起、罗招贤等四名，余贼败走，复入竹子洞等处大山啸聚。（王文成，卷九，闽广捷音疏，上奏）

可见，公文的“达贼”并非专用“个”来修饰。那么，“个”是不是只在引述口语的供词、报告中修饰“达贼”的量词呢？由于我们在引述口语的供词、报告中没有看到更多的人员量词，因此很难对此做出判断；仅就上述13例而言，“个”在供词、报告等引述口语的内容中确是用来修饰“达贼”的。

明清公文中未见通用量词“个”修饰牲畜的用例，这是“个”在公文中通用度很低的重要表现。

明清公文语体中，通用量词“个”的通用度很低，这跟明清白话语体截然不同。通用量词“个”的通用度很低，是明清公文语体在量词方面的重要变异现象。

4.3 量词功能变异的系统性

4.3.1 “员、名—口”格局和“匹—只—头”格局

“员”“名”“口”的功能变异是彼此关联的，不能孤立看待。

“员”专门用于官员，“名”用于官员以外的其他男性，考虑到明清时期官员一般都由男性充当，因此“员”“名”实际是按身份地位对全体男性进行分类——一类是官员，用“员”修饰；一类是非官员，用“名”修饰。“员”与“名”在男性人员量词这个小系统中，形成了互补的分布格局。

“口”专门用于女性，而“员、名”所修饰的涵盖了所有男性，因此“员、名”与“口”实际是按性别对全体社会成员进行分类——一类是男性，用“员、名”修饰；一类是女性，用“口”修饰。“员、名”与“口”，在人员量词这个系统中，形成了互补的分布格局。

明清公文语体“员、名—口”的严整格局，是其他语体所不具备的。这一格局，是“员”“名”“口”三种语法成分发生功能变异，并在变异中相互制约、相互适应，才得以形成的。这启示我们，语法成分的功能变异不是孤立的，而是彼此关联的，一个语法成分发生功能变异，系统中其他相关成分也会一起变异，整个系统发生调整。这种“牵一发而动全身”的变异局面，便体现了语法成分功能变异的系统性。

牲畜量词的功能变异也是如此。“匹”“只”“头”在明清白话语体中，每一个都可以修饰多种牲畜，各自的分类意义含混不清；但到了明清公文中，每一个量词修饰一类牲畜，表达出简明、精准的分类意义，形成“匹—只—头”的互补格局。虽然“匹—只—头”的互补关系无法做到“员、名—口”那样彻底，但必须承认，“匹”“只”“头”的功能变异同样是在互相影响、互相适应中实现的，同样是功能变异的系

统性体现。

从交际情境因素决定语言特征的观念上看，明清公文语体人员量词、牲畜量词的功能变异及其系统格局，是公文交际追求表意精准而给量词系统带来的变异。

4.3.2　两种格局跟量词连用、“个”低度通行的关联

上文所述明清公文语体的“员、名—口”格局，是在人员量词这个子系统中讨论功能变异的系统性；“匹—只—头”格局，是在牲畜量词这个子系统中讨论功能变异的系统性。事实上，这两种格局也都不是孤立存在的。放眼明清公文语体的整个量词系统，可以发现，这两种格局跟量词连用现象、通用量词“个”低度通用现象是相互关联的，四者的关联展现出更大的系统性。

明清公文语体中，人员量词、牲畜量词连用现象，在明清白话语体中是看不到的。这种连用现象的出现，是跟人员量词、牲畜量词精准而严格的分类格局和通用量词“个”的低度通行相适应的。量词连用都出现在具有合计性质的位置。一方面，当公文需要合计多种人或事物的数量时，由于通用量词“个”不能用于人员和牲畜，人员量词、牲畜量词都有各自精准而严格的分类意义，因此，在公文的量词系中实际上没有哪一个量词可以单独胜任合计的位置。这一位置要想使用量词，便只有将各种人员量词或牲畜量词连用。另一方面，人员量词、牲畜量词精准而严格的分类，也为量词连用提供了丰富和精准的含义，即可以精准地表示出总数量中包含的事物类别。这样丰富而精准的含义，是单用一个通用量词无法表达的。

明清公文语体中，通用量词“个”不用于人员（就典型公文语言而言）、不用于牲畜，通用度很低。这种现象也应放到整个量词系统中去理解。人员量词、牲畜量词可以精准而严格地表达分类意义，合计位置上的量词连用也有着自身的表意优势，因此通用量词“个”缺乏修饰人员和牲畜的必要性。另一方面，公文交际追求表义精确，但通

用量词“个”降低了语言的精确性，增加了模糊性，不得不说这大大降低了公文交际者使通用量词“个”的主观意愿。

“员、名—口”格局、“匹—只—头”格局、量词连用和“个”的低度通行这四种变异现象，很难说哪个是缘起，哪个是后续。四者互相制约，互相适应，共同构成了明清公文语体量词系统的功能变异，体现着功能变异的系统性。

4.4 语体划分参项：通用量词“个”的通用度

通用量词“个”的通用度是具有语体类型意义的语言参项。

前文(4.2.3)已经谈到，明清公文中存在一定数量的通用量词“个”，但是通用度很低，主要用于器物，用于人的很罕见而且全部出自对口语的引述，未见用于牲畜的。相比之下，白话语体的“个”既可以用于人，也可以用于器物和牲畜，通用度非常高(参4.1.2)。事实上，通用量词“个”在公文和各类白话语体中都有比较丰富的用例，只是在不同语体中修饰的事物有所不同，即分类功能存在细微的差别。调查显示，通用量词“个”用于官员、用于牲畜这两种功能，在不同语体中的差异非常显著——有的语体中“个”既可以用于官员也可以用于牲畜，而有的语体中“个”可以用于官员但不用于牲畜，也有的语体中“个”既不用于官员也不用于牲畜。如果将用于官员和牲畜这两种功能作为衡量通用量词“个”通用度的标准，那么我们就可以通过用于官员和牲畜这两种功能在不同语体中的差异，来衡量“个”的通用度在不同语体间的差异，进而划分语体类型。

下面将从“个”能否用于官员和牲畜的角度，对明清的文言志人记事散文语体、公文语体、白话历史小说语体、白话侠义小说语体、白话神魔小说语体、白话世情小说语体和戏剧语体七种语体展开了调查。这里所说的“官员”，首先是指“官”，不包括“吏”；但如果一种语体中没有出现“个”修饰“官”的情况，那么就扩展调查“个”是否用于修饰“吏”，此时如果可以修饰“吏”，那么也认为这种语体的“个”可以修饰官员。这里所说的“牲畜”，主要包括马、驴、骡、牛、羊、猪、犬、鸡、鸭、鹅等。由于量词的出现具有一定的偶然性，所以本书调查到的用例常常是稀少的，不过本书各语体的语料样本都在15万字上下，已能够在很大程度上说明问题；如果一种用法在一种语料或语体中完全不见用例，至少可以说明该种用法在该语料/语体中是极少使用的。

文言志人记事散文语体没有出现通用量词“个”。下面主要讨论另外六种语体。

明清公文语体中，通用量词“个”不用于官员，也不用于牲畜。前文(4.2.3)已经谈到，这里不再赘述。

明清白话世情小说语体，语料样本中“个”既可以用于官员(18例)，也可以用于牲畜(7例)。用于官员的，例如：

(1) 太师道：“既无官役，昨日朝廷钦赐了我几张空名告身札付，我安你主人在你那山东提刑所，做个理刑副千户，顶补千户贺金的员缺，好不好？”(《金瓶梅》第三十回)

(2) 七郎此时眼孔已大，各各赉发些赏赐，气色骄傲，旁若无人。那些人让他是个见任刺史，胁肩谄笑，随他怠慢。(《拍案惊奇》卷二十二)

(3) 方才所说的这小小之家，乃本地人氏，姓王，祖上曾作过小小的一个京官，昔年与凤姐之祖王夫人之父认识。(《红楼梦》第六回)

(4) 这老爷是个大才子，大名士，如今二十多年了，才做得一个知县，好不可怜。(《儒林外史》第二十四回)

用于牲畜的，例如：

(5) 金莲道：“一个是大老婆，一个是小老婆，明日两个对养，十分养不出来，零碎出来也罢。俺每是买了个母鸡不下蛋，

莫不吃了我不成!”(《金瓶梅》第三十回)

(6) 他就撇了这些朋友,也雇了一个驴,一步步赶将去,呆呆的尾着那妇人只顾看。(《拍案惊奇》卷十六)

(7) 韦四太爷上轿,鲍廷玺又雇了一个驴子,骑上同行。(《儒林外史》第三十一回)

《红楼梦》语料样本是一个例外,它没有出现“个”用于牲畜的用例。但是,考虑到另外三种世情小说皆已出现,因此《红楼梦》的例外不影响该类语体的整体特点,即“个”可以用于牲畜。事实上,前文(4.1.2.2)对《红楼梦》前八十回的调查已经证明,《红楼梦》也是存在用“个”用于牲畜的用例的。

明清白话神魔小说语体,语料样本中的“个”同样既可以用于官员(83例),也可以用于牲畜(10例)。用于官员,例如:

(8) 那老猴走下座来,双手挽着李海,说道:“请起,请起,你原来是南朝一个将军。”(《三宝太监西洋记》第二十回)

(9) 有几个大胆的武将,领着将军校尉一拥上前,使各项兵器乱砍。(《西游记》第三十回)

(10) 话未完,忽中军帐下闪出两个武官,跪禀道:“小将一系军门左营参将罗齐贤,一系辕门效力守备吕于淳,情愿接应管大人,只是没有人马。”(《绿野仙踪》第三十回)

(11) 近日又来了个女将,倒是绝好的武艺,要夺他的寨主做。(《女仙外史》第二十五回)

用于牲畜,例如:

(12) 天师把个七星宝剑摆了一摆,把个青鬃马前了一前。(《三宝太监西洋记》第二十五回)

(13) 二人谈笑多时,下了山,只见路旁有几个小猴,捧着紫巍巍的葡萄,香喷喷的梨枣,黄森森的枇杷,红艳艳的杨梅。(《西游记》第三十一章)

（14）除官司盘搅外，还剩有五百二十多两银子。买了个极肥壮的骡儿，直走山西道路。（《绿野仙踪》）

《女仙外史》语料样本是一个例外，它没有出现“个”用于牲畜的用例。但是，跟《红楼梦》的例外类似，这个例外并不影响整体，因为其他三种小说皆出现了“个”用于牲畜的用例，已经能反映神魔小说语体在整体上可以用“个”用于牲畜的特点了。

明清白话侠义小说语体，语料样本中“个”可以用于官员（17例），但不用于牲畜。用于官员，例如：

（15）知县道：“武松，你也是个本县都头，不省得法度。”（《水浒传》第九回）

（16）郭英急退，又有两个大将截住去路，郭英冲阵而出，二将追杀了许多地面，方收兵回去。（《英烈传》第二十七回）

（17）那制置使刘彬虽妒贤忌能，贪财好利，却因蔡京感激盖天锡还他通梁山的书信一节，倒嘱托刘彬照应天锡，所以天锡作推官，刘彬并不作难，半文钱都不取。不然，天锡是一个清贫县官，如何到得这一步。（《荡寇志》第九十二回）

（18）马上骑着一个将官，吉孚看时，却见孙统制城上巡察过来。（《水浒后传》第二十一回）

《水浒传》样本中没有典型的用于官员的用例，但有3例用于小吏的用例，这里也算作用于官员的用例了。四部侠义小说样本，都没有出现“个”用于牲畜的用例。但四部样本并不是没有用于牲畜的情况，而是使用了“匹”“只”两个专门用于词，例如：

（19）只见小喽罗报喜道：“三阮头领得了二十余辆车子金银财物，并四五十匹驴骡头口。”（《水浒传》第二十回）

（20）只见驿司报说：“此人昨夜不知何意，偷了一匹马，连夜逃去，尚未拿获哩。”（《英烈传》第二十五回）

（21）幸亏石秀也骑的是千里名马，那匹穿云电一时还追不

上。(《荡寇志》第二十回)

(22) 那昙化身躯壮大,骑一匹白马,手执浑铁禅杖,有六十多斤重,宛如鲁智深转世。(《水浒后传》第二十一回)

(23) 酒保捧出一盘胡羊肉,一只肥鸡,三十个肉包子,把酒斟上。(《水浒后传》第二十八回)

鉴于这种局面,可以认为明清白话侠义小说语体的"个",不用于或者极少用于牲畜。

明清戏剧语体,语料样本中"个"可以用于官员(17 例),但同样不用于牲畜。用于官员的,例如:

(24)【前腔】我父王听信奸佞,斥退忠良。只有一个伍相国,又遣使齐,朝廷一发没有人了。(《浣纱记》)

(25)【前腔】那高皇才听了一篇,龙颜大喜。后来一篇一篇,都喝采称善。立封他做个关内侯。(《牡丹亭》)

(26)【尾声】大家都是花花面,一个忠臣值甚钱。(《长生殿》)

(27)(净)虽如此说,万一驾到,没有百官迎接,我们三五个官,如何引进朝去?(《桃花扇》)

《浣纱记》《牡丹亭》《桃花扇》中都没有出现用"个"用于牲畜的用例,它们并不是没有修饰牲畜的情况,而是使用了专用量词"匹""头""只"。例如:

(28)(众夺小末剑介)我越国也有小小石室一所,瘦马几匹,请小殿下枉顾一枉顾。(《浣纱记》)

(29)(惊介)呀!何处走来这匹白骡,待俺骑上,沿江跑去便了。(《桃花扇》)

(30)(净)我昼卧姑苏台,得其一梦。梦入章明之宫,见米釜两只,炊而不熟,黑犬两头,嗥南嗥北。(《浣纱记》)

(31)(小末)禀老爷,牛羊元没有,只有一只鸡。(《浣纱记》)

四部戏剧样本，只有《长生殿》中出现了1例"个"用于牲畜的用例。同样地，这1例例外，并不影响明清戏剧语体不用或极少使用"个"修饰牲畜的整体特点。

明清白话历史小说语体，通用量词"个"既不用于官员，也不用于牲畜。在《春秋列国志传》《三国演义》《南史演义》中皆不见"个"用于官员的用例。但它们并非没有修饰官员的情况，而是使用了专门的量词"员"：

(32) 道犹未了，楚阵上突出一员大将，立于门旗下，大骂宋襄公霸不量力之罪。(《春秋列国志传》第四十二回)

(33) 随命于襄阳诸将中，选一员引军开道。(《三国演义》第四十一回)

(34) 其时麾下有勇将两员：一姓黄，名回；一姓张，名敬儿。(《南史演义》第十四回)

《北史演义》语料样本是一个例外，这部语料中出现了1例"个"用于官员的用例：

(35) 樵夫大笑道："女王一山之尊，就是皇帝也召她不动，何况一个刺史。"(《北史演义》第二十回)

但是，考虑到另外三部语料都没有出现以"个"修饰官员的用例，所以此例例外并不影响明清白话历史小说语体的整体特点，即不用或极少使用"个"修饰官员。四部语料都没有出现以"个"修饰牲畜的用例，但它们并非不用于牲畜，而是使用专门的量词"匹""头"：

(36) 惠王大悦，自周公以下，及于晋侯，皆赐瑴玉五双，马三匹。(《春秋列国志传》第三十回)

(37) 那匹马平空一跃，跳出坑外。(《三国演义》第四十一回)

(38) 衍大喜，于是建牙集众，得甲士万余人，马千余匹，船三千艘。(《南史演义》第十九回)

(39) 大内耀灵殿，本明帝临政之所，养驴数十头于内。(《南史演义》第十四回)

上述可见，通用量词“个”在明清各语体中的功能存在差异。在公文语体、历史小说语体中，“个”既不用于或极少用于官员，也不用于或极少用于牲畜；在侠义小说、戏剧语体中，“个”可以用于官员，但不用于或极少用于牲畜；在神魔小说、世情小说语体中，“个”既可以用于官员，也可以用于牲畜。详见表4－1所示：

表4－1

语体	“个”用于官员	“个”用于牲畜
明清公文语体	–	–
明清白话历史小说语体	–	–
明清白话侠义小说语体	+	–
明清戏剧语体	+	–
明清白话神魔小说语体	+	+
明清白话世情小说语体	+	+

如果从用于官员和牲畜这两种功能衡量“个”的通用度，那么可以认为，“个”在公文语体、白话历史小说语体中的通用度最低，在白话侠义小说语体、戏剧语体中通用度相对较高，在白话世情小说、白话神魔小说中通用度最高。因此，在“通用量词‘个’的通用度”这一参项上，可以将明清时期的书面语体分为通用度最低的语体(公文语体、白话历史小说语体)、通用度较高的语体(白话侠义小说语体、戏剧语体)和通用度最高的语体(白话神魔小说语体、白话世情小说语体)三类。由低到高排列，可以表示为：

公文语体、白话历史小说语体>白话侠义小说语体、戏剧语体>白话神魔小说语体、白话世情小说语体如果将没有通用量词“个”的明清文言志人记事散文语体也一并考虑，那么明清时期的书面语体可以先分为“有通用量词”和“无通用量词”两类，在有通用量词的语体中，再按照通用量词的通用度进行细分：

无通用量词的语体：文言志人记事散文语体

有通用量词的语体：

通用量词通用度最低的语体：公文语体、白话历史小说语体

通用量词通用度较高的语体：白话侠义小说语体、戏剧语体

通用量词通用度最高的语体：白话神魔小说语体、白话世情小说语体

4.5 小　　结

本章首先通过语体比较，考察了明清公文语体个体量词在分类功能上的变异。明清文言语体很少使用量词，没有通用量词。明清白话语体有丰富的人员量词和牲畜量词，但分类功能与明清公文语体有较大差别，通用量词“个”的通用度非常高。明清公文语体，在人员量词方面，“员”专门用于官员，“名”可以用于官员以外的各类男性，“口”专门用于女性。牲畜量词方面，“匹”专门用于马，“只”主要用于牛，“头”主要用于驴、骡。这些量词的分类功能，跟白话语体相比，都发生了一定程度的变异。人员量词、牲畜量词都可以在数量结构中连用。通用量词“个”在明清公文语体中通用度很低，就典型公文语言而言，“个”只用于器物。

明清公文语体中，个体量词的功能变异具有明显的系统性。“员”“名”“口”在分类功能上的变异不是孤立存在的，是相互影响、相互适应的结果，在人员量词小系统中形成了“员、名—口”互补格局。“匹”“头”“只”的功能变异也是相互影响、相互适应的结果，在牲畜量词小系统中形成“匹—头—只”互补的格局。“员、名—口”

“匹—头—只”两种格局,又跟量词连用现象、通用量词“个”低度通用现象构成相互关联的三种变异现象,在整个量词系统中体现着量词功能变异的系统性。

“通用量词‘个’的通用度”是具有语体类型意义的语言参项,可以从用于官员和牲畜两个角度衡量“个”的通用度的高低。明清文言志人记事散文语体是没有通用量词“个”的语体,另外六种具有通用量词“个”的语体,按照“通用量词‘个’的通用度”参项,可以分为三类:通用度最低的语体(公文语体、白话历史小说语体),通用度较高的语体(白话侠义小说语体、戏剧语体),通用度最高的语体(白话神魔小说语体、白话世情小说语体)。

第五章

介词：功能变异的倾向性

汉语的介词系统有很稳固的一面，表现为上古汉语的常用介词在近代汉语中仍然常用；同时也有发展变化的一面，表现为常用介词的功能演变和新介词的产生。明清典型文言语体的介词主要承袭自上古汉语，也使用中古汉语产生的介词。明清典型白话语体的介词，一方面继承了上古、中古和唐宋以来的诸多常用介词，另一方面也出现了新的介词，常用介词的功能也有所变化。

明清公文语体的常用介词，在明清文言语体、白话语体中都有使用。不同的是，明清公文语体的时间处所介词，往往为具有特定政治意义的事物（时间/处所、官府/非官府）匹配专门的介词，造成了时间处所介词的功能变异。

基于此，本章将围绕时间处所介词展开，呈现明清公文语体时间处所介词的功能变异，分析变异的倾向性，最后提出“在/于+时间”的使用频率是具有语体类型意义的语言参项。

5.1 明清文言语体和白话语体的介词

5.1.1 明清文言语体的介词

“于”既可以介引时间，也可以介引处所，表示动作行为发生的时间或处所，是最常用的时间处所介词。例如：

(1) 公生于嘉靖壬戌七月既望。(《牧斋初学集》卷四十八《直大夫左春坊左谕德兼翰林院简讨赠通议大夫詹事府詹事兼翰林院侍读学士缪公行状》)

(2) 故自号海隐居士。时时往庐于墓侧，从始兴为游，年老兄弟相乐也。(《震川先生集》卷之二十六《归氏二孝子传》)

(3) 及嘉庆辛酉科，其子世昌，亦举顺天乡试，而孺人于是年遂卒，年七十七。(《惜抱轩文集》卷十《节孝张孺人传》)

(4) 其子女，余皆于姆褓中见之，时贞女尚未生。(《方苞集》卷八《庐江宋氏二贞妇传》)

"在"既可以介引时间，也可以介引处所。但是介词"在"并不常见，在明代样本中仅见动词用例(宾语表示时间或处所)，清代样本中有少量介词用例。分别例如：

(5) 初，豫章受围，上问何日围解，中对曰："当在七月丙戌。"(《宋学士集》卷九《张中传》)

(6) 公在馆中，语则矫尾厉角，坐则掀髯摇扇，视馆阁诸公低头缓步，暖姝相向，恒目笑不自禁也。(《牧斋初学集》卷七十三《梅长公传》)

(7) 仁宗即位，以茂芳母子在先帝时有逆谋，废为庶人，追夺其父让并三代诰券毁之。(《明史·列传第九·成祖五女》)

(8) 昔吾友未生、北固在京师数言白云、浮渡之胜，相期筑室课耕于此。(《方苞集》卷十四《再至浮山记》)

"自"既可以介引时间，也可以介引处所，表示动作行为发生的时间起点或空间起点。例如：

(9) 自今而后，愿率部众为臣仆。(《元史·列传第九·巴而术阿而忒的斤》)

(10) 曾祖景贤，初自燕南徙任县，遂占籍于邢，今为邢台人。(《震川先生集》卷之二十六《戴锦衣家传》)

(11) 录唐元二代诗，兼采时人所作，题曰《光岳英华集》，轨序之，谓诗自汉魏而下，莫盛于唐，唐之后，莫盛于元，盖于宋金之诗无取焉。(《曝书亭集》卷六十三《钱宰传》)

(12) 余以乾隆三十九年十二月，自京师乘风雪，历齐河、长清，穿泰山西北谷，越长城之限，至于泰安。(《惜抱轩文集》卷十四《登泰山记》)

"从"作为介词并不常见，未见介引时间的用例，只见介引处所的用例，表示动作行为发生的空间起点。例如：

(13) 肃州高台兵从西北而东，凉庄兵从南而北，伏贺兰山西，徼虏归路。(《牧斋初学集》卷七十三《梅长公传》)

(14) 友谅从舟中引首出，有所指捻，骤中流矢，贯睛及颅死。(《明史·列传第十一·陈友谅》)

另外需要说明的是，在白话、公文语体常见的介词"到""至"，在文言语体中没有介词用例，只有动词用例。它们作为动词，既可以带时间宾语，也可以带处所宾语，不再举例。

5.1.2 明清白话语体的介词

白话语体的时间处所介词，没有明显的"分工"。

"于"既可以介引时间，也可以介引处所，表示动作行为发生的时间或处所。例如：

(15) 于时西池春游，都城士女欢集，王侯大家，油车帘幕，络绎不绝。(《拍案惊奇》卷六)

(16) 于是潜身立于仪门内粉壁前，悄悄听觑。(《金瓶梅》第二十一回)

(17) 大太爷自从南京回来，进了大老爷衙门，打发人上京接

太太去。去的人回说，太太已于前月去世。(《儒林外史》第二十八回)

(18) 秦钟心中亦自思道："果然这宝玉怨不得人溺爱他。可恨我偏生于清寒之家，不能与他耳鬓交接。"(《红楼梦》第七回)

"在"既可以介引时间，也可以介引处所，表示动作行为发生的时间或处所。例如：

(19) 神仙道："……但戊土伤官，生在七八月，身忒旺了。"(《金瓶梅》第二十九回)

(20) 那秀才在大人家处馆读书，长是半年不回来。(《拍案惊奇》卷六)

(21) 那先生笑道："大奶奶这个症候，可是那众位耽搁了。要在初次行经的日期就用药治起来，不但断无今日之患，而且此时已全愈了。"(《红楼梦》第十回)

(22) 阿三劝了回来，在饭店里住下。(《儒林外史》第二十八回)

"自"既可以介引时间，也可以介引处所，表示动作行为发生的时间起点或空间起点。例如：

(23) 自有了这几件病后，主家婆颇知其事，与大户嚷骂了数日，将金莲百般苦打。(《金瓶梅》第一回)

(24) 闲话休题，却说闻人生自杭州归来，荏苒间又过了四个多月。(《拍案惊奇》卷三十四)

(25) 向知府坐下，说道："文卿，自同你别后，不觉已是十余年。"(《儒林外史》第二十五回)

(26) 这物出自太虚幻境空灵殿上，警幻仙子所制，专治邪思妄动之症，有济世保生之功。(《红楼梦》第十二回)

"从"既可以介引时间，也可以介引处所，表示动作行为发生的时间起点或空间起点。例如：

(27) 从十一月半头，搭在旱路车上起身去了。(《金瓶梅》第二十二回)

(28) 王生嗤嗤从左傍墙脚下一带走去，意思要看他有后门没有。(《拍案惊奇》卷十二)

(29) 我从今日起，就把店里的事，即交付与你，一切买、卖、赊欠、存留，都是你自己主张。(《儒林外史》第二十一回)

(30) 他说我这是从胎里带来的一股热毒，幸而先天壮，还不相干；若吃寻常药，是不中用的。(《红楼梦》第七回)

“到”既可以介引时间，也可以介引处所，表示动作行为发生的时间终点或空间终点。例如：

(31) 当日，饮酒到一更时分，妻妾俱各欢乐。(《金瓶梅》第二十一回)

(32) 把滴珠登时捉到公庭。知县看了道：“便是前日这一个。”(《拍案惊奇》卷二)

(33) 汪锡便道：“小娘子便到堂中走走，如何闷坐在房里？”(《拍案惊奇》卷二)

(34) 焦大越发连贾珍都说出来，乱嚷乱叫说：“我要往祠堂里哭太爷去。那里承望到如今生下这些畜生来！”(《红楼梦》第七回)

(35) 刘姥姥便不敢过去，且掸了掸衣服，又教了板儿几句话，然后蹭到角门前。(《红楼梦》第六回)

(36) 你女婿前儿因多吃了两杯酒，和人分争，不知怎的被人放了一把邪火，说他来历不明，告到衙门里，要递解还乡。(《红楼梦》第七回)

“至”既可以介引时间，也可以介引处所，表示动作行为发生的时间终点或空间终点。例如：

(37) 当夜前歌后舞，锦簇花攒，直饮至更余时分，薛内相方才起身。(《金瓶梅》第三十一回)

(38) 西门庆见神仙进来，忙降阶迎接，接至厅上。(《金瓶梅》第二十九回)

(39) 七郎闻言，不胜痛伤，急急领了从人，奔至老母处来。(《拍案惊奇》卷二十二)

(40) 好容易盼至明日午错，果报："琏二爷和林姑娘进府了。"(《红楼梦》第十六回)

(41) 于是刘姥姥带他进城，找至宁荣街。(《红楼梦》第六回)

(42) 一面说，一面来至自己的卧室。(《红楼梦》第八回)

5.2　明清公文语体的介词

5.2.1　"于"与"在"互补

"于"可以介引时间，但通常不介引处所。例如：

(1) 本职随会同分守辽海东宁道张参政，统领官军家丁于本日赴长勇堡驻防。(辽东，一·二二一，官府)

(2) 职于顺治拾陆年陆月初二日题定，以从六品服色授试职。(清档，第七册，顺治十七年尚衣监行文知会簿·8，官府)

(3) 该兵部于弘治六年题准，自弘治七年宁夏为始，八年甘肃，九年延绥，各照年分，量带军人，赍册关领。(关中，卷二，为议处茶马以便官军给领事，上奏)

(4) 今各省镇兵丁仍给操赏银两，应将明季所增练饷，照旧例暂增，于顺治十八年为始起征，俟钱粮充足之日，该部题请停止。(清档，第一册，顺治十八年加派练饷·1，上奏)

(5) 著福康安、和琳于事竣后，将此等不给苗民工食，任意鱼肉之地方官逐一查明，概予革职，发往新疆效力，以昭炯戒。(苗

民，七·408，诏敕）

需要说明的是，"于"在官府行移公文中从不介引处所；但在语言相对典雅的上奏、诏敕类公文中，存在少量介引处所的用例，应是受到文言语体影响所致。例如：

(6) 若于此处设立苑分营堡，非惟牧马有地，遇警临苑，马匹亦可收避，保障无虞。（关中，卷二，为添设马苑营堡以便收牧，上奏）

(7) 其江南、湖北、河南等省传教各犯，已有旨饬令各该督抚等迅速查拿，即于该省讯明办理矣。（清档，第三册，清茶门教·11，诏敕）

另外，"在于""到于"可以介引处所（"到于"仅出现在明代）。例如：

(8) 又据长定守堡徐国忠禀称，达贼约有四五百骑，赶牲畜数千，在于代子河西牧放。（辽东，一·二二三，官府）

(9) 前项缎匹应需料工银两，转饬在于司库正项银内动拨织解。（清档，第十二册，乾隆朝内地与新疆丝绸贸易史料·18，官府）

(10) 今本年十月内有本□马一匹往西南行走一十二日夜，至十一月初三日未时分，到于开原迤北清阳堡地方白塔墩第三空□都指挥张处。（辽东，二·二〇六，官府）

与"于"相对，"在"可以介引处所，但几乎从不介引时间。介引处所的例如：

(11) 李甫，系广宁左卫右所百户卢世勋所军，在大静堡充夜役。（辽东，一·二一六，官府）

(12) 今大兵不在安陆喂马，竟往荆州，约叁月拾伍前后可到。（清档，第六册，关于明末农民起义的档案史料·67，官府）

(13) 臣五月在河州、六月在西宁亲阅，番马锦云辐辏，计其所

易，当有数千。（关中，卷二，为议处茶马以便官军给领事，上奏）

（14）察其情形，只在厂内讲论，并无上墙登屋生事之处。（清档，十一册，乾隆六年户部宝泉局工匠罢工斗争史料·4，上奏）

（15）应如何分派兵勇，在沿边一带立卡防守，为一劳永逸之计。（苗民，八·39，诏敕）

介引时间的仅7例，包括：

（16）除行兵备等官监督各哨，一面分投追袭未获贼徒，一面行令，务在十一月初一日移兵径趋桶冈等处，分布夹攻，不许后期误事。（王文成，卷三十三，刻期会剿咨，官府）

（17）合用盐引，作急差官南京户部刷印二十万引，务在本年三月以里降给陕西布政司收贮开放。（关中·卷二·为处置各边马匹事）

（18）乾隆三十一、二两年办解新疆贸易绸缎短少分两，俱在三十二年军机处未经奏定章程以前。（清档，第十二册，乾隆朝内地与新疆丝绸贸易史料·60，官府）

（19）兹据典领事照复，查得阿总督准在十日之内启行前赴天津。（澳门，899，官府）

（20）近见各兵所用之箭，翎花太宽，易于兜风，头杆粗重，难于及远，在平日固壮军容，而遇敌皆成无用。（清档，14册，乾隆年间治理湖南苗疆史料·5，上奏）

（21）查王绍英等事犯到官，在本年二月三十日（清档，第三册，清茶门教·1，上奏）

（22）经吏部核计，该督具奏时系在半年限期之外。（清档，第九册，周福清科场贿赂案·2，诏敕）

5.2.2　“自”与“从”互补

“自”主要介引时间（动作行为的时间起点），极少介引处所（动作行为的空间起点）。介引时间的例如：

（23）督令各该境内卫所州县等衙门掌印巡捕等官，自文书到日，随即拣选彼处平日惯熟拿贼精锐骁勇官舍、军余，及壮快市民人等……锋利器械，令各在城操练防守。（辽东，二·四，官府）

（24）今自十六年八月二十八日起，扣至十七年八月二十八日止，共计十二个月。（清档，第七册，顺治十七年尚衣监行文知会簿8件·8，官府）

（25）合无量依副使萧翀等所拟，自弘治十八年为始，除骒马解送陕西苑马寺孳牧外，西宁茶易儿、扇马，每年将一半听甘肃镇、巡衙门差拨官军。（关中，卷二，为议处茶马以便官军给领事，上奏）

（26）或自康熙元年为始，将新增练饷照依粮石摊派，使肥硗多寡适均，无偏重偏轻之患。（清档，第一册，顺治十八年加派练饷·26，上奏）

（27）和琳自八月十二日奏报夺据竹山坡、都鲁溪等处梁卡后，迄今已隔一旬。（苗民，七·482，诏敕）

介引处所的例如：

（28）自长安堡北界起，去静堡南界止，顺长共一万三千九百二十六丈。（辽东，一·十七）

（29）闻得贼匪自白阳桥一带逃至舒城东刘庄、西刘庄、张家庄、东赵村、王家庄、马家台等处盘聚。（清档，第五册，新发现的有关太平军北伐的史料·4，官府）

（30）本年十二月内，大虏拥众自花马池拆墙深入腹里抢掠。（关中，卷八，为预防虏患事，上奏）

（31）自州县及于府司吏胥层层作奸，增减在手，欺罔任意。（清档，第一册，顺治十八年加派练饷·30，上奏）

（32）热河既有存砖，自应就近运用，其自京前往车辆，应即

留住热河，以备装栽。(清档，第七册，承德布达拉庙·2，诏敕)

"从"不介引时间，只介引处所(动作行为的空间起点)。例如：

(33) 步行达贼二十余名，从本堡地方麻呼冲□□山进入，掠去经行高大恩等八名，官马二匹。(辽东，二·九一，官府)

(34) 目下海河已冻，并无南来轮船，从旁访询英法领事，亦云开春方能到津。(澳门，1053，官府)

(35) 传闻达贼要从延绥西路入抢西安府地方，欲将西安四卫原拟固、靖备冬官军暂留一半在西安府城内。(关中，卷五，为易置主将以保固地方事，上奏)

(36) 从镇城起至地名马雒溪河五十余里，现通小船，间有碎石小滩，止须拣挖，便无阻碍。(清档，第十四册，乾隆年间治理湖南苗疆史料·8，上奏)

(37) 此次贼匪从山沟冲突而出，复经额勒登保痛加截杀，死戮无算，尤为奋勇可嘉。(苗民，七·548，诏敕)

5.2.3　"到"与"至"互补

"到"从不介引时间，但可以介引处所，表示动作行为发生的空间终点。例如：

(38) 春班之期，例限正月以里拨补完足，二月初旬起程挂号，三月初一日到京点卯。(辽东，二·二七，官府)

(39) 至此项绸缎解到甘肃时，即著该督详细点验。(清档，第十二册，乾隆朝内地与新疆丝绸贸易史料·108，官府)

(40) 宁夏副总兵卫勇统领奇兵官军于兴武营、都指挥韩斌统领土兵于清水营，亦限十一月初一日到彼驻札。(关中，卷八，为分布边兵预防虏患事，上奏)

(41) 二十七日，镇臣即调平垣、蒲州营兵到县弹压。(清档，第十三册，乾隆十二年安邑万泉聚众抗粮·4，上奏)

（42）陶阿顺将名片信函一并呈送船上，当披扣留，押解到浙，将该犯奏参革职，旋据闻拿投首。（清档，第九册，周福清科场贿赂案·13，诏敕）

"至"既可以介引时间，也可以介引处所，表示动作行为发生的时间终点或空间终点。介引时间的例如：

（43）内将现操军人喻文富等四百五十名，支本年正月起至七月止，每军七个月预支。（辽东，二·二七，官府）

（44）猥奉日本讨露总宪檄委招募东亚义军马队助日攻俄，至六月十五日在广界大连湾编列成营。（清档，第十三册，清廷收抚冯麟阁史料·8，官府）

（45）战至巳时，贼见官军勇猛，射死贼马，中伤贼人数多，方才退遁。（关中，卷十二，为斩获犯边达贼首级事，上奏）

（46）又称是日申时，百姓复来围城遂发兵三百名星赴擒拿。至二十一、二、三日，民情宁帖，因撤兵百名，留二百名在彼弹压。（清档，第十三册，乾隆十二年安邑万泉聚众抗粮案·5，上奏）

（47）和琳竟当专心办理湖南苗匪事务，不必急赴湖北，应俟该处一切事宜实在放心可靠，或于冬，或荒至明春，再赴湖北，亦不为迟。（苗民，七·481，诏敕）

介引处所的例如：

（48）备本……会同广宁中屯卫指挥管安等官军，前去追袭，至紫荆山回还。（辽东，二·一九九，官府）

（49）全队开至新民府南转湾台，攻退俄兵四十余，毙故一人。（清档，第十三册，清廷收抚冯麟阁史料·8，官府）

（50）贼势得胜，仍要攻城，随与萧承、林节等收集众兵，退至南营山把截。（王文成，卷九，参失事官员疏，上奏）

（51）五年四月间，王绍英回至卢龙，因伊兄王三省在湖北京山县传教病故，前往搬取灵柩，因伊兄徒弟均已亡故，并未传教。

(清档,第三册,清茶门教·1,上奏)

(52) 该犯稔知各亲友家道殷实,事成必有酬谢,即雇船驶至苏州。(清档,第九册,13免勾周福清原因之上谕)

这里要指出的是,“到”介引的处所,有相当一部分是官府(包括以官员代指官府的情况),而“至”介引的处所,没有一例是官府(包括以官员代指官府的情况)。“到”介引官府,例如:

(53) 蒙此,依蒙,发下委官千户王瀛、侯臣、百户班文纲原领扣出在京未回军人粮银到卫。(辽东,二·二七,官府)

(54) 本大臣去年奉旨管理学堂,遇有学堂与银行交涉事件,深资臂助。嗣后遇有交涉各事,仍应知照该员随时到堂商办。(清档,第十二册,大学堂经费问题史料·3,官府)

(55) 备将会选过各苑操丁姓名、年甲并有无盔甲、军器数目,造册开送到臣。(关中,卷二,为防御虏寇保障官马事)

(56) 其拨内有余不足者,各该巡抚具报到部,酌议可也。(清档,第一册,顺治十八年加派练饷·7,上奏)

(57) 吴老季等带领吴老上等到营乞降,并称吴八月之侄吴廷梁情愿将吴廷义缚献赎罪。(苗民,七·556,诏敕)

5.3　介词功能变异的倾向性

明清公文语体的时间处所介词发生了如下的功能变异:

1)“于”介引时间,“在”介引处所,形成功能互补;

2)“自”介引时间起点,“从”介引空间起点,形成功能互补;

3)“到”介引官署(作为空间终点),“至”介引非官署(作为空间终点),形成功能互补。

以上变异可以归纳为:用专门的介词,区别标记时间/处所、官府/非官府。这表明,在明清公文语体中,时间处所介词的功能变异存在一个明显倾向：成为某一类具有特定政治意义的事物的分类标记。分析如下：

1）介词标记的事物，都在公文交际中蕴含着重要价值，包括事件发生的时间/处所、事件起始的时间/处所、事件终止处所的政治属性。

2）介词的功能变异是成对出现的，一对介词标记的两种事物往往代表着一个范畴内互补的两方面，比如事件发生的时间与处所、事件起始的时间与处所、作为事件终点的官府与非官府。这使得介词功能变异的结果是形成两两互补格局，在这种互补格局中，介词作为分类标记的意义尤为凸显。

3）在特定范畴内，介词对事物的标记具有专一性，即一种标记只标记一类事物，不同时标记两类，从而最大限度地提高分类有效性。

4）介词对事物的标记不是任意的，而是以原本的语法功能和功能格局为基础的。“于”与“在”、“自”与“从”、“到”与“至”，它们与时间处所名词紧密结合，原本是既可以介引时间也可以介引处所的同义介词，公文语体在此基础上调整了它们的“分工”，实现了对时间处所名词的分类。

事实上，在明清公文语体中，不仅是时间处所介词的功能变异，个体量词的系统性功能变异也具有成为某一类具有特定政治意义的人员或事物的分类标记的倾向性。“员”用于官员、“名”用于非官员的男性、“口”用于女性，这实际是按照政治属性将全体社会人员分为三类——政治地位高的人（已做官的男性），政治地位低的人（未做官的男性），无政治地位的人（不能做官的人，即女性）。“匹”“只”“头”分别标记马、牛、驴骡，则是按牲畜的性质和用途给事关生产和运输的战略性牲畜资源做分类。

一种语体的语言学特征总是功能性地匹配于它的交际情境特征。时间处所介词、个体量词的变异倾向，是公文交际者在交际的人员、目的、话题、渠道等因素的作用下，追求语法功能与政治功能的对应所致。等级森严是公文交际参与者最显著的特点，公文交际的目的是命令对方或与对方合作去完成某项公共事务,交际的话题是官吏对公共事务的实施,交际的渠道是书面,这些因素要求公文交际者在书面上用特定的形式去标记涉及的人员和事物的政治意义,以便正确处理相关人员和事物,最终完成公共事务。适应这样的交际需要,公文交际者倾向于选取那些与名词紧密结合的虚词(如介词、个体量词)去充当人员、事物的分类标记并按政治意义对人员、事物进行分类,等于将语法功能与政治职能做了匹配。

最后需要指出的是,明清公文语体时间处所介词的功能变异,在现代汉语公文中仍然可见。以《上海市人民政府关于同意〈浦东新区家得乐超市"11·11"坍塌较大事故调查报告〉的批复》(沪府〔2018〕11号)为例,该件公文出现介词"于"3例,全部介引时间,例如:

(1) 该地块上原有1幢单层砖混结构的建筑物,始建于1980年,属上海川沙江镇卫五综合厂。

(2) 江镇菜场迁建项目完成后,其菜场及规划的停车场等产权属政府集体资产,由原江镇人民政府所属的东宏公司于1997年租赁给自然人陈连安用于超市经营。

(3) 上海市建筑科学研究院房屋质量检测站经过现场踏勘、翻阅资料、听取介绍、查看视频等工作,于2017年11月22日出具《浦东新区家得乐超市"11·11"坍塌较大事故检测评估报告》。

出现介词"在"14例,其中3例介引处所,例如:

(4) 李士芬,女,48岁,安徽省颍上县人,蔬菜摊位员工。其伤势情况为:椎体骨折、左胫骨骨折、棘突骨折、双侧多发肋骨骨折等,目前尚在医院治疗。

(5) 吴伟中,祝桥镇副镇长,分管安全生产、消防、经济等工作。在辖区内贯彻落实安全生产责任制不到位,对镇相关单位未认真开展安全生产检查工作。

(6) 要吸取事故教训,认真贯彻落实工贸行业遏制重特大事故有关文件要求，将隐患排查、事故防范工作摆在重中之重的突出位置。

“在”没有单独用来介引时间的用例，只有1例在“在……前”格式中介引时间，例如：

(7) 东宏公司，在企业改制前，作为镇政府资产管理的单位，未及时掌握北部砖混结构建筑物的基本情况，未办理相关手续，对建筑物的安全性能失管、失察。

另有9例介引范围，1例介引条件，分别例如：

(8) 企业法定代表人安全意识淡薄，未落实安全生产主体责任，在检查本单位的安全生产工作中，未及时发现超市所使用的建筑物相关手续不全。

(9) 分析结果表明，两根砖柱长期处于濒临破坏的承载能力极限状态附近，在局部使用载荷变化的诱发作用下，两砖柱发生破坏，从而引起房屋局部倒塌。

可见，现代汉语公文语体的“于”和“在”在很大程度上也是功能互补的，前者主要介引时间，后者主要介引处所。明清公文语体和现代汉语公文语体中都存在“于”“在”的功能互补，表明有些语法特征（功能变异及其倾向）很可能是公文语体所固有的，不受时代的限制。

5.4 语体划分参项

“在/于+时间宾语”的使用频率，是具有语体类型意义的语言参项。

调查显示，对于表示动作行为发生的时间，有的语体倾向于使用介词短语（“在/于+时间”）的形式，有的语体倾向于使用非介词短语的形式。可以尝试通过“在/于+时间”的使用频率，给七种明清语体划分类型。

在本文的语料样本中，明清公文语体“在/于+时间”的用量（单位：个）和使用频率（单位：万/次）如表5－1所示：

表5－1

语体	语料	在+时间	于+时间	使用频率
明清公文语体	辽东官府	0	243	11.43
	王文成官府	1	13	
	关中上奏	1	8	
	王文成上奏	0	60	
	清档官府	1	183	
	澳门官府	1	139	
	清档上奏	2	127	
	苗民上奏	0	21	
	清档诏敕	1	38	
	谕八旗诏敕	0	20	

在本文的语料样本中，明清白话世情小说语体等六种语体“在/于+时间”的用量（单位：个）和使用频率（单位：万/次）如表5－2所示：

表5－2

语体	语料	在+时间	于+时间	使用频率
明清白话世情小说语体	《金瓶梅》	3	0	1.20
	《拍案惊奇》	2	0	
	《红楼梦》	2	4	
	《儒林外史》	5	2	

续　表

语体	语料	在+时间	于+时间	使用频率
明清白话神魔小说语体	《三宝太监西洋记》	5	4	3.07
	《西游记》	1	1	
	《绿野仙踪》	7	8	
	《女仙外史》	8	12	
明清白话侠义小说语体	《水浒传》	2	4	1.33
	《英烈传》	5	5	
	《荡寇志》	2	1	
	《水浒后传》	1	0	
明清白话历史小说语体	《春秋列国志传》	2	0	2.33
	《三国演义》	6	5	
	《北史演义》	4	8	
	《南史演义》	3	7	
明清戏剧语体	《浣纱记》	11	0	1.13
	《牡丹亭》	0	1	
	《长生殿》	1	2	
	《桃花扇》	0	2	
明清文言志人记事散文语体	《牧斋初学集》	5	12	7.20
	《宋学士集》	5	1	
	《元史》	3	0	
	《震川先生集》	0	9	
	《方苞集》	2	18	
	《明史》	0	6	
	《惜抱轩文集》	4	8	
	《曝书亭集》	8	27	

以上七种语体,“在/于+时间”的使用频率由低到高排列可以表示为:

戏剧语体>白话世情小说语体>白话侠义小说语体>白话历史小说语体>白话神魔小说语体>文言志人记事散文语体>公文语体

“在/于+时间”在七种语体约165万字的语料中总共出现1 103次,整体使用频率为6.68次/万字;明清公文语体使用频率最高,为11.43次/万字,明清戏剧语体使用频率最低,为1.13次/万字,中间值为6.28次/万字。不论以6.68次/万字为界线,还是以6.28次/万字为界线,都可以将七种语体分为这样两类:一类是倾向于使用“在/于+时间”表示动作行为发生时间的语体,使用频率在界线值以上,包括明清公文语体、明清文言志人记事散文语体;另一类是不倾向于使用“在/于+时间”表示动作行为发生时间的语体,使用频率在界线值以下,包括明清神魔小说语体、明清历史小说语体、明清侠义小说语体、明清世情小说语体、明清戏剧语体。

考虑到在表示动作行为发生时间的介词形式中,“在/于+时间”是绝对主体,所以可以将上述分类归纳为:

倾向于使用介词形式表示动作行为发生时间的语体:公文语体、文言志人记事散文语体;

不倾向于使用介词形式表示动作行为发生时间的语体:白话神魔小说语体、白话历史小说语体、白话侠义小说语体、白话世情小说语体、戏剧语体。

5.5　小　　结

本章通过语体比较,考察了明清公文语体在时间处所介词方面的功能变异。“于”主要介引时间,表示动作行为发生的时间,“在”主要介引处所,表示动作行为发生的空间,二者形成互补格局;“自”主要介引时间,表示动作行为的时间起点,“从”主要介引空间,表示动作行为的空间起点;“到”不介引时间只介引处所,“至”既可以介引时间也可以介引处所,但是“到”介引的处所可以是官府,而“至”介引的处所不能是官府,二者在这一点上形成互补。

明清公文语体中,时间处所介词的功能变异具有倾向性：成为某种具有特定政治意义的事物(时间/处所、官府/非官府)的分类标记。出现这种倾向,是公文交际者在交际的人员、渠道、目的、话题等因素的作用下,追求语法功能与政治功能的对应所致。

“在/于+时间宾语”的使用频率,是具有语体类型意义的语言参项。根据“在/于+时间宾语”的使用频率,可以将明清七种语体分为两类：倾向于使用介词形式表示动作行为发生时间的语体(公文语体、文言志人记事散文语体),不倾向于使用介词形式表示动作行为发生时间的语体(白话神魔小说语体、白话历史小说语体、白话侠义小说语体、白话世情小说语体、戏剧语体)。

第六章

系词：非通用语体中的语法化

明清公文语体在系词方面最显著的特征，是使用系词“系”。系词“系”是在宋代公文语体中由动词语法化产生的，这一过程表明，在公文语体这种非通用语体中发生语法化是公文语言变异的机制之一。

长期以来，汉语史学界主要关注通语中的语法化。通语是相对于语言变体而言的，语言变体包括地域变体（地域方言）、社会变体（社会方言）、功能变体（本书所说的语体）等，通语是在语言变体基础上形成的全民共同语。白话语体所反映的口语，在很大程度上便是当时的通语，①因此传统的做法是到能够反映通语的白话语体语料中寻找语法化的踪迹。

但是，语言变体中的语法化也是不可忽视的。语言变体中常常存在通语中没有的语法化现象，这一点已经在地域变体（地域方言）的层面上被广泛证实。而在功能变体（语体）层面上，语法化研究还很不充分。本章将通过系词“系”的产生，证明公文语体中存在自身独有的语法化现象。

如果将白话语体、口语语体等主要反映通语的基础性语体视为

---

① 白话语体所反映的口语，不可避免地带有语言变体的成分（如方言成分、书面语体成分等），但这是次要的，白话语体所反映的口语主要是通语。

"通用语体"，将公文语体视为一种"非通用语体"，那么"系"在公文语体中的语法化提示我们，不仅是那些"鲜活"的通用语体中存在语法化现象，在那些看似"僵化"的非通用语体中，也存在语法化现象。

6.1　明清文言语体和白话语体的系词

王力(1989)[183,197] 指出，系词是在判断句中把名词性谓语联系于主语的词，汉语中真正的系词只有"是"；如果谓语不是名词性质，"是"便不属于典型的系词用法，而属于活用的用法。吕叔湘(1999)[496] 将"是"视为判断动词，提出"是"既有联系的作用，又有肯定的作用，在名词性谓语前可以表示等同、归类、存在等多种意义；在谓词性谓语前，可以表示等同、解释、原因等多种意义。

本书采用"系词"的名称，认为系词的典型功能是在主语和名词性谓语之间表示判断，判断主语所指的人或事物等同于或者归属于谓语所指的人或事物。主谓所指是等同关系时，系词的判断功能可以表述为"同一性判断"；主谓所指是归属关系时，系词的判断功能可以表述为"属性判断"。在典型功能之外，系词还有活用的功能，即出现在主语和非名词性谓语(通常由动词性词语、形容词性词语或小句充当)之间，表示谓语是从特征、情况或原因等方面对主语所指人/事物进行解释说明。本书考察的系词，有"是""系"两个。

在系词之外，本书还考察了"为""即""乃""属"四个"准系词"。这些"准系词"只是在特定位置上表现出跟系词近似的意义，本身并不具有系词的性质。(王力 1937，1989)"为""属"都是动词，分别表示"作为"义和"属于"义；"即""乃"都是副词，表示"就(是)"的意思。当它们出现在名词性谓语之前时，与表示判断的典型系词很相似；当它们出现在非名词性谓语之前，谓语对主语的特征、情况或原因进行解释说明时，它们与活用的系词很相似。这些"准系词"本书称为"系词性成分"。

6.1.1 明清文言语体的系词

明清文言语体表示判断,很少使用系词或系词性成分构成的判断句,最常见的是"者""也"形式的判断句。[①] 以明清文言志人记事散文语料样本为例,"者""也"形式的判断句共371例,例如:

(1) 廷元者,故所主风癫御史也。(《牧斋初学集》卷四十八《奉直大夫左春坊左谕德兼翰林院简讨赠通议大夫詹事府詹事兼翰林院侍读学士缪公行状》)

(2) 节妇韩氏,名惟秀,开封人,元四川行省左丞涣之女也。(《宋学士集》卷九《韩节妇传》)

(3) 祖讳文康,正统戊戌进士,乞恩归养,遂不复仕,乡里高之,所谓介庵者也。(《震川先生集》卷二十二《郑君汉卿寿藏铭》)

(4) 天下所谓妖者,狐而已矣。(《曝书亭集》卷六十二《王彝传》)

还有以"是"或"此"做主语的判断句92例(既以"是""此"做主语,又兼有"者""也"形式的判断句,也归入此类)。例如:

(5) 此儒者恒事耳。(《宋学士文集》卷九《刘彬卿传》)

(6) 此君臣异体同心之象。(《曝书亭集》卷六十四《禄与权传》)

(7) 关陇虽宁,而西戎未靖,此吾辈立功之秋也。(《元史·列传第八》)

(8) 正命之前夕,有老仆持针线向公而泣,曰:"是我侍主之终事也。"(《方苞集》卷九《石斋黄公逸事》)

另一方面,使用系词和系词性成分使的判断句比较少。"系"字

---

① 表达判断的方式还有无标记判断句。但由于无标记判断句不论哪个时代、哪种语体都具有,语法表现也一致,缺乏比较的价值,因此本书不涉及无标记判断句。

判断句1例：

(9) 土人指予檐端大字凡八，系长康二陵驻跸时所书。(《曝书亭集》卷六十七《应州木塔记》)

“为”49例，“即”23例，“乃”15例。分别例如：

(10) 厥后有勤王之役，后抚范公率公部兵以行，踊跃前驱，为诸镇之冠焉。(《牧斋初学集》卷七十《工部右侍郎赠尚书程公传》)

(11) 王源字层绳，世为直隶宛平人。(《方苞集》卷八《四君子传》)

(12) 龙沙，即世谓察罕脑儿者也。(《宋学士集》卷十二《王弼传》)

(13) 翁生居吴北郭，即元时师子林。(《曝书亭集》卷六十六《六浮阁记》)

(14) 孔子之言，乃所谓知性命之理者也。(《震川先生集》别集卷六《己未会试杂记》)

(15) 礼部言：“奉迎乃臣子之分。”(《明史·列传第九》)

此外，还有系词性成分的复合形式“即为”1例：

(16) 其后诸子为专作楼，以贮手泽，楼旁即为子孙读书之舍。(《惜抱轩文集》卷十四《陈氏藏书楼记》)

特殊语序的判断句形式“……是也”9例，例如：

(17) 弼阳问：“谁为尔父？”月西从壁隙呼曰：“黑衣而蒲冠者是也。”(《宋学士集》卷十二《王弼传》)

(18) 庙南有台骀祠，子产所云汾神是也。(《曝书亭集》卷六十七《游晋祠记》)

判断句的否定形式只有“主+非+NP”形式，共160例，例如：

(19) 劳役不止,将有他虞,非国家之福也。(《震川先生集》卷二十二《中奉大夫江西右布政使致仕雍里顾公权厝志》)

(20) 每曰:“吾所学乃今始可见之行事,非虚言也。”(《方苞集》卷八《四君子传》)

6.1.2　明清白话语体的系词

明清白话语体表达判断时,“者”“也”形式的判断句已经很罕见,绝大多数是使用系词或系词性成分构成的判断句。在明清白话世情小说语料样本中,“者”“也”形式的判断句仅有1例:

(21) 陈秀才道:“若有银子,必先恢复了这庄居,羞辱那徽狗一番,出一口气。其外或开个铺子,或置些田地,随缘度日,以待成名,我之愿也。”(《拍案惊奇》卷十五)

相比之下,系词“是”构成的判断句(包括活用形式)多达743例,例如:

(22) 宋蕙莲道:“论起来,你是乐工,在人家教唱。”(《金瓶梅》第二十二回)

(23) 文若虚是伶俐的人,看见来势,已瞧科在眼里,晓得是个好主顾了。(《拍案惊奇》卷一)

(24) 凤姐乃道:“这是二十两银子,暂且给这孩子做件冬衣罢。”(《红楼梦》第六回)

(25) 他平日读的诗是唐诗。(《儒林外史》第二十一回)

(26) 刘姥姥道:“也没甚说的,不过是来瞧瞧姑太太、姑奶奶,也是亲戚们的情分。”(《红楼梦》第六回)

(27) 每盘两锭,多是红绒系束,正是金家之物。(《拍案惊奇》卷一)

系词“系”构成的判断句6例:

(28) 此系后事，表过不题。（《金瓶梅》第四十九回）

(29) 只得招道："身系本处游僧，自幼生相似女，从师在方上学得采战伸缩之术，可以夜度十女。"（《拍案惊奇》卷三十四）

(30) 理刑乃判云："审得王某系三吴亡命。"（《拍案惊奇》卷三十四）

(31) 水溶又将腕上一串念珠卸了下来，递与宝玉道："今日初会，伧促竟无敬贺之物，此系前日圣上亲赐鹡鸰香念珠一串，权为贺敬之礼。"（《红楼梦》第十五回）

(32) 宝玉不知与秦钟算何帐目，未见真切，未曾记得，此系疑案，不敢纂创。（《红楼梦》第十五回）

(33) 那文书上写道："……情愿出继与鲍文卿名下为义子，改名鲍廷玺。此后成人婚娶，俱系鲍文卿抚养，立嗣承祧，两无异说。"（《儒林外史》第二十五回）

这 6 例中，除例(28)、例(32)是小说叙述的套话以外，其余 4 例出现在庭审、官场对话和契约中。事实上，系词"系"宋元以来一直为公文语体所独有，到了明清开始出现跨出公文、进入其他语体的迹象。这一问题，将在系词"系"的发展中详细讨论。

明清白话语体中，系词性成分构成的判断句也为数不少。包括"为"字句 4 例，"即"字句 1 例，"乃"字句 26 例，分别例如：

(34) 尼姑道："妈妈若割舍得下时，将姑娘送在佛门做个世外之人，消灾增福，此为上着。"（《拍案惊奇》卷三十四）

(35) 王太太见他进来，晓得他为媒婆，就叫他坐下，叫拿茶与他吃。（《儒林外史》第二十六回）

(36) 神仙观看良久："……鼻梁若低，非贫即夭。"（《金瓶梅》第二十九回）

(37) 内中有一当案的孔目阴先生，名唤阴骘，乃山西孝义县人。（《金瓶梅》第二十六回）

(38) 又知贾家塾中现今司塾的是贾代儒,乃当今之老儒。(《红楼梦》第九回)

此外,还有系词性成分与系词构成的复合形式,包括“乃是”23 例、“即是”1 例。例如:

(39) 且听说一人,乃宋朝汴京人氏,姓金,双名维厚,乃是经纪行中人。(《拍案惊奇》卷一)

(40) 这茗烟乃是宝玉第一个得用的。(《红楼梦》第九回)

(41) 元来广陵即是而今扬州府。(《拍案惊奇》卷十二)

特殊语序的判断句“(即是)……是也”1 例,“……便是”1 例,例如:

(42) 女儿道:“娘休惊怪!女儿即是翠浮庵静观是也。”(《拍案惊奇》卷三十四)

(43) 这六家与荣宁二家,当日所称“八公”的便是。(《红楼梦》第十四回)

明清白话语体中,判断句的否定形式较为丰富。使用最多的是“不是”形式,共 70 例。“非”字形式只有 11 例,另外还出现了复合的“非是”形式 6 例。分别例如:

(44) 月娘道:“我又不是你那心上的人儿,凡事投不着你的机会,有甚良言劝你?”(《金瓶梅》第二十一回)

(45) 文若虚道:“不要笑,我好歹有一个用处,决不是弃物。”(《拍案惊奇》卷一)

(46) 周瑞家的道:“太太说,他们家原不是一家子,不过因出一姓,当年又与太老爷在一处作官,偶然连了宗的。”(《红楼梦》第六回)

(47) 卜诚道:“没的扯淡!就算你相与老爷,你到底不是个老爷!”(《儒林外史》第二十二回)

(48) 神仙观看良久:“此位娘子,额尖鼻小,非侧室,必三嫁

其夫。”（《金瓶梅》第二十九回）

（49）贾政因劝道：“此物恐非常人可享者，殓以上等杉木也就是了。”（《红楼梦》第十三回）

（50）女尼便道：“小尼非是别处人氏，就是湖州东门外杨家之女。”（《拍案惊奇》卷三十四）

（51）季苇萧道：“人情无过男女，方才吾兄说非是所好。”（《儒林外史》第三十回）

6.2　明清公文语体的系词

与文言和白话相比，明清公文语体表示判断主要采用系词或系词性成分构成的判断句，同时也有少量的“者”“也”形式判断句；其系词和系词性成分，与明清白话语体是一致的。

明清公文语体也存在“者”“也”形式的判断句。在明清公文语料样本中，“者”“也”形式判断句有30例，例如：

（1）实用兵之要道，制事之良法也。（王文成，卷十一，浰头捷音疏，上奏）

（2）夫顺天乡试我皇上嘉惠京师，简拔贤材之大典也。（清档，第十册，康熙朝黄册中有关科举考试史料 · 22，上奏）

（3）当此作新之初，一切厘正，则不令而人自从，不言而人自信，臣所谓修其实以副其名者，此也。（关中，卷二，为正卿寺体统以修邦政事，上奏）

（4）照得法外施仁者，朝廷之德也。［清档，第七册，定南将军文移稿 ·（六），官府］

（5）此等挟仇诬捏，诓骗财物之恶苗，实法不容宽者也。（清档，第十四册，乾隆年间治理湖南苗疆史料 · 9，上奏）

（6）照得耿精忠迸守藩职，忽为逆谋，忘父祖之恩，悖君臣之

义，戕贼生灵，此仁人所痛心、烈士所疾首者也。[清档，第七册，定南将军文移稿·(八)，官府]

明清公文语体最常用、最典型的系词是“系”和“是”，这两个词后文将专门讨论。明清公文语体的系词性成分，主要有“为”“即”“乃”“属”四个。出现在名词性谓语之前的，有“为”29例、“即”26例、“乃”40例、“属”12例。分别例如：

(7) 今若车霆前拟，则不特三边马匹足用，而尚有余利，诚为国家永远之计。(关中，卷二，为处置各边马匹事，上奏)

(8) 擒头坡、骒马硐为平陇、干州门户。(苗民，七·389，诏令)

(9) 至初二日早擒捕，本贼突出山头迎敌，追至始兴县界，各军奋勇同前，生擒大贼首高快马即高仲仁。(王文成，卷十一，三省夹剿捷音疏，上奏)

(10) 河溪以下即乾州、永绥之水路。(清档，第十四册，乾隆年间治理湖南苗疆史料·8，上奏)

(11) 其流之弊，乃行法者之罪也，而非立法者之过。(辽东，一·十九，官府)

(12) 据该税司所云，所开条款乃先宽后严之法。(澳门，904，官府)

(13) 查该匠役等皆属无籍顽民。(清档，第十一册，乾隆六年户部宝泉局工匠罢工斗争史料·3，上奏)

(14) 舒常曾任湖广总督，经朕询间，一时天良忽发，自行说出，谅属实情。(苗民，七·408，诏令)

出现在非名词性谓语之前的，有“为”104例，“乃”2例，“属”161例。例如：

(15) 若再添官管理，政出多门，实为难堪。(关中，卷八，为急缺领军官员事，上奏)

(16) 乾州、凤凰二厅所辖皆镇草红苗，最为愚悍。(清档，

第十四册，乾隆年间治理湖南苗疆史料·9，上奏）

（17）若众人仍不畏法，秋后定行处决，以为大不敬者之戒，则此二人乃众人杀之也……今既人人皆知遵法，是法已明矣，则犯法之人可从宽宥，乃众人生之也此二人也。（谕八旗，卷一，诏敕）

（18）又兼纹银每两只合京钱三吊数百文，食物草料又属昂贵，铺户失闭几多。（清档，第五册，新发现的有关太平军北伐的史料·31，官府）

（19）该臣等看得晋抚白如梅疏称，派增练饷，晋省地有肥瘠，粮有厚薄，若照亩派征，委属不均。（清档，第一册，顺治十八年加派练饷·8，上奏）

在系词和系词性成分之外，明清公文语体还有系词和系词性成分复合、系词性成分与系词性成分复合的形式，包括"即系"24 例、"乃是"1 例、"乃为"5 例、"即为"7 例，分别例如：

（20）以三十一、二两年解到新疆绸缎称较分两核减追赔各项，即系本处三十二年三月内议定章程之案，自应遵照原奏办理，毋庸本处再行酌定。（清档，第十二册，乾隆朝内地与新疆丝绸贸易史料·60，官府）

（21）况广盐许于南、赣二府发卖，原亦不系洪武旧制，乃是正统年间为建言民情事，奉总督两广衙门奏行新例。（王文成，卷九，疏通盐法疏，上奏）

（22）钱粮系军国急需，经管大小各官，须加意督催，按期完解，乃为称职。（清档，第九册，顺治朝朱谕·三十七，诏敕）

（23）今大州县应考童子多至数百人，而仅进取十余人，即有俊秀子弟，犹未必尽归诸农，非为工，即为商矣。（清档，第十册，康熙朝黄册中有关科举考试史料·2，上奏）

复合式系词/系词性成分的使用频率，可以作为划分语体类型的参项，这个问题将在 6.4 专门讨论。

下面主要讨论明清公文语体的系词“系”和“是”。

6.2.1 系词“系”

“系”是明清公文语体最常用的系词,具有成熟的系词属性。在本书的公文语料样本中,系词“系”共有785例,有典型与活用之分。

典型的系词“系”,即出现在“主语+系+NP”结构中,表示同一性判断或属性判断功能的“系”,有532例。表示同一性判断,即判断主语等同于某种人或事物,例如:

(24) 蒙此,依蒙查得坐提听事吏刘希奉,委系本卫先已拨送听事吏刘景和,行拘到官,理合解报。(辽东,二·四三,官府)

(25) 从死尸身内搜出伪札、票四张,系贼头李时芬。[清档,第六册,关于明末农民起义的档案史料(清)·26,官府]

(26) 浰头系大贼池大鬓等巢穴,有众数千,比之他贼,势尤猖獗。(王文成,卷十,议夹剿兵粮疏,上奏)

(27) 又凤台县革生孟尔聪,系已故孟克达之子。孟克达系滑县主献忠徒弟。(清档,第三册,清茶门教·1,上奏)

(28) 徐二宁之徒系徐万芝、李洪,都住在山阳县马义店地方。秦过海之徒系王大成,住江宁府朝阳门外孝陵卫地方。吴长庚之徒系王有华,住丰富巷,开藤屉店。王添弼之徒系卢家宽,六合县人,不知住址。(清档,第三册,清茶门教·24,诏敕)

(29) 而湖北尚有应办善后事宜,和琳系该省总督,伊一人足资经理。(苗民,七·412,诏令)

表示属性判断,即判断主语属于某种人或事物,例如:

(30) 计发去遇例通减二等、杖九十、徒二年半哨犯一名孙义祯,系平山卫后所百户胡禄所军余。(辽东,二·八,官府)

(31) 再,澳门原系中国之地,只准西洋人在彼居住,而所住

之西洋人及中国人亦属不少。（澳门，850，官府）

（32）职等随同各营守千把官郭凤、张其伟等公审得何开凤、刘大口称，俱系衡州府人。［清档，第六册，关于明末农民起义的档案史料（清）·90，官府］

（33）臣谓，寺丞品秩虽轻，系卿寺堂上官。（关中，卷二，为正卿寺体统以修邦政事，上奏）

（34）至于云贵系新辟地方，臣部无熟地亩数可查之案，应敕云贵巡抚备查见征钱粮亩数。（清档，第一册，顺治十八年加派练饷·6，上奏）

（35）查举同新降调处分，系私罪，毋庸查级，纪议抵；景廉降留处分，系公罪，例准抵销。（清档，第十四册，咸丰八年顺天科场试案·9，诏敕）

（36）凡有军功议叙文武官员，若系年羹尧任内冒滥题奏者，无论已升未升已授未授，俱准速行据实自首。（谕八旗，卷三，诏敕）

活用的系词"系"，即出现在"主语+系+VP/AP/小句/疑问形式"结构中，表示谓语是从特征、情况或原因等方面对主语所指人/事物进行解释说明的"系"，有 253 例。其中，出现在"主语+系+VP"结构中的有 139 例，例如：

（37）该通判薛思敬查得刘延胤系京纳初考。（辽东，一·八九，官府）

（38）此项缎绸，除彭、闪二缎系上年办过，今可加长照办，此外各种，俱无颁到式样、颜色、价值。（清档，第十二册，乾隆朝内地与新疆丝绸贸易史料·14，官府）

（39）其初畲贼，原系广东流来。（王文成，卷十，立崇义县治疏，上奏）

（40）查直省应差主考，礼部依期列名上请，虽系密题钦点，

但差遣之后先,资俸之深浅,各衙门开送俱照成例。(清档,第十册,康熙朝黄册中有关科举考试史料·13,上奏)

(41) 主泳太即王三顾,系审明曾在楚省传教多次,例应凌迟要犯。(清档,第三册,清茶门教·34,诏敕)

(42) 因思福康安、和琳现在统兵进剿,系欲由平陇前进,收复乾州。(苗民,七·406,诏令)

出现在"主语+系+AP"结构中的有6例,例如:

(43) 攀报之人,多系家道殷实,而膂力未必精强。(辽东,一·十九,官府)

(44) 据此,看得于仲礼委因年老,两眼昏花,贫穷,又无子女,实系孤苦,原无躲差情弊。(辽东,一·二三,官府)

(45) 缘象湖山系极高绝险,自来官兵所不能攻。(王文成,卷九,闽广捷音疏,上奏)

(46) 惟余党张仲全等二百余徒,其间多系老弱,及远近村寨一时为贼所驱胁、从恶未久之人,今皆势穷计迫,聚于九连谷口,呼号痛哭,诚心投招。(王文成,卷十一,浰头捷音疏,上奏)

(47) 今既分割都图添补新县,委系邑小费繁,似应裁减。(王文成,卷十一,再议平和县治疏,上奏)

(48) 嗣后孀妇若不守节改嫁者,其陪嫁使女内如系单身,准其带去;如已配人并生有子女者,著留与夫家,不准带去。(谕八旗,卷一,诏敕)

出现在"主语+系+小句"结构中的有94例,例如:

(49) 但查该堡工程原系堡官修理。(辽东,一·二四,官府)

(50) 旗下家人名下出典地亩,系伊主知情价典。(清档,第五册,乾隆朝旗人佃户抗租霸地私典田产的斗争·16,官府)

(51) 但西宁卫系甘肃镇、巡管辖,僻在河西,相离延绥、宁夏俱四十余站。(关中,卷二,为议处茶马以便官军给领事,上奏)

(52) 又顺天应试监生，向系吏部、礼部、国子监科考移送入场。(清档，第十册，康熙朝黄册中有关科举考试史料·21，上奏)

(53) 近览章奏，见直省钱粮拖欠甚多，完解甚少，或系前官积逋遗累后官，或系官役侵那，借口民欠。(清档，第九册，顺治朝朱谕·三十七，诏敕)

(54) 舒常随奏称该处遇有过往差使，俱系百姓与民充当夫役。(苗民，七·408，诏令)

还有"主语+系+疑问形式"14例，例如：

(55) 并查汀、漳二府用兵之时，所用粮饷系何项钱粮，曾否将官军月粮借辏。(王文成，卷三十，遵奉钦依行福建三司清查钱粮，官府)

(56) 当即饬县预备船只派人妥为照料，询以大西洋有公使到来系因何事。(澳门，842，官府)

(57) 惟为首之李姓是何名目，究系因何起绊戕官。(清档，第二册，李沅发起义·2，上奏)

(58) 著传旨严行申饬，并著将此折系何人主见，据实复奏。(苗民，七·525，诏敕)

系词"系"可以受否定副词"不"修饰，共19例。其中18例出现在"主语+不+系+NP"结构中，例如：

(59) 照依均徭文册，亦照备户审拘间，但查不系审编之年，似难开□。(辽东，一·十九，官府)

(60) 今后不系紧急军机重务，其余问候申请等项，虽亦公事，势有轻缓者。(王文成，卷十八，禁革轻委职官，官府)

(61) 前件上纳阴阳、医学、僧、道、官，俱依拟。仍行各处军民客商并仕宦子孙，不系见有职役者，纳银六十两，授以正七品散官，五十两授正八品散官，四十两授正九品散官，二十两者冠

带荣身。(关中,卷五,为急处救荒事,上奏)

(62) 此数人中,有系现任京官之子弟者,亦有不系现任者。(清档,第十册,康熙朝黄册中有关科举考试史料·10,上奏)

1 例"主语+不+系+VP"结构:

(63) 今委官费思补呈,要全调船夫。查得仍旧修补,不系创造,似难全发。(辽东,一·一八〇,官府)

我们认为"系"具有成熟的系词属性,是基于两方面原因。一方面,"系"具有同一性判断功能,这有别于"属"一类系词性成分;"系"可以受否定副词"不"修饰,这有别于"即""乃"一类系词性成分。另一方面,"系"的同一性判断功能和可以受"不"修饰的句法表现,同样也是"是"作为成熟系词的典型功能和典型句法表现,特别是同一性判断功能,这种功能已经是十分纯粹的系词性功能了。因此,可以认定"系"是一个成熟的系词。关于动词"系"语法化为系词"系"的过程,将在 6.3 详细讨论。

6.2.2 系词"是"

明清公文另一个重要的系词是"是",共有 133 例。但是,"是"的功能发生了一定程度的变异,即以活用功能为主,典型系词功能很少见。典型系词"是"只有 29 例,出现在"主语+是+NP"结构中,表示同一性或归属性判断。这 29 例典型系词中,有 21 例属于典型公文语言,例如:

(64) 嗣于酉刻发信后,由轮船递到大西洋阿使照会一件,内称各节尚是辨驳之词,请冉明言照复后方来天津换约。(澳门,977,官府)

(65) 况二池额课止是一万三千九百余引,纵使二边间年全得招商中纳马匹,给军骑操,数亦不多。(关中,卷二,为处置各边马匹事,上奏)

(66) 本是不易之良法，各自通融乃为不得已之变计。(清档，第一册，顺治十八年加派练饷·30，上奏)

(67) 近来各衙门丁忧给假大小官员，有期限久浦，竟不赴京，任意在家逍遥，岂是人臣致身之义！(清档，第九册，顺治朝朱谕·四，诏敕)

(68) 现据奏攻克山梁后，即当整顿兵力，将屯聚贼匪设法歼除，并驾驭降苗，探查首逆踪迹，如敢离巢他徙，即行邀截擒拿等语，是一好机会。(苗民。七·531，诏敕)

还有8例出现在公文对口语的引述中，例如：

(69) 据夷人□大差部落陈达子等到关报说：……迎遇西夷克石炭男阿惠是花大女婿，带领达子驮着盔甲，径注花大营里去。(辽东，一·二三〇，官府)

(70) 盘获从贼营内逃出土民谢文魁说称，原是武家贼众，老营在四川交界大沙坝住扎，欲往四川与贼合营。[清档，第六册，关于明末农民起义的档案史料(清)·26，官府]

(71) 经楚省获犯佥供：……世界上是过去、现在、未来三世佛轮掌天盘，过去是燃灯佛，现在是释迦佛，未来是弥勒佛。(清档，第三册，清茶门教·35，诏敕)

相比之下，活用的系词“是”占了绝大多数，有104例。其中，“主语+是+AP”结构26例，例如：

(72) 况今京营工程重大，甚是紧急，深为不便。(辽东，二·二七，官府)

(73) 如旱灾是实，岂可不加赈济，以恤民生。(清档，第一册，顺治十八年加派练饷·15，上奏)

“主语+是+VP”结构34例，例如：

(74) 备呈到臣，参看得各官顿兵不进，致此败衄，显是不奉

节制，故违方略。（王文成，卷九，闽广捷音疏，上奏）

(75) 今览尔等条陈本章，重大利弊未经陈奏，仍是因循往例，止将无益之言浮泛塞责。（清档，第九册，顺治朝朱谕·二十五，诏敕）

“主语+是+小句”结构42例，例如：

(76) 副使王寅别有差占，都指挥房怀改任守备去讫，止是苑马寺卿车霆一人提督，陆续整理。（关中，卷二，为处置马营城堡事，上奏）

(77) 客民即占其产业，地方官又如此鱼肉，伊等怨恨莫申，久而激变，实是地方官酿成此事。（苗民，七·408，诏敕）

“主语+是+疑问形式”结构2例，例如：

(78) 起运秋屯粮米，要查是何年月，奉何事例。（王文成，卷三十，遵奉钦依行福建三司清查钱粮，官府）

(79) 虽该国是何意见难以悬揣，但得法国不为相助，此后当易就我范围。（澳门，951，官府）

此外，还有一个现象很值得注意，那就是明清公文没有出现用“不”否定“是”的用例。

明清公文语体中，系词“系”的兴盛与系词“是”的衰落是很值得注意的现象。在数量上，“系”的用量（785例）远远超过“是”的用量（133例）。在功能上，“系”主要表示典型的判断功能（532例），同时也有丰富的活用功能（253例），但“是”的典型判断功能已非常少见（29例），主要表示活用的功能（104例）了。此外，“系”可以受否定副词“不”修饰（19例），但“是”却完全未见受“不”修饰的用例，这更加反映出系词“是”在公文语体中的衰落。应当说，“系”的兴盛与“是”的衰落是一对相互关联的现象，系词“系”是明清公文语体最主要的系词。

6.3　系词“系”的产生和发展

系词“系”的产生和发展不是在单一语体中完成的,而是涉及多种语体。动词“系”(係/繫/系)[①]的使用自魏晋开始出现语体差异,在唐末文言中发展出“隶属、归属”义,这一义项进入公文,最终在北宋公文中发展为表示判断的系词,系词字形固定写作“係”,今简化作“系”。系词“系”是宋元明公文特有的语法特征,到清代跨出公文,进入学术语言和白话中。

6.3.1　动词“系”的词义发展和语体差异的出现

先秦两汉时期,动词“系”(係/繫/系)的义项逐渐增多,但看不到明显的语体差异。在《周易》《左传》《论语》《孟子》《庄子》《韩非子》六部先秦文献中,动词“系”(係/繫/系)共有6个义项:

1)“系束、捆绑”义。共18例,包括10例“係”和8例“繫”。例如:

(1) 獻子以朱絲係玉二瑴。(《左传·襄公十八年》)

(2) 非其義也,非其道也,祿之以天下,弗顧也;繫馬千駟,弗視也。(《孟子·万章上》)

2)“拘系、囚系”义。共5例,皆作“係”。例如:

(3) 若殺其父兄,係累其子弟,毀其宗廟,遷其重器,如之何其可也?(《孟子·梁惠王下》)

3)“系挂、系缀”义。共4例,皆作“繫”。例如:

---

① 作为动词,现代简化字“系”在古书中对应“係”“繫”“系”三个字形,三者本义不同,动词“係”“繫”在各个义项上皆可通用,动词“系”常用于“系挂、系缀”义和“连属、系连”义。但古书用字不规范,“系”也有用于其他义项的,由此造成了“係”“繫”“系”三字混用的局面。鉴于此,我们对历史上的动词“系”的考察涵盖古书中“係”“繫”“系”三个字形;宋以前(系词“系”成熟以前)的语料尽量采用可以展现古书用字的版本(参见引用文献),相应例句保持原书字形。

(4) 吾豈匏瓜也哉,焉能繫而不食。(《论语·阳货》)

4) "束缚、约束"义。共3例,皆作"係"。例如:

(5) 老聃曰:"是於聖人也,胥易技係,勞形怵心者也。"(《庄子·内篇·应帝王》)

5) "连属、系连"义。共9例,包括3例"係"和6例"繫"。例如:

(6) 六二,係小子,失丈夫。① (《周易·随卦》)

(7) 聖人設卦觀象,繫辭焉而明吉凶。(《周易·系辞》)

6) "关联、关涉"义。共1例,写作"係"。例如:

(8) 善夭善老,善始善終,人猶效之,又況萬物之所係,而一化之所待乎。(《庄子·内篇·大宗师》)

在《史记》《淮南子》两部西汉文献中,"系"(係/繫/系)除上述六个义项外,新增三个义项:

1) "挂念、属意"义。共3例,写作"繫"。例如:

(9) 屈平既嫉之,雖放流,睠顧楚國,繫心懷王。(《史记·屈原贾生列传》)

2) "牵涉(于)、取决(于)"义。共2例,写作"繫"。例如:

(10) 夫一者至貴,無適於天下,聖人託於无適,故民命繫矣。(《淮南子·齐俗训》)

3) "接续、延续"义。共1例,写作"係"。例如:

(11) 二年春,封故相國蕭何孫係為武陵侯。(《史记·孝景本纪》

---

① 孔颖达疏:"'小子'谓初九也。'丈夫'谓九五也。初九处卑,故称'小子'。五居尊位,故称'丈夫'。六二既是阴柔,不能独立所处,必近系属初九,故云'系小子'。既属初九,则不得往应于五,故云'失丈夫'也。"故知此例"係"是近而连属之义。

东汉《汉书》《论衡》《吴越春秋》《风俗通义》四部文献延续了西汉的情况，这里不再举例。

到魏晋南北朝时期，动词“系”（係/繫/系）的使用显现出一定的语体差异。在语言相对典雅、书面语性较强的史书《三国志》《后汉书》（共约138万字）中，动词“系”（係/繫/系）的义项十分丰富，与《史记》《汉书》基本无异；在语言相对通俗、口语性较强的《世说新语》和十四部佛教文献（《菩萨本缘经》《大明度经》《六度集经》《生经》《正法华经》《大楼炭经》《阿育王传》《出曜经》《小品波若波罗蜜经》《妙法莲华经》《悲华经》《百喻经》《经律异相》《贤愚经》）（共约134万字）中，动词“系”（係/繫/系）的义项相对简单，以“系束、捆绑”等基本义为主。这一时期动词“系”（係/繫/系）的义项和使用情况如表6－1所示：

表6－1

	《三国志》	《后汉书》	《世说新语》	十四部佛教文献
系束、捆绑	係4，繫2	係3，繫6	繫2	係5，繫73，系1
拘系、囚系	係3，繫6	係3，繫160	0	係2，繫26
系挂、系缀	繫2	係6，繫2	0	係2，繫40
束缚、约束	係2，繫1	係1	0	係1，繫26
连属、系连	係1	係3，繫1	0	0
关联、关涉	0	係3	0	0
挂念、属意	係1，繫2	0	0	係19，繫31
牵涉（于）、取决（于）	0	0	繫2	0
接续、延续	係2	係9，繫2	0	0

唐代和五代时期，动词“系”（係/繫/系）的使用出现明显的语体差异，表现为文言语体中用量丰富且发展出新的义项，而白话语体中

用量较少、发展停滞。在文言材料《隋书》《五百家注昌黎文集》《柳河东集》《旧唐书》以及《全唐文》所载陆龟蒙、钱镠散文中，动词“系”（係/繫/系）的义项仍旧丰富，并在晚唐五代出现“隶属、归属”义。白话材料寒山拾得诗、《敦煌变文集新书》以及《祖堂集》中，动词“系”（係/繫/系）的义项很简单，只有“系束、捆绑”等4个义项，如表6－2所示：

表6－2

	文言语体				白话语体		
	《隋书》	韩愈、柳宗元散文	陆龟蒙、钱镠散文	《旧唐书》	《寒山诗校注》	《敦煌变文集新书》	《祖堂集》
系束、捆绑	係1，繫12	繫10	系1	係4，繫6	繫3	繫10	繫8
拘系、囚系	繫23	係3，繫4	0	繫154	0	繫8	繫4
系挂、系缀	繫5	繫5，系3	繫1	係1，繫1	0	繫2	0
束缚、约束	繫1	繫3	0	係1	0	0	0
连属、系连		繫6	系1	繫21	0	0	0
关联、关涉	係1	繫7	0	繫3	0	0	0
挂念、属意		繫1	系1	係2，繫6	0	繫8	繫2
牵涉（于）、取决（于）	繫6	繫5	0	係1，繫16	0	0	0
接续、延续	0	0	0	0	0	0	0
隶属、归属	0	0	係1	係4，繫3	0	0	0

唐五代的公文语体同样值得注意。在《吐鲁番出土文书》所收前凉和唐代前期、中期公文中，只见1例“系束、捆绑”义“系”。到《敦煌社会经济文献真迹释录》全五册所收晚唐五代公文中，有“系束、捆绑”义、“拘系、囚系”义、“牵涉（于）、取决（于）”义各1例，还可看到1

例在“隶属、归属”义基础上虚化的用例[参见例(17)]。

“隶属、归属”义最早见于晚唐五代文言语体，字形主要写作“係”，《旧唐书》个别用例写作“繫”。例如：

(12) 其有風山靈德王廟，本係屬城，近歸畿甸。考諸舊記，即先是武康縣風山。(《全唐文·卷一百三十·吴越武肃王钱镠·新建风山灵德王庙记》)

(13) 其白池屬河東節度使，不係度支。(《旧唐书·志第二十八》)

(14) 旬日，得精兵一十三萬人，分繫諸衛。(《旧唐书·列传第四十七》)

这一义项由“系挂、系缀”义引申而来。从词义的关联性看，“系挂、系缀”义指某物体系挂在上位物体上，而“隶属、归属”义指某事物系挂在上级组织、机构之上。从句法位置的一致性看，“系挂、系缀”义和“隶属、归属”义的“系”(係/繫/系)都出现在“(受事主语)+系(係/繫/系)+对象宾语”结构中，分别例如：

(15) 故列其行事，以繫循吏之篇爾。(《隋书·列传第三十八》)

(16) 其有風山靈德王廟，本係屬城，近歸畿甸。(《全唐文·卷一百三十·吴越武肃王钱镠·新建风山灵德王庙记》)

“隶属、归属”义是系词用法产生的关键。在《敦煌社会经济文献真迹释录》所载公文和《旧唐书》所载公文中，已经可以看到2例由“隶属、归属”义向系词用法发展的用例：

(17) 係是先祖產業，董悉卑户，則不許入，權且承種，其地內割與外生安君地柒畝佃種。[《敦煌社会经济文献真迹释录(第二辑)·(二)·七·唐大顺四年[①]正月瓜州营田使武安君牒并判

① 唐代“大顺”年号只使用了两年(890至891)，但由于唐末瓜州地区与中原王朝消息隔绝，改元不及时(荣新江 1997)，所以当地公文中出现了“大顺四年”的写法。

词》,原件编号 P. 3711)

(18) 丁亥,敕:“洛城坊曲內,舊有朝臣諸司宅舍,經亂荒榛。張全義葺理已來,皆已耕墾,既供軍賦,即係公田。”(《旧唐书·本纪第二十》)

以上2例中“先祖产业”“公田”不再是上级组织机构,而是包含着主语所指事物的上位概念。这时“系”(係/繫/系)较“隶属、归属”义已有一定程度的语法化,表示对主语所指事物的“属性”判断,是一种具有系词性的功能,相当于现代汉语的“属于$_2$”①。例(18)尚有两解的可能,例(17)则只能理解为“属于$_2$”,意即“(这片田地)属于是先祖的产业”。另外,例(17)“系”“是”连用,反映出“系”在属性判断功能上跟“是”具有一致性,也反映出“系”的属性判断功能并非纯粹的系词性功能。这种“系”“是”连用表示属性判断的用法,宋元明清公文中一直沿袭。

虽然例(17)《武安君牒》的写作时间(公元893年)早于例(12)《新建风山灵德王庙记》(公元931年),但并不意味着属性判断功能早于“隶属、归属”义。一是因为从“隶属、归属”到属性判断功能有语法化程度的差异和语法化路径的支持(详下文),二是因为这两种材料的年代相距很近,可以认为是同一时期。考虑到文言中可以看到丰富的动词义项和“隶属、归属”义的引申脉络,但看不到属性判断功能,而公文中没有丰富的动词义项,甚至未见“隶属、归属”义,却偏偏出现了语法化程度更高的属性判断功能,可以推断,“隶属、归属”义是在文言中产生的,其语法化以后的属性判断功能则出现于公文。

6.3.2　系词“系”的产生及其在公文语体中的使用

宋元明时期,动词“系”(係/繫/系)在文言语体、白话语体中均无

---

① 现代汉语有两个“属于”。“属于$_1$”表示归某方所有,例如“这支笔属于我”;“属于$_2$”表示对人/事物的属性的判断,例如“中国属于发展中国家”。

新发展，但在宋代公文语体中发展出了一系列表示判断的系词功能，并在元明公文中沿用。

6.3.2.1　系词“系”的产生

系词“系”在北宋公文中发展为成熟的系词，字形固定地写作“係”。其典型功能，是在“（主语）+系+NP”结构中，判断主语所指的人或事物等同于或者归属于谓语所指的人或事物。主谓所指是等同关系时，系词的判断功能可以表述为“同一性判断”；主谓所指是归属关系时，系词的判断功能可以表述为“属性判断”。分别例如：

（19）已上八人，亦元係本州武衛第九指揮將虞候、承局。（《欧阳文忠公集》卷一百十八《河北奉使奏草卷下・乞差武卫人员》）

（20）見一紫袍人稱太師，一白袍人稱防禦。紫袍人係燕人吳孝民，白袍人係金人。［《近代汉语语法资料汇编（宋代卷）・靖康城下奉使录》］

其活用功能，是在“（主语）+系+VP/小句”结构中，表示谓语是从特征、情况或原因等方面对主语所指人/事物进行解释说明。例如：

（21）契勘前件公事，係奉承經略使衙指揮根勘，不同常事。（《俄藏黑水城所出〈宋西北边境军政文书〉整理与研究・二・21・（二）》，俄藏黑水城文献编号 Инв. No. 211 213《宋西北边境军政文书》17）

（22）竊見上清宮，元係太宗皇帝剏建，於慶歷中遺火焚蕩。（《东坡全集》卷五十九《撰上清储祥宫碑奏请状》）

“系”表示同一性判断和属性判断的典型系词功能，是由“隶属、归属”义在“（主语）+系+NP”结构中语法化而来的，NP 的变化是“系”语法化的关键。北宋时期，NP 有三种情况，对应着三种不同的“系”。

第一，NP 是管辖或拥有主语所指人/事物的上级组织机构。这

时的“系”表示“隶属、归属”义。这一种情况与晚唐五代文言中的用法相同,在《欧阳文忠公集》所载公文中出现了8例,例如:

(23) 今伏見館閣校讎之官員數甚多,除係省府南曹外,其餘主判閑局及別無主判者並各無書校對。(《欧阳文忠公集》卷一百十一《乞写祕阁书令馆职校雠札子》)

《东坡全集》所载公文和黑水城《宋西北边境军政文书》北宋公文未见用例。

第二,NP是主语所指人/事物的上位概念,二者构成从属关系(逻辑上的真包含关系)。这时的“系”表示对主语所指人/事物的属性的判断,是一种具有系词性的功能。这种情况与晚唐五代公文中的用法相同,但到北宋公文中已非个别,是三种情况中最为常见的一种,欧阳、东坡公文和黑水城《宋西北边境军政文书》北宋公文中多达96例。例如:

(24) 右臣訪聞岢嵐軍昨於四月中捉獲逃走萬勝長行張貴、虎翼張貴、李德等三人,並係禁兵。(《欧阳文忠公集》卷一百十五《河东奉使奏草卷上·米光濬斩决逃军乞免勘状》)

(25) 而況上件出糶不盡米,已係前年聖恩所賜,發運司不合指準充數,顯虧三十萬石。(《东坡全集》卷五十九《再乞发运司应副浙西米状》)

(26) 本城尋勾追到烽火鋪頭侯八等供析,係本城管下守坐烽火蕃兵鋪頭。[《俄藏黑水城所出〈宋西北边境军政文书〉整理与研究·二·18·(二)》,俄藏黑水城文献编号 Инв. No. 211 213《宋西北边境军政文书》15]

在这种情况中,NP可以是光杆的普通名词,单纯表示一类人/事物,指别度较低,定指性较弱,如例(24);也可以是定中短语,中心语单纯表示一类人/事物,定语对其加以限定,整个NP的指别度相对较高,定指性相对较强,如例(25)、例(26)。NP的指别度越高,其定指性就越强，作为上位概念的地位就越弱。但只要 NP 的定指性不足以使它跟主语所指人/事物完全等同，就仍应当视为主语的上位概念，跟主语所指人/事物构成逻辑上的真包含关系。

第三，NP 与主语所指是同一人员或事物，二者完全等同，可以互换。这种情况比较罕见，这时的“系”表示对双方的同一性的判断，是语法化程度很高的系词性功能。可分为两小类：

1）NP 是定中短语，中心语单纯表示一类人/事物，定语对其加以严格限定，极大地提高了整个 NP 的指别度，使 NP 具有强烈的定指性。正是这种强烈的定指性，使 NP 跟主语所指人/事物等同起来。这种情况仅在东坡公文中见到 1 例：

(27) 右伏望聖慈愍念本路災傷及前件放免力勝條貫，係今來合行事件，特賜指揮：轉運司將來年終比較日除米斛力勝一項稅額，權免比較科罰。(《东坡全集》卷六十五《再论闭籴状》)

主语“本路災傷及前件放免力勝條貫”与定中结构的 NP“今來合行事件”是完全等同的一件事。

2）NP 是人名等专有名词，或表示特定事件的名词性短语。这种 NP 所指人/事物本身就具有唯一性和强烈的定指性，不需限定便可跟主语等同。这种情况除上文例(20)外，东坡公文也出现了 1 例：

(28) 右軾今看詳，前件李義修所陳劃一事，中內三件，係欲開太康縣枯河及開陳州明河，並不涉潁州地分，無由相度可否利害；外有一件……(《东坡全集》卷六十《申省论八丈沟利害二首之一》)

主语“中内三件”所表之事，就是名词性并列结构 NP“欲開太康縣枯河及開陳州明河”所概括的事件，二者完全等同。

结合晚唐五代局面和北宋三种情况，可以看到 NP 的变化与“系”判断功能的逐步产生。首先是 NP 开始泛化，当 NP 由主语所指人/事物的上位概念充当时，“系”便由“隶属、归属”义发展出属性判断功能,初步具有了系词性;继而 NP 的指别度增高,当 NP 由定指性极强甚至是唯一定指的概念充当时,"系"便发展出了同一性判断功能,具有了更强的系词性。NP 的泛化和"系"的属性判断功能的产生,起于晚唐五代公文,完成于北宋公文;NP 定指性的增强和"系"的同一性判断功能的产生,发生在北宋公文中。这一过程如下所示:

晚唐五代文言　　　　　　　　北宋公文

"隶属、归属"义 —NP 泛化→ 属性判断功能 —NP 指别度提高→ 同一性判断功能

同一性判断功能的语法化程度高于属性判断功能,且完全摆脱了动词词义("隶属、归属"),属于更纯粹的系词性用法。宋元明清,同一性功能的"系"从不与"是"连用,也是一个佐证。同一性功能的出现,标志着"系"发展成为一个成熟的系词。

除了典型用法,北宋公文还可以看到系词"系"用于"主语+系+VP/AP/小句"结构中表示对主语所指人/事物进行解释说明的活用用法,如上文例(21)、例(22)。活用用法的出现进一步完善了"系"的系词功能。

北宋公文中,系词"系"可以受否定副词"不"修饰,这是其系词性成熟的重要句法表现。欧阳公文、东坡公文共出现 7 例,可分为两小类,一是对属性判断功能的否定(5 例),例如:

(29) 今河北見管義勇十七萬有餘,人人自有私弓弩,此是官司明知其數者,更有<u>不係</u>義勇之家,例有弓弩不少。(《欧阳文忠公集》卷一百十七《河北奉使奏草卷上·乞放行牛皮膠鰾》)

(30) 內人户拖欠兩稅,<u>不係</u>災傷倚閣者,亦分二年作四料送納。未足而遇災傷者,亦許權住催理。(《东坡全集》卷六十一《论积欠六事并乞检会应诏四事一处行下状》)

这种用法元明清公文继续沿用。二是对同一性判断功能的否定(1 例):

(31) 其略云："本部看詳，人户見催逐年拖欠下夏秋租稅贓賞課利省房沒官等錢物，若不係因災傷許分料展閣理納之數，自不該上條。"(《东坡全集》卷六十一《论积欠六事并乞检会应诏四事一处行下状》)

这种用法北宋公文中只调查到这1例，元代公文未见，明清公文中有不少用例，前文(4.3.1)已有介绍。另外，元代公文可以看到在活用用法中的以"不"否定"系"的用例：

(32) 本部參詳：既元告不係狗主李海家內咬傷本人妻小，李海狀結所豢母狗從來不曾咬人，難以定奪。呈奉都堂鈞旨，准擬施行。(《元典章·刑部》卷四)

将"系"认定为系词，是基于以下两方面考虑。一方面，"系"同时具有属性判断和同一性判断两种功能，这有别于"属于$_2$""属"一类系词性成分；"系"可以受否定副词"不"修饰，这有别于"即""乃"一类系词性成分。另一方面，"系"的两种判断功能和受"不"修饰的句法表现，同样也是"是"最典型的判断功能和句法表现，特别是同一性判断功能已经属于十分纯粹的系词性功能。因此，可以认定"系"在北宋时期已经成为一个系词。也正是基于此，我们主张，系词与系词性成分(也称"准系词")只有典型性的差异，没有截然的不同；一个系词/准系词内部的各种判断功能，有的语法化程度较高、系词性较典型(如同一性判断)，有的语法化程度较低、系词性不太典型(如属性判断)；判定一个词是否成为系词，应综合考虑其各种判断功能，并考虑这个词的语法化来源和其他句法表现。

6.3.2.2　系词"系"在公文语体中的使用

宋元明时期，系词"系"始终用于公文和非公文材料的公文性话语中。

前文已经谈到，欧阳、东坡公文和黑水城出土《宋西北边境军政文书》皆有丰富的系词"系"。特别是《宋西北边境军政文书》，系词

“系”的数量(14 例,不含“系”“是”连用)已超过“是”(8 例),是最常用的系词。

宋代文言语料,以《欧阳文忠公集》和《东坡全集》所载仿古散文为例,皆未见系词“系”。而二集所载公文有丰富的“系”,这恰说明“系”不用于文言而用于公文。

宋代白话语料《大唐三藏取经诗话》《五灯会元》《张协状元》也未见系词“系”。不过,在通常被视为白话语料的《三朝北盟汇编》六篇谈判实录(《燕云奉使录》《茅斋自叙》《靖康城下奉使录》《靖康大金山西军前和议录》《绍兴甲寅通和录》《采石战胜录》)和白话理学著作《朱子语类》中,出现了不少系词“系”。例如:

(33) 紫袍人係燕人吴孝民,白袍人係金人。[《近代汉语语法资料汇编(宋代卷)·靖康城下奉使录》]

(34) 此一句却係切己用功處,下句即因人矣。(《朱子语类》卷二十)

这两种语料对“系”的使用有别于典型白话材料而近乎公文,是因为它们的性质比较特殊。外交谈判是正式的官方活动,所用语言应是官场话语,且这六篇谈判实录大多本就是公文的附录,因此它们的语言在很大程度上属于公文语体。《朱子语类》记载的对话双方往往有官员身份,对话内容常涉及政务,所用语言贴近官场话语,因此也接近公文语体。系词“系”不见于典型白话语料而见于这两种语料,一方面反映出此二者不同于典型白话语料,另一方面也说明系词“系”不用于口语而用于公文。

元代,白话语料《新校元刊杂剧三十种》、文言语料《吴文正集》(不含诗词)均不见系词“系”。而黑水城出土元代公文和收录法条、司法公文的《元典章·刑部》拥有大量的系词“系”。既有表示属性判断的典型用法(包括否定形式),例如:

(35) 告状人亦不剌兴。右亦不剌兴,年四十六岁,无病,

系本路所管回回包银户计。[《黑城出土文书(汉文文书卷)》第149页F80：W9]

(36) 今奉前因,本部議得：童慶七、童庚二,既係兇惡十虎之徒,無故將慧元雙目刺瞎不明,以致本人終身殘患,不分道路。罪已經斷,遷徙遼陽。(《元典章·刑部》卷一)

(37) □催赶,并不前来应役,□称不系你驱口,与你无相干。[《黑城出土文书(汉文文书卷)》第158页F116：W242]

也有"(主语)+系+VP/小句"形式的活用用法：

(38) 同州官達魯花赤三合、知州智公弼等,為偷羊賊人梁醜驢不指平人,栲訊一百四十餘下,故令虛指張順係知情窩主,又將張順栲勘身死。(《元典章·刑部》卷二)

(39) 其仓库官员在前,俱系各路自行选充。[《黑城出土文书(汉文文书卷)》第90页F114：W3]

明代延续了宋元局面。上文已经介绍了明清时期文言、白话和公文语体中的系词"系"。如果单独考察明代,可以看到,"系"仍是公文语体所特有的,白话、文言语体罕见的用例全都出现在公文性话语中。在本书的白话世情小说语料样本中,《拍案惊奇》有"系"2例,1例是供词,1例是判词,都属于广义的公文：

(40) 只得招道："身系本处游僧,自幼生相似女。"(《拍案惊奇》卷三十四)

(41) 理刑乃判云："审得王某系三吴亡命。"(《拍案惊奇》卷三十四)

《金瓶梅》只1例有"系",是小说惯用语"此系后事,表过不提"。不过,如果将调查范围扩展到整部《金瓶梅》便可发现,《金瓶梅》全书共有系词"系"30例,除3例小说惯用语"此系后事,表过不提"以外,其余全部出现在公文(5例)、官府对话(7例)和对官员身世的介绍(15

例)中。

本书文言志人记事散文样本中,四种明代文言语料皆未见“系”的用例。如果将调查范围扩展到整部《震川先生集》,可看到系词“系”1例,出现在对保甲制度的叙述中,与官府有关:

(42) 而十家为甲之法,尤所当严。其男子十五岁以下凡成丁者,尽令编报,排门粉壁,每甲推长一人,稽其出入,若有面生可疑,虽系商贾,非累年土著,无父兄承传者,亦须根究。(《震川先生集》卷八《昆山县倭寇始末书》)

明代公文有丰富的系词“系”,既有表示同一性判断和属性判断的典型功能(222例),也有活用的功能(40例),还有受否定副词“不”修饰的用例(16例)。这里不再举例。上述可见,在明代,“系”仍是公文语体所特有的系词。

6.3.3　系词“系”从公文向其他语体的迁移

清代,系词“系”跨出公文语体,进入文言学术散文语体,并在一定程度上为白话语体所接受。

清代公文同样拥有丰富的系词“系”,包括同一性判断和属性判断的典型功能(310例),也有活用的功能(213例),还有受否定副词“不”修饰的用例(3例),上文已有介绍,这里不再举例。

特别需要注意的是清代训诂学著作也出现了丰富的系词“系”,这是元明训诂著作所不见的。段玉裁《说文解字注》有表属性判断4例,活用6例,分别例如:

(43) 但許君上下文皆係艸名,不當泛釋凡艸之刺。(《说文解字注·艸部·茦》)

(44) 今小徐本此下多“又曰會”三字,係淺人增之。(《说文解字注·冃部·最》)

王念孙《读书杂志》有表属性判断3例,活用2例,分别例如:

（45）此吴氏荷屋所藏單刻集解宋本也。其缺者則以兼刻索隱本補之，是以二本各存其半。此之所有，卽彼之所無。然皆係宋槧，故可寶也。（《读书杂志·史记第一·五帝本纪·小大》）

（46）"扐"字義不可通，孫改為"助"，是也。《羣書治要》正作"助"。孫本"助"字係剜改。葢音義先成而剜改在後，未及追改音義耳。（《读书杂志·晏子春秋第二·外篇重而异者·长患、小寡人、公怨良臣、日不足、扐寡人止之》）

洪亮吉《春秋左传诂》有表属性判断21例，表同一性判断2例，活用11例，分别例如：

（47）今考此係徐鍇說，惠氏以爲說文，誤也。（《春秋左传诂》卷六《传·庄公》）

（48）此時晉國守官之臣實係士匄，故以例稱之。（《春秋左传诂》卷十三《传·襄公二》）

（49）石經亦無"曰"字，係後人旁增，今據删。（《春秋左传诂》卷十六《传·昭公二》）

清代训诂学著作丰富的系词"系"，涵盖了系词"系"的各种功能，这充分表明，清代系词"系"已经跨出公文语体，进入了文言学术散文语体。

清代白话语料中，"系"开始出现在非公文性话语中。《红楼梦》前八十回有系词"系"106例，除去歌谣、诗词中的5例以外，有12例出现在公文和人物的官场对话中，10例出现在对官员身世的介绍中，剩余79例则很难与官员、官府和官方活动相联系，例如：

（50）如今宝、秦二人一来了，见了他两个，也不免缱绻羡慕，亦因知系薛蟠相知，故未敢轻举妄动。（《红楼梦》第九回）

（51）凤姐上座，尤二姐忙命丫鬟拿褥子来便行礼，说："奴家年轻，一从到了这里之事，皆系家母和家姐商议主张。"（《红楼梦》第六十八回）

这79例中既有表示属性判断的典型形式，如例(50)，也有活用形式，如例(51)，但未见表示同一性判断的典型形式。《歧路灯》有系词“系”53例，其中24例出现在与官员、官府、官方活动无关的叙述和对话中，这里不再举例。不过，《儒林外史》的局面却与《红楼梦》《歧路灯》不同。《儒林外史》只有系词“系”18例，全都出现在公文性话语中(仿作公文13例，介绍官员身世4例，官场对话1例)。据此来看，“系”在《红楼梦》《歧路灯》中较广泛地使用，在一定程度上是受到了作者个人语言风格的影响。但必须承认，除非刻意违背，否则个人语言风格是很难逾越语体规范的。所以《红楼梦》《歧路灯》对“系”的广泛使用应当是在语体规范允许的范围内的，这意味着清代白话语体对系词“系”有了比明代更高的接受度。

本节考察了系词“系”的产生和发展。

系词“系”是由“隶属/归属”义动词在北宋公文中语法化而来的，“系”后的NP在指别度上的变化是“系”发生语法化的关键。“系”的语法化表明公文语体也有自身的语法化现象，公文语体自身的语法化也是造成公文语言变异(相对于同时期的白话、文言语体而言)的重要机制；非通用语体的语言并非僵化的语言，也有自身的发展变化。

系词“系”在宋元明时期一直在公文中沿用，为公文语体所特有，到清代跨出公文，进入学术散文语体，同时也为白话语体所接受，这体现了语法成分的跨语体迁移。“系”的迁移更表明，语法成分的跨语体迁移并不总是由通用语体迁移到非通用语体中，也可以由非通用语体迁移到通用语体中。

6.4　语体划分参项：复合型系词性成分的使用频率

复合型系词性成分的使用频率是具有语体类型意义的语言参项。

我们将系词性成分与系词复合、系词性成分与系词性成分复合而成的复合形式，称为复合型系词性成分，包括“乃是”“即是”“即系”“乃即”“乃为”“即为”等。复合型系词性成分的使用频率，在明清文言志人记事散文语体、明清公文语体、明清白话世情小说语体、明清白话历史小说语体、明清白话侠义小说语体、明清白话神魔小说语体、明清戏剧语体这七种语体中存在较大差异。

上文已经介绍，明清文言志人记事散文语体，没有看到复合型系词性成分的用例，使用频率为 0；明清公文语体，有复合型系词性成分 37 例（“即系”24 例，“乃是”1 例，“乃为”5 例，“即为”7 例），总体使用频率是 0.48 次/万字。另外五种白话语体中，复合型系词性成分的种类和用量（单位：个）如表 6－3 所示：

表 6－3

语体	语料	乃是	乃即	乃为	即是	即为	即系
明清白话世情小说语体	《金瓶梅》	2	0	0	0	0	0
	《拍案惊奇》	13	0	0	1	0	0
	《红楼梦》	5	0	0	0	0	0
	《儒林外史》	3	0	0	0	0	0
明清白话神魔小说语体	《三宝太监西洋记》	7	0	0	1	0	0
	《西游记》	16	0	0	1	0	0
	《绿野仙踪》	0	0	0	0	0	0
	《女仙外史》	0	0	0	5	0	2
明清白话侠义小说语体	《水浒传》	2	0	0	1	0	0
	《英烈传》	7	0	0	2	0	0
	《荡寇志》	12	0	0	0	0	0
	《水浒后传》	4	0	0	0	0	0

续 表

语体	语料	乃是	乃即	乃为	即是	即为	即系
明清白话历史小说语体	《春秋列国志传》	2	0	1	0	0	0
	《三国演义》	1	1	2	0	0	0
	《北史演义》	11	2	0	0	0	0
	《南史演义》	2	0	0	0	0	0
明清戏剧语体	《浣纱记》	1	0	0	0	0	0
	《牡丹亭》	4	0	0	0	0	0
	《长生殿》	3	0	0	0	0	0
	《桃花扇》	0	0	0	0	0	0

总体上,白话小说和戏剧语体的复合型系词性成分的种类不如公文语体丰富,主要是“乃是”和“即是”两种。

明清七种书面语体,各自的复合型系词性成分数量(单位:个)和使用频率(单位:次/万字),如表6-4所示:

表6-4

语体	数量	使用频率
明清文言志人记事散文语体	0	0
明清公文语体	37	0.48
明清戏剧语体	8	0.26
明清白话历史小说语体	22	0.72
明清白话世情小说语体	24	0.78
明清白话侠义小说语体	28	0.92
明清白话神魔小说语体	42	1.40

按使用频率由低到高，明清七种书面语体可以排列为：

文言志人记事散文语体>戏剧语体>公文语体>白话历史小说语体>白话世情小说语体>白话侠义小说语体>白话神魔小说语体

复合型系词在七种语体约165万字的语料中总共出现161次，整体使用频率为0.98次/万字；戏剧语体使用频率最低，为0.26次/万字，白话神魔小说语体使用频率最高，为1.40次/万字，二者的中间值是0.83次/万字。不论以0.98次/万字为界线，还是以0.83次/万字为界线，我们都可以得到这样的分类：

倾向于使用复合型系词性成分的语体：白话神魔小说语体、白话侠义小说语体；

不倾向于使用复合型系词性成分的语体：白话世情小说语体、白话历史小说语体、公文语体、戏剧语体；

不使用复合型系词性成分的语体：文言志人记事散文语体。

6.5　小　　结

本章首先介绍了明清文言语体和白话语体的系词和系词性成分，指出文言语体惯用非系词（包括系词性成分）手段表达判断，白话语体惯用系词（包括系词性成分）手段表达判断，系词“系”不是中的白话的典型系词。系词“系”是明清公文语体特有的系词，具有成熟的系词属性；明清公文语体存在“系”替代“是”的趋势。

系词“系”是由“隶属、归属”义动词在宋代公文中语法化而来的，这一过程表明非通用语体也存在自身的语法化现象。系词“系”在宋元明时期为公文语体所特有，到清代进入文言学术散文语体，同时也在一定程度上为白话语体所接受，这反映了语法成分的跨语体迁移，特别是由非通用语体向通用语体迁移。

明清书面语体首先可以从“惯用非系词手段表达判断”和“惯用系词手段表达判断”上，将文言语体跟白话语体、公文语体区分开。在公文和白话语体中，“复合型系词性成分的使用频率”是具有语体类型意义的语言参项。在这个参项上，可以将明清七种书面语体分为三类：倾向于使用复合型系词性成分的语体（白话神魔小说语体、白话侠义小说语体），不倾向于使用复合型系词性成分的语体（白话世情小说语体、白话历史小说语体、公文语体、戏剧语体），不使用复合型系词性成分的语体（文言志人记事散文语体）。

第七章

结　　语

本书旨在考察明清公文语体的语法特征，分析明清公文语体的语言变异机制和动因，归纳具有语体类型意义的语言参项，为明清七种书面语体划分类型。下面从语法特征、语言变异、语体类型三个方面，对本书的研究做一总结。

7.1　明清公文语体的语法特征

本书第三至第六章在代词、个体量词、时间处所介词、系词四个语法范畴上，对明清公文语体的语法特征进行了考察。概括如下：

(1) 使用第三人称代词“伊”、强指示性代词“其”使用频率激增是明清公文语体的两个语法特征。

(2) 人员量词形成“员、名—口”的互补格局、牲畜量词形成“匹—只—头”的互补格局、通用量词“个”的通用度极低、使用量词连用结构。

(3) 时间处所介词，在介引时间、处所方面，“于”“在”功能互补，“自”“从”功能互补；在介引官府、非官府方面，“到”与“至”功能互补。

(4) 使用系词“系”。

7.2　明清公文语体的语言变异

“伊”由元代韵律性白话语体进入元代传统公文语体，这背后的变异机制是语法成分/范畴的跨语体迁移。造成这一变异的动因，既有语言系统因素，也有语体间的语言接触因素，两种因素都是在一定的交际情境下发挥作用的。

强指示性代词“其”被用来标记施政对象，人员量词、牲畜量词形成互补格局，时间处所介词形成互补格局，背后的变异机制是语法成分的功能变异。量词、介词的变异特别显示出功能变异具有系统性和倾向性。

系词“系”由“隶属、归属”义动词在宋代公文语体中演变而来，背后的变异机制是非通用语体内部的语法化。

明清公文语体的语言变异，具有以下鲜明特点：

(1)“趋白”与“趋文”

明清公文语体的语言变异，同时具有“趋白”与“趋文”两种趋势。

“趋白”的趋势在成分的跨语体迁移上尤为明显。当元代公文语体需要新的第三人称代词解决“其”的歧义问题时，使用的是来自白话语体的“伊”而非其他文言语体代词。这或许意味着公文语体本就具有向白话语体靠拢的内在趋势。公文语体毕竟是实用性语体，对语言交际的效率有着天然的追求，而口语永远是交际者头脑中第一位的、最高效的语言符号系统，因此公文语体不可避免地会使用口语成分，反映在书面上，就是向白话语体靠拢。

明清公文语体向白话语体靠拢的证据是广泛的。明清公文语体的句式结构与白话语体有很高的一致性，却完全不具备文言语体的标志性句式结构。在代词、量词、介词、系词四个方面的语法特征中，多数跟白话语体相关，只有强指示性代词“其”是对文言的承袭。

不过，明清公文语体在向白话语体靠拢的同时，又有向文言语体靠拢的趋势。明清公文语体的虚词有相当一部分是对文言虚词的承袭。这可能与官吏阶层对公文语体的社会价值的认识有关——公文语体具有高贵的社会价值,来自雅致的文言语体的语言成分恰可以彰显这种价值。但明清公文语体中,文言成分的运用始终不及白话成分广泛,因此趋白是主要方面,趋文是次要方面。

(2) 系统性与倾向性

明清公文语体的语言变异有极强的系统性。个体量词、时间处所介词的变异不是孤立存在的,而是相互影响、相互适应的结果,最终形成功能互补格局。特别是个体量词,"员、名—口""匹—头—只"两种格局又跟量词连用现象、通用量词"个"低度通用现象紧密联系,使整个量词系统表现出极强的系统性。

明清公文语体的语言变异有明显的倾向性,成为某种具有特定政治意义的人员或事物的分类标记。出现这种倾向,是公文交际者在交际的人员、渠道、目的、话题等因素的作用下,追求语法功能与政治功能的对应所致。等级森严是公文交际参与者最显著的特点,公文交际的目的是命令对方或与对方合作去完成某项公共事务,交际的话题是官吏对公共事务的实施,交际的渠道是书面,这些因素要求公文交际者在书面上用特定的形式去标记涉及的人员和事物的政治意义,以便正确处理相关人员和事物,最终完成公共事务。适应这样的交际需要,公文交际者倾向于选取那些与名词紧密结合的虚词(如介词、个体量词)去充当人员、事物的分类标记,从而实现按照政治地位对人员分类、按性质和用途给牲畜分类、区别事件发生的时间空间、按政治属性区别事件牵涉的处所,这些都等于将语法功能与政治职能做了匹配。

除个体量词和时间处所介词以外,指示代词的功能变异也具有这一倾向。强指示性代词"其"的激增是因为明清公文语体用"其"标记施政对象,而用一个专门的语言成分去标记施政对象,这本身就是将语法功能与政治功能向进行匹配的表现。

(3) 降低主观性,追求客观性

明清公文语体的语言变异,在语法上追求降低主观性、增加客观性。

“系”的兴盛与“是”的衰落是降低主观性、增加客观性的表现。“系”主要用于对同一性或属性的判断(532 例,占“系”总量的 67.8%),而“是”主要用于对特征、情况或原因的解释说明(104 例,占“是”总量的 78.2%)。这两种功能在主观性上是有差异的,同一性或属性判断是对客观事实的判断,主观性较低;而对特征、情况或原因的解释说明带有主观评判意味,主观性较高。为了实现合作执行公共事务的交际目的,明清公文语体,除诏敕类公文有时因强调皇权而凸显主观性以外,多数情况下都需要隐藏“自我”,在语言上降低主观性,追求客观性。可以推断,“系”的兴盛与“是”的衰落跟明清公文语体在语言上降低主观性、避免主观评判,追求客观性、重视客观判断有关。此外,明清公文语体较少使用第一人称代词,也是这一语体追求客观性的反映。

结合上述特点,明清公文语体语法特征所反映的变异机制,也可以做进一步解读:在成分/范畴的跨语体迁移机制上,那些语法功能“趋白”而价值取向“趋文”的成分倾向于迁移到公文语体中,中古汉语产生的语法成分比较容易满足这个条件;在成分的功能变异这一变异机制上,根据政治意义给名词分类,是那些与名词关系紧密的虚词的一个重要的变异倾向,这种变异往往系统性极强;公文语体内部的语法化带有一定的偶然性,但从同义成分的兴衰来看,主观性较低的成分倾向于兴起,相反则倾向于衰落。

7.3　明清书面语体的类型划分

归纳具有语体类型意义的语言参项,为明清书面语体划分类型,是本书的一个重要追求。前文在代词、量词、介词、系词四个范畴上归纳了四个具有语体类型意义的语言参项，在每一个参项上为明清文言志人记事散文语体、公文语体、白话历史小说语体、白话侠义小说语体、白话神魔小说语体、白话世情小说语体、戏剧语体七种书面语体划分了类型。概括如下：

（1）参项一：第三人称代词系统与指示代词系统的重合度

在这一参项上，七种语体可以划分为三种类型：

高度重合：志人记事散文语体；

中度重合：历史小说语体、公文语体；

低度重合：侠义小说语体、神魔小说语体、戏剧语体、世情小说语体。

此外，低度重合的四种语体，按照对强指示代词的接纳程度，由低到高依次是：

世情小说语体>戏剧语体>神魔小说语体>侠义小说语体。

（2）参项二：通用量词“个”的通用度

在这一参项上，七种语体可以划分为两大类和若干次类：

无通用量词的语体：志人记事散文语体；

有通用量词的语体：通用度最低：公文语体、历史小说语体；

通用度较高：侠义小说语体、戏剧语体；

通用度最高：神魔小说语体、世情小说语体。

（3）参项三：“在/于+时间”的使用频率

在这一参项上，以 6.68 次/万字或 6.28 次/万字为界线，七种语体都可以划分为如下两类：

倾向于使用介词形式表示动作行为发生时间的语体：公文语体、志人记事散文语体；

不倾向于使用介词形式表示动作行为发生时间的语体：神魔小说语体、历史小说语体、侠义小说语体、世情小说语体、戏剧语体。

如果按照“在/于+时间”的使用频率，由低到高排列，可以得到：

戏剧语体>白话世情小说语体>白话侠义小说语体>白话历史小说语体>白话神魔小说语体>文言志人记事散文语体>公文语体。

(4) 参项四：复合型系词性成分的使用频率

在这一参项上，以0.98次/万字或0.83次/万字为界线，七种语体都可以划分为如下三类：

倾向于使用复合型系词性成分的语体：白话神魔小说语体、白话侠义小说语体；

不倾向于使用复合型系词性成分的语体：白话世情小说语体、白话历史小说语体、公文语体、戏剧语体；

不使用复合型系词性成分的语体：文言志人记事散文语体。

如果按照复合型系词性成分的使用频率，由低到高排列，可以得到：

文言志人记事散文语体>戏剧语体>公文语体>白话历史小说语体>白话世情小说语体>白话侠义小说语体>白话神魔小说语体。

以上是四个参项，虽然在每一个参项上的划分结果都有所不同的，但是也表现出一定程度的共性，分析如下：

1) 文言志人记事散文语体和白话世情小说语体倾向于处在连续统的两端。这显示出，二者作为文言语体和白话语体的典型代表，语体差异最为显著；也显示出我们的参项可以有效检测出文言、白话的语体差异。

2) 公文语体和文言志人记事散文语体在连续统中比较接近，白话历史小说语体多数情况下也与二者接近，这显示出三者的关系比较密切。

3）白话神魔小说语体、白话侠义小说语体在连续统中比较接近，且往往处在公文语体和白话世情小说语体之间。这显示出二者的关系比较密切，且“文—白”程度比较居中。

此外，戏剧语体的波动是最大的，在有的参项上接近典型白话语体，在有的参项上接近典型文言语体，又在有的参项上“文—白”程度居中。这很可能意味着，戏剧语体的语法异质性较强，同质性较弱。

以上分析对于我们运用汉语史的语料有所提示。在使用明清书面语料时，应注意戏剧语体内部的异质性，白话神魔小说语体和白话侠义小说语体的一致性，公文语体、文言志人记事散文语体、白话历史小说语体的一致性，公文语体和白话历史小说语体、白话神魔小说语体和白话侠义小说语体、白话世情小说语体这三组语体的差异性等问题。

最后要指出的是，本书对语体参项的归纳和语体类型的划分还只是一种尝试。要想切实划分历史汉语书面语体的类型，仅凭少数几个参项是远远不够的，必须以大量参项对历史汉语书面语材料进行大规模检验，才可能得到比较一致和科学的划分。理想的状态是将历史汉语书面语体分为若干语体类型，凭借一束语言参项便可以确定一种语体类型。

参 考 文 献

柴俊星 2001 两岸四地的公文,《语文建设》第4期。

陈建民 1991 口语句子的特点,《语文建设》第7期。

陈俐冰 2010《当代公文中的"对"字句研究》,四川师范大学硕士学位论文。

陈时龙 2010 明代诏令的类型及举例,载中国社会科学院历史研究所明史研究室编《明史研究论丛》第八辑,北京:紫禁城出版社。

陈望道 1997《修辞学发凡》,上海:上海教育出版社。

陈远秀 2017 上古汉语"主之谓"结构的语体考察——以《史记》和《论衡》为例,《语言教学与研究》第3期。

程祥徽 1985《语言风格初探》,香港:三联书店香港分店。

辞海编辑委员会编 1989《辞海》,上海:上海辞书出版社。

邓骏捷 2008 论现代汉语语体的互动关系,《青海民族学院学报》第3期。

邓耀臣,冯志伟 2013 词汇长度与词汇频数关系的计量语言学研究,《外国语》第3期。

董秀芳 2003 "的"字短语做后置关系小句的用法——兼评法律文献中"的"字短语的用法,《语言文字应用》第4期。

杜纯梓 2003 论公文修辞是高境界的修辞,《外语与翻译》第4期。

杜道流 2006 一种口语中的否定表达式:Q才VP,《语言文字应用》

第2期。
方 梅 2000 自然口语中弱化连词的话语标记功能,《中国语文》第5期。
方 梅 2007 语体动因对句法的塑造,《修辞学习》第6期。
方 梅 2013 谈语体特征的句法表现,《当代修辞学》第2期。
方 梅,宋贞花 2004 语体差异对使用频率的影响——汉语对话语体关系从句的统计分析,*Journal of Chinese Language and Computing 2*。
冯胜利 2003 书面语语法及教学的相对独立性,《语言教学与研究》第2期。
冯胜利 2010 论语体的机制及其语法属性,《中国语文》第5期。
冯胜利 2012 语体语法:"形式-功能对应律"的语言探索,《当代修辞学》第6期。
冯胜利 2014 语体俗、正、典三分的历史见证:风、雅、颂,《语文研究》第2期。
冯胜利,施春宏 2018 论语体语法的基本原理、单位层级和语体系统,《世界汉语教学》第3期。
高翠粉 2008《名公书判清明集》口语词考释,《文教资料》第5期。
高广敏 2015《太平天国文书的语言风格研究》,四川师范大学硕士学位论文。
高增霞 2004a 自然口语中的话语标记"回头",《中国社会科学院研究生院学报》第1期。
高增霞 2004b 自然口语中的话语标记"完了",《语文研究》第4期。
管锡华 2012 康熙朱批奏折量词掘例,《西南民族大学学报》第12期。
郭绍虞 1982 再论文言白话问题,《复旦学报》第4期。
郭锡良 1980 汉语第三人称代词的起源和发展,载北京大学中文系《语言学论丛》编委会编《语言学论丛》第六辑,北京:商务印书馆。
郭锡良 1989 论上古汉语指示代词的体系,载吕叔湘等《语言文字学术论文集——庆祝王力先生学术活动五十周年》，北京：知识出版社。
郝全梅 1999 浅析公文标题中介词“关于”的使用，《语文研究》第2期。
侯　璐 2010《唐代奏议语言特点研究》，黑龙江大学硕士学位论文。
胡明扬 1993 语体和语法，《汉语学习》第2期。
金立鑫，白水振 2012 现代汉语语法特点和汉语语法研究的本位观，《汉语学习》第5期。
阚小红 2005《〈大金吊伐录〉口语词语考》，吉林大学硕士学位论文。
李崇兴 2001 元代直译体公文的口语基础，《语言研究》第2期。
李崇兴 2002《元典章·刑部》中的“了”和“讫”，《语言研究》第4期。
李嘉耀，李熙宗 1996《实用语法修辞教程》，上海：复旦大学出版社。
李　炜 2000 香港公文中的语言问题，《中山大学学报》第5期。
李熙宗 2005 关于语体的定义，《复旦学报》第3期。
李小军 2008“该”指代义的形成及泛化，《中国语文》第1期。
李孝国 2002 法律文本中“对”字句的话语分析，《当代修辞学》第4期。
李秀明 2007 元话语标记与语体特征分析，《修辞学习》第2期。
黎运汉 1990《汉语风格探索》，北京：商务印书馆。
梁　荻 2001 公文的语言风格，《云南社会科学》第S1期。
梁银峰 2012 论上古汉语的指示代词在不同语体中的指示性，《当代修辞学》第1期。
林裕文 1957《词汇、语法、修辞》，上海：新知识出版社。
刘丙丽，牛雅娴，刘海涛 2013 汉语词类句法功能的语体差异研究，《语言教学与研究》第5期。
刘大为 1994 语体是言语行为的类型，《修辞学习》第3期。
刘桂芳，谭宏姣 2005 现代汉语语体变异问题，《学术交流》第12期。

刘君敬 2009 也说指示代词"该"的形成过程,《中国语文》第6期。
刘 林,陈振宇 2012 从"了、着、过"看操作和说明语体问题,《当代修辞学》第6期。
刘 顺,吴 云 2002 语体的语法学功能透视,《修辞学习》第1期。
刘愫贞 2009《判词语体论》,成都:巴蜀书社。
刘永华,高建平 2007 汉语口语中的话语标记"别说",《语言与翻译》第2期。
刘雨樵,彭树楷 1987《公文语言》,北京:档案出版社。
刘玉福 2007《公文语体专用词语研究》,山东大学硕士学位论文。
柳士镇 1992《魏晋南北朝历史语法》,南京:南京大学出版社。
柳新华,徐艳华 2014《当代中国公文学》,北京:经济科学出版社。
卢烈红 2016 语体语法:从"在"字句的语体特征说开去,《长江学术》第4期。
卢芸蓉,朱 军 2013 汉语被动句的语体适应性考察,《周口师范学院学报》第6期。
卢芸蓉,朱 军 2014 从客观列举到主观评述:汉语"名+数量"格式的两种构式义,《汉语学报》第3期。
陆娟娟 2015《吐鲁番出土文书语言研究》,杭州:浙江工商大学出版社。
吕叔湘 1985《近代汉语指代词》,上海:学林出版社。
吕叔湘 1990《中国文法要略》,载吕叔湘《吕叔湘文集》第一卷,北京:商务印书馆。
吕叔湘 2002《文言虚字》,载吕叔湘《吕叔湘全集》第九卷,沈阳:辽宁教育出版社。
吕叔湘主编 1999《现代汉语八百词》增订本,北京:商务印书馆。
孟列夫 1994《黑城出土汉文遗书叙录》,银川:宁夏人民出版社。
穆嘉明 2002《澳门行政公文(中文版)词语研究》,暨南大学硕士学位论文。

倪道善 1992《明清档案概论》,成都:四川大学出版社。
宁致远,刘永章 1985 司法常用词语简论,《语文研究》第2期。
欧阳程 2007《当代行政公文词汇研究》,四川师范大学硕士学位论文。
潘 文 2006“被”字句的语体差异考察,《南京师范大学学报》第2期。
裴 文 2000《现代英语语体学》,合肥:安徽大学出版社。
彭小川 1999 副词“并”“又”用于否定形式的语义、语用差异,《华中师范大学学报》第2期。
乔卫星 2013《规划类公文词语特点研究》,鲁东大学硕士学位论文。
秦国经 2005《明清档案学》,北京:学苑出版社。
荣新江 1997《归义军史研究》,上海:上海古籍出版社。
阮剑豪 2009《〈元典章〉词语研究》,浙江大学博士学位论文。
盛 炎 2001 谈港澳地区中文公文中的语言问题,《方言》第2期。
石定栩,苏金智,朱志瑜 2001 香港书面语的句法特点,《中国语文》第6期。
石定栩,王冬梅 2006 香港汉语书面语的语法特点,《中国语文》第2期。
史文磊 2020 运动事件词化类型演变的语体差异——兼论语体与语言面貌及演变方向的关联性诸问题,《古汉语研究》第1期。
宋慧曼 2004《清初档案被动句研究》,四川大学硕士学位论文。
孙德金 2012《现代书面汉语中的文言语法成分研究》,北京:商务印书馆。
孙继民 2009《俄藏黑水城所出〈宋西北边境军政文书〉整理与研究》,北京:中华书局。
孙启高 2014《基于语料库的公文缩略语知识挖掘研究》,山东大学博士学位论文。
孙旭东,戴卫平 2017 科技词汇的基本特点探讨,《中国科技术语》第1期。

唐松波 1961 谈现代汉语的语体,《中国语文》第5期。
唐松波 1985 文体、语体、风格、修辞的相互关系,载中国修辞学会编《修辞和修辞教学》,上海:上海教育出版社。
唐雁凌 2015《〈东北边境档案选辑〉词语研究》,浙江师范大学硕士学位论文。
唐钰明 2009 近代汉语的判断动词“系”及其流变,《中山大学学报》第3期。
陶红印 1999 试论语体分类的语法学意义,《当代语言学》第3期。
陶红印 2002 汉语口语叙事体关系从句结构的语义和篇章属性,《现代中国语研究》第4期。
陶红印 2007 操作语体中动词论元结构的实现及语用原则,《中国语文》第1期。
陶红印,刘娅琼 2010a 从语体差异到语法差异(上)——以自然会话与影视对白中的把字句、被动结构、光杆动词句、否定反问句为例,《修辞学习》第1期。
陶红印,刘娅琼 2010b 从语体关系到语法差异(下)——以自然会话与影视对白中的把字句、被动结构、光杆动词句、否定反问句为例,《修辞学习》第1期。
田荔枝 1996 从《折狱新语》看判词语言风格的变化,《语言文字应用》第4期。
田荔枝 2011《我国判词语体流变研究》,北京:中国政法大学出版社。
万 明 2010 明代诏令文书的整理与明史研究,载中国社会科学院历史研究所,日本东方学会,大东文化大学编《第一届中日学者中国古代史论坛文集》,北京:中国社会科学出版社。
汪维辉 2014 现代汉语“语体词汇”刍论,《长江学术》第1期。
王德春 1987《语体略论》,福州:福建教育出版社。
王德春,陈 晨 1989《现代修辞学》,上海:上海外语教育出版社。

王德春,陈瑞端 2000《语体学》,南宁:广西教育出版社。
王东海 2014 词汇化过程中的语体影响机制——以“X 腾(腾腾)”“X 不(没)腾”的词汇化为例,《语文研究》第 3 期。
王家齐 1991 试谈公文事务语体,《外国语文》第 1 期。
王景丹 2001a 公文语体“对”字句的初步考察,《修辞学习》第 1 期。
王景丹 2001b 谈话体与“对”字句的适应关系,《修辞学习》第 3 期。
王景丹 2007 试析话剧语体中的感叹句,《宁夏大学学报》第 4 期。
王礼胜 2003《论现代汉语的公文语体词》,安徽大学硕士学位论文。
王 力 1937 中国文法中的系词,《清华大学学报》第 1 期。
王 力 1989《汉语语法史》,北京:商务印书馆。
王启涛 2003《中古及近代法制文书语言研究——以敦煌文书为中心》,成都:巴蜀书社。
王启涛 2010 试论敦煌吐鲁番所出军事文书在汉语史研究上的价值,《西南民族大学学报》第 11 期。
王启涛 2016《敦煌西域法制文书语言研究》,北京:人民出版社。
王一军 1999 口语中的一种否定表达方式,《语言研究》第 1 期。
王永娜 2010 汉语表短时体的动词重叠的韵律机制和语体动因,《汉语学习》第 4 期。
王永娜 2012a 书面语体“和”字动词性并列结构的构成机制,《世界汉语教学》第 2 期。
王永娜 2012b 非计量“一+量词”语法功能与语体构成机制,《汉语学习》第 6 期。
王永娜 2013 谈书面语中“动词性成分名词化”的语法机制,《华文教学与研究》第 3 期。
王永娜 2015 谈判断句的书面正式语体功能,《河南科技大学学报》第 6 期。
王永娜,冯胜利 2015 论“当”“在”的语体差异——兼谈具时空、泛时空与超时空的语体属性,《世界汉语教学》第 3 期。

温锁林 2008 汉语口语中表示制止的祈使习用语,《汉语学习》第4期。

温锁林,范 群 2006 现代汉语口语中自然焦点标记词“给”,《中国语文》第1期。

吴福祥 1996《敦煌变文语法研究》,长沙:岳麓书社。

吴 云,刘 顺 2000 试论句成分从缺和语体的关系,《修辞学习》第Z1期。

吴春相 2013 现代汉语介词结构的语体考察,《当代修辞学》第4期。

肖 燕 2007《公文模糊词语研究》,四川师范大学硕士学位论文。

徐 丹 1989 第三人称代词的特点,《中国语文》第4期。

徐乐俊 2003《现代汉语词典中常用同素同义单双音节对应动词的考察》,北京师范大学硕士学位论文。

徐时仪 2007《汉语白话发展史》,北京:北京大学出版社。

许余龙 2005 从回指确认的角度看汉语叙述体篇章中的主题标示,《当代语言学》第2期。

晏一立 2006《雍正朝内阁三法司档案中的词汇研究》,四川大学硕士学位论文。

杨伯峻,何乐士 1992《古汉语语法及其发展》,北京:语文出版社。

杨胜英 1988 试论公文语言的基本特色,《宁夏大学学报》第4期。

杨树达 1920《高等国文法》,北京:商务印书馆。

杨文波 1992《公文语言简论》,西安:陕西人民出版社。

姚双云 2017《关联标记的语体差异性研究》,北京/西安:世界图书出版公司。

姚振武 2001 上古汉语第三身范畴的表达及相关问题,《古汉语研究》第4期。

尹世超 2001《标题语法》,北京:商务印书馆。

袁 晖 1995 试谈公文语言的口语化和形象化——论公文语言发展的一个新走向,《语言文字应用》第3期。

袁　晖 2008 试谈语体的规范问题,《修辞学习》第 6 期。
袁　晖,李熙宗 2005《汉语语体概论》,北京:商务印书馆。
乐秀拔 1959 语体的修辞色彩,《语文知识》第 10 期。
张伯江 2005 功能语法与汉语研究,载刘丹青主编《语言学前沿与汉语研究》,上海:上海教育出版社。
张伯江 2007 语体差异和语法规律,《修辞学习》第 2 期。
张伯江 2012 以语法解释为目的的语体研究,《当代修辞学》第 6 期。
张　赪 2012《类型学视野的汉语名量词演变史》,北京:北京大学出版社。
张福通 2015《唐代诏令词汇研究》,浙江大学博士学位论文。
张　弓 1963《现代汉语修辞学》天津:天津人民出版社。
张国宪 1989 单双音节动作动词功能差异初探,《中国语文》第 3 期。
张　宁 1994 港台与大陆书面语语法差异,《山东大学学报》第 4 期。
张文贤,邱立坤,宋作艳,等 2012 基于语料库的汉语同义词语体差异定量分析,《汉语学习》第 3 期。
张亚茹 2014 语体差异与因果标记“是以”,《语言科学》第 1 期。
张亚茹 2016 语体差异与因果关系词“故”,《古汉语研究》第 4 期。
张中行 1988《文言和白话》,哈尔滨:黑龙江人民出版社。
赵常林 2012《〈名公书判清明集〉程度副词研究》,山东大学硕士学位论文。
赵　静 2008《修辞学视域下的古代判词研究》,成都:巴蜀书社。
赵元任 1979《汉语口语语法》,吕叔湘译,北京:商务印书馆。
周迟明 1959 汉语修辞学的体系问题,《山东大学学报》第 4 期。
周利芳 2005 汉语口语中表肯定、否定的话段衔接成分,《语言教学与研究》第 5 期。
朱德熙 1987 现代汉语语法研究的对象是什么,《中国语文》第 5 期。
朱　军,卢芸蓉 2013 语体与语法关系:制约与变量,《云南师范大学学报》第 4 期。

朱翊晖 1998 简析公文语体中 NP 结构的主题化转移,《修辞学习》第 6 期。

曾毅平 2008 语言材料语体分化论析,《福建师范大学学报》第 2 期。

郑远汉 1987 句式与语体,《语文研究》第 2 期。

郑远汉 1998《言语风格学》,武汉：湖北教育出版社。

Bhat D N S. 2013 Third Person Pronouns and Demonstratives. //Dryer M S, Haspelmath M. (eds.) *The World Atlas of Language Structures Online*. Https://wals.info/chapter/43.

Biber D. 1988 *Variation across Speech and Writing*. Cambridge: Cambridge University Press.

Biber D, Conrad S. 2009 *Register, Genre, and Style*. Cambridge: Cambridge University Press.

Halliday M A K. 1978/2001 *Language as Social Semiotic: The Social Interpretation of Language and Meaning*. London: Edward Arnold./北京：外语教学与研究出版社.

Halliday M A K. 1985 *Spoken and Written Language*. 北京：世界图书出版公司,2012.

Scotton C M. 1988 Codeswitching as Indexical of Social Negotiations. // Heller M. (ed.) *Codeswitching: Anthropological and Sociolinguistic Perspectives*. Berlin/New York/Amsterdam: Mouton de Gruyter: 151 – 186.

Thomason S G. 2001 *Language Contact: An Introduction*. Edinburgh: Edinburgh University Press.

引 用 文 献

一、先秦

《周易正义》(阮元校刻十三经注疏本,中华书局,1980)

《春秋左氏传正义》(阮元校刻十三经注疏本,中华书局,1980)

《论语注疏》(阮元校刻十三经注疏本,中华书局,1980)

《孟子注疏》(阮元校刻十三经注疏本,中华书局,1980)

《庄子注》(四库全书本,瀚堂典藏古籍数据库)

《韩非子》(四库全书本,瀚堂典藏古籍数据库)

二、西汉

《史记》(中华书局,1982)

《淮南鸿烈解》(四库全书本,瀚堂典藏古籍数据库)

三、东汉

《汉书》(清武英殿二十四史同文书局石印本,瀚堂典藏古籍数据库)

《论衡》(四库全书本,瀚堂典藏古籍数据库)

《吴越春秋》(四库全书本,瀚堂典藏古籍数据库)

《风俗通义》(四库全书本,瀚堂典藏古籍数据库)

四、魏晋南北朝

(一) 文言语体

《三国志》(清武英殿二十四史同文书局石印本,瀚堂典藏古籍数据库)

《后汉书》(清武英殿二十四史同文书局石印本,瀚堂典藏古籍数据库)

(二) 白话语体

《世说新语》(四库全书本,瀚堂典藏古籍数据库)

《菩萨本缘经》(瀚典全文检索系统)

《大明度经》(瀚典全文检索系统)

《六度集经》(瀚典全文检索系统)

《生经》(瀚典全文检索系统)

《正法华经》(瀚典全文检索系统)

《大楼炭经》(瀚典全文检索系统)

《阿育王传》(瀚典全文检索系统)

《出曜经》(瀚典全文检索系统)

《小品波若波罗蜜经》(瀚典全文检索系统)

《妙法莲华经》(瀚典全文检索系统)

《悲华经》(瀚典全文检索系统)

《百喻经》(瀚典全文检索系统)

《经律异相》(瀚典全文检索系统)

《贤愚经》(瀚典全文检索系统)

(三) 公文语体

《吐鲁番出土文书》(文物出版社,1981)

五、唐五代

(一) 文言语体

《隋书》(清武英殿二十四史同文书局石印本,瀚堂典藏古籍数

据库）

《五百家注昌黎文集》（四库全书本，瀚堂典藏古籍数据库）

《柳河东集》（四库全书本，瀚堂典藏古籍数据库）

《全唐文》（清嘉庆内府刻本，瀚堂典藏古籍数据库）

《旧唐书》（清武英殿二十四史同文书局石印本，瀚堂典藏古籍数据库）

（二）白话语体

《寒山诗集》（上海书店影印择是居丛书本，瀚堂典藏古籍数据库）

《敦煌变文集新书》（文津出版社，1994）

《祖堂集》（影印高丽藏本，瀚堂典藏古籍数据库）

（三）公文语体

《吐鲁番出土文书》（文物出版社，1981）

《敦煌社会经济文献真迹释录》（全国图书馆文献缩微复制中心，1982—1990）

六、宋

（一）文言语体

《欧阳文忠公集》（四部丛刊上海涵芬楼影印元刊本，瀚堂典藏古籍数据库）

《临川先生文集》（四部丛刊上海涵芬楼藏明刊本，瀚堂典藏古籍数据库）

《东坡全集》（四库全书本，瀚堂典藏古籍数据库）

（二）白话语体

《二程遗书》（四库全书本，瀚堂典藏古籍数据库）

《近代汉语语法资料汇编·宋代卷》（商务印书馆，1995）

《朱子语类》（四库全书本，瀚堂典藏古籍数据库）

《大唐三藏取经诗话校注》（中华书局，1997）

《五灯会元》（四库全书本，瀚堂典藏古籍数据库）

《全宋词》(中华书局,2009)

(三) 公文语体

《俄藏黑水城所出〈宋西北边境军政文书〉整理与研究》(中华书局,2009)

《建炎以来朝野杂记》(四库全书本,瀚堂典藏古籍数据库)

《欧阳文忠公集》(四部丛刊上海涵芬楼影印元刊本,瀚堂典藏古籍数据库)

《临川先生文集》(四部丛刊集部上海涵芬楼藏明刊本,瀚堂典藏古籍数据库)

《东坡全集》(四库全书本,瀚堂典藏古籍数据库)

《元丰类稿》(四库全书本,瀚堂典藏古籍数据库)

七、元

(一) 文言语体

《吴文正集》(四库全书本,瀚堂典藏古籍数据库)

(二) 白话语体

《新校元刊杂剧三十种》(中华书局,1980)

《原本老乞大》(外语教学与研究出版社,2000)

《全元散曲》(中华书局,1964)

《近代汉语语法资料汇编·元代明代卷》(商务印书馆,1995)

(三) 公文语体

《黑城出土文书(汉文文书卷)》(科学出版社,1991)

《元代奏议集录》(浙江古籍出版社,1998)

《元典章》(第三册)(中华书局、天津古籍出版社,2011)

《全元文》(第三册)(江苏古籍出版社,1999)

(四) 其他语体

《语助校注》(中州古籍出版社,1986)

《战国策校注》(四部丛刊本,瀚堂典藏古籍数据库)

八、明

（一）文言语体

《宋学士集》(四库全书本,瀚堂典藏古籍数据库)

《震川集》(四库全书本,瀚堂典藏古籍数据库)

《牧斋初学集》(四部丛刊本,瀚堂典藏古籍数据库)

《元史》(清武英殿二十四史同文书局石印本,瀚堂典藏古籍数据库)

（二）白话语体

《金瓶梅》(人民文学出版社,2008)

《拍案惊奇》(上海古籍出版社,2012)

《西游记》(岳麓书社,1987)

《三宝太监西洋记》(陕西师范大学汉籍全文检索系统)

《水浒传》(陕西师范大学汉籍全文检索系统)

《英烈传》(陕西师范大学汉籍全文检索系统)

《春秋列国志传》(陕西师范大学汉籍全文检索系统)

《三国演义》(陕西师范大学汉籍全文检索系统)

《浣纱记》(陕西师范大学汉籍全文检索系统)

《牡丹亭》(陕西师范大学汉籍全文检索系统)

《皇明诸司公案》(上海古籍出版社,1994)

（三）公文语体

《中国明朝档案总汇》(广西师范大学出版社,2001)

《明代辽东档案汇编》(辽沈书社,1985)

《王文成全书》(四库全书本,瀚堂典藏古籍数据库)

《关中奏议》(四库全书本,瀚堂典藏古籍数据库)

（四）其他语体

《屈宋古音义》(丛书集成初编本,瀚堂典藏古籍数据库)

《正字通》(弘文书院刊本,瀚堂典藏古籍数据库)

九、清

（一）文言语体

《方苞集》（上海古籍出版社，2009）
《惜抱轩文集》（江宁刘文奎家镌本，维基文库）
《曝书亭集》（四库全书本，瀚堂典藏古籍数据库）
《明史》（陕西师范大学汉籍全文检索系统）

（二）白话语体

《红楼梦》（人民文学出版社，1982）
《儒林外史》（上海古籍出版社，1991）
《北史演义》（陕西师范大学汉籍全文检索系统）
《南史演义》（陕西师范大学汉籍全文检索系统）
《绿野仙踪》（陕西师范大学汉籍全文检索系统）
《女仙外史》（陕西师范大学汉籍全文检索系统）
《荡寇志》（陕西师范大学汉籍全文检索系统）
《水浒后传》（陕西师范大学汉籍全文检索系统）
《长生殿》（陕西师范大学汉籍全文检索系统）
《桃花扇》（陕西师范大学汉籍全文检索系统）
《歧路灯》（陕西师范大学汉籍全文检索系统）

（三）公文语体

《清代档案史料丛编》（中华书局，1978—1990）
《明清时期澳门问题档案文献汇编》（人民出版社出版，1999）
《清代前期苗民起义档案史料》（光明日报出版社出版，1987）
《世宗宪皇帝上谕八旗》（四库全书本）

（四）其他语体

《说文解字注》（经韵楼藏本，瀚堂典藏古籍数据库）
《读书杂志》（王氏家刻本，江苏古籍出版社，2000）
《春秋左传诂》（《皇清经解》本，瀚堂典藏古籍数据库）

附录：明清公文语料目录

附录是本书选取的全部明清公文语料的标题。首先按公文种类分为官府行移、上奏、诏敕三类，每类内部按文献来源分列，同一文献来源的按具文时代排列。公文序号采用源文献样式。

一、官府行移公文

（一）《辽东档案汇编》官府行移公文

1. 明代中期

《明代辽东档案汇编·第二部份》官府行移公文

一、山东总督袁为卖放军解久禁人命等事给登州营信牌

二、张桂等为呈报白马海□漂流船只事给山东总督戚的呈文

三、山东总督戚为催报马革事给珅墨营的宪牌（二份）

四、巡抚山东副都御使邵为督责官兵协力剿匪事给□□□的咨文

五、山东德招为解发犯人刘通查拨墩台照徒事给山东总督郭的申文

六、山东□□知州马麟为将押解各犯分别处理情况事给山东总督唐的申文

七、临清州为将犯人李隆解赴墩台瞭哨事给山东总督葛的申文

八、山东总督为发付犯人守哨事给古镇巡检司的牌示

九、山东总督郭为收发哨犯陈銮至长城岭墩守哨事给灵山卫的牌批

一〇、山东总督郭为收发哨犯刘通发哨事给灵山卫的牌批

一一、靖海卫指挥使司为将哨犯李梅转发峰窝墩哨守事给山东总督的申文

一二、□□知州为捉获哨犯郭继贤事给山东总督的申文

十三、莱州卫指挥使司为侵扣军粮事给山东总督郭的申文

十四、威海卫指挥使司为将哨犯范敏等转发墩台哨守事给山东总督的申文

十五、靖海卫宁津守御千户所为军务等事给山东总督李的申文

十六、灵山卫指挥使司为差役赍送公文限期告投事给批差的牌批

十七、山东总督石为提究拆毁海洋飘流船只人犯事给黄县的宪麟

十八、山东总督石为差官限期告投公文事的宪牌

十九、山东总督石为按院东巡照牌办理画图颜料事的宪牌

二〇、山东总督石为拔精锐有马官一员事给登州营的信牌和该营的呈文(二份)

二一、□□营为拨送官军告投差用事给山东总督石的呈文

二二、山东总督李为察院按临所据迎接官军事的信牌

二三、山东总督李为整点官军听候迎护操练事的信牌

二四、山东总督李为迎接官军呈送画图事给文登营的信牌

二五、山东总督李关于盘缠画图两款显有情弊着拘原官追查事给文登营的信牌

二六、登州卫指挥使司为查补衰老患病不堪领班官员事给山东总督戚的申文

二七、关于为申明律例查理班军以饬戎务事的文件

(一) 山东等处总督备倭署(十三份)

(二) 山东都指挥使司(九份)

(三) 登州卫指挥使司(四份)

(四) 莱州卫指挥使司(三份)

(五) 威海卫指挥使司(三份)

(六) 大嵩卫指挥使司(四份)

(七) 成山卫指挥使司(三份)

(八) 靖海指挥使司(六份)

(九) 灵山卫指挥使司(三份)

(十) 鳌山卫指挥使司(一份)

(十一) 文登营(六份)

(十二) 胶州守御千户所(二份)

(十三) 奇山守御千户所(五份)

(十四) 宁津守御千户所(三份)

(十五) 海阳守御千户所(一份)

(十六) 诸城守御千户所(一份)

二八、鳌山卫指挥使司为收管徒犯李隆着役守哨不致疏虞事给山东总督的申文

二九、登州卫指挥使司为比例乞讨贴丁以资军装以苏军困事给山东总督戚的申文

三〇、山东总督袁为差役赍送文册限期告交事的批文

三一、山东都司为督发官军分班入卫京师事给登州备倭署都指挥王的咨文

三二、大嵩卫备御大山千户所为收管犯人张连事给山东总督郭的申文

三三、察院为将犯人雷朗相等免其追赃事给备倭指挥使魏的咨文

三五、登州卫指挥使司为河水冲失栅栏栓木擅自拆毁官物事给山东总督的申文

三六、登州卫指挥使司为地方赌博事给山东总督戚的申文

三七、登州卫右所千户为各官暂借官银负累寒官事给山东总督

戚的呈文(二份)

三九、登州卫为莱阳县贯盗因监病故事给山东总督戚的呈文

四〇、登州卫镇抚为缢死人命事给山东总督的呈文

四一、登州卫指挥使司为问过犯妇王氏等招罪缘由事给山东总督的申文

四二、登州卫为申请副午户蒋经掌管印信事给山东总督戚的申文

四三、登州卫指挥使司为拘解原拨听事不到史刘希奉事给山东总督戚的申文

四五、松棚路闭关揭帖

2. 明代后期

《辽东档案汇编·第一部份》官府行移公文

一四、都察院对无籍棍徒假以攀报及在营家丁无故脱逃定予重处的宪牌和告示

十七、定辽左指挥使司为乞请军夫修筑墙壕墩台的呈文

十八、辽东部司经历司为请明捉捕逃故官军以利征战事给巡按山东监察御史的呈文

十九、辽东苑马寺为议处家丁钱粮以杜攀报以安地方事的宪牌及各卫上报的呈文(十二份)

二〇、备御盖州等处地方都指挥使为军事紧急拘调各屯乡副长火速买马的宪牌(二份)

二二、□乡长为张贴议撤选锋改募土著告示不受风雨损坏所具的甘结(四份)

二三、海州卫指挥使司为乞恩收养年老军余于仲礼事给巡按山东监察御史的呈文

二四、□□□呈报为调取堡军御倭防海事(二份)

二五、黄骨岛海防千总为守堡黄云龙逞奸巨滑掣肘团练事给山东布政使的呈文

二六、为拨发军士一并统束专为防海事

三一、□□□为整修城堡起调军夫及钱粮事的呈文

三五、宁远等处地方署指挥同知为乞提调操逃故军士以实行伍事的呈文

三七、□□卫为连年灾患请将借支粮米宽待下年上纳事给巡按山东监察御史的呈文

三八、分守辽东金复等处地方参将佟养正为遵宪牌克革占役以苏军困事的手本

四一、□□口关于严修城垣墩台的呈文

八二、□□□为出巡剩米折银寄库听候类解事给巡按山东监察御史的呈文

八三、巡按山东监察御史为查给陈汝俊等食剩廪米事的宪牌(二份)

八四、广宁左卫为王贺请袭其父职事给巡按山东监察御史的呈文(六份)

八五、巡按山东监察御史为□院食剩廪米并支给书吏小菜银两寄库听候类解事的宪牌(二份)

八七、定辽后卫左所带管虎皮营城驿百户为请官代理营务事给巡按山东监察御史的申文

八八、盖州卫官库候缺典攒苗惠民服满起复的甘结(七份)

八九、盖州卫为查过京拨吏胡凤阳争参缘由事给巡按山东监察御史的呈文(二份)

九〇、定辽右卫指挥使司为久病调理不愈恩请亟赐罢斥事给巡按山东监察御史的呈文

九三、辽东苑马寺为更换守堡官员事的呈文

九四、整饬宁前等处兵备山东按察司佥事为候缺承差何承颜参充现役事的呈文

九六、义州卫指挥使司为司吏张所存役满事的呈文

九八、自在州知州李鸣阳为回报王北钥承替父职事给分守辽海

东宁道的呈文

九九、□□道关于杨晖晋请袭其父杨儒之职事的呈文

一〇三、巡按山东监察御史为书史廪米议价事的宪牌(三份)

一〇四、为书吏余可望廪米事给巡按山东监察御史的呈文(三份)

一〇五、苑马寺为盖州卫官吏俸粮事的宪牌

一〇六、饬将书吏食剩廪米寄存在库候出院时给领的宪牌

一〇七、饬开报书史米价数目的宪牌

一三二、盖州库为收储礼银事的申文

一三四、□□道饬海盖金三卫酌议减削岁派岁用各项钱粮的票文

一三五、都察院右佥都御史关于凡有契税银两不许私用应尽数开报的宪牌(二份)

一四三、□□巡按使为稽实政以清宿弊限令各卫所逐月呈报所抽税银等事

一四四、金复海盖兵备道为关于钱粮事给盖州卫的票示

一四六、金复海盖兵备道关于将一切契税加一倍或半倍征收事的宪牌

一四七、关于宰杀猪只俱要报官纳课事的呈文

一四九、盖州卫在城驿百户为坍塌公馆乞明差徭事给巡按山东监察御史的呈文

一六〇、定辽前卫清查犯人高承德等隐种无科田亩事的文件(七份)

一六一、□□卫指挥使司为首田纳科事给□□的呈文

一六三、□□卫奉辽东都司札付为宽征税粮以安人心事

一六五、分守辽海东宁道山东布政使司右参议荆州俊为问完欠纳铁课的铁军曾国忠等处罪的呈文

一六六、山东布政使司右参政杨镐关于审理盗挖矿砂犯金世虎等的呈文

一六七、海盖道为海州盐税不足年例军饷事给巡按山东监察御

史的呈文

一七〇、定辽后卫为王嘉言承管祖遗铁场印信事的呈文(二份)

一八〇、□□□为盖州卫船夫原额不足影响修船事给山东布政使司的呈文(五份)

一八二、辽东都司为各驿食剩粮米寄库或给领事的信牌

一八三、巡按山东监察御史为稽考复州卫公文封皮内文件数量不符的宪牌(七份)

一九六、辽东副总官管分守海盖等处地方左参将为收买马匹事的宪牌

二一四、义州卫指挥使司为严稽大康堡回乡人口事给巡按山东监察御史的呈文

二一五、定辽右卫为"窃贼"在宽甸堡捕捉远哨夜役事给巡按山东监察御史的呈文

二一六、义州卫指挥使司为走回人口事给巡按山东监察御史的呈文(二份)

二一七、广宁前屯卫指挥使司为境外"达贼"捕捉边上夫役事给巡按山东监察御史的呈文

二一八、三万卫经历司为"窃贼"捕掳永宁堡哨夜事给巡按山东监察御史的呈文

二一九、义州卫指挥使司为"达贼"犯边官军抵抗斩获首级等事给巡按山东监察御史的呈文

二二〇、义州卫指挥使司为申饬"虏"情事给巡按山东监察御史的呈文

二二一、辽东都司经历司为"虏贼"犯边官军斩获首级等事给巡按山东监察御史的呈文

二二二、辽东都司经历司为"达贼"在长安堡杀虏人畜事给巡按山东监察御史的呈文

二二三、辽东都司经历司为哨报"夷"情事给巡按山东监察御史

的呈文

二二四、辽东都司经历司为“窃贼”捕掠长定堡远哨事给巡按山东监察御史的呈文

二二五、宁远卫经历目为“窃贼”在白塔峪捕掳哨夜事给巡按山东监察御史的呈文

二二六、辽东都司经历司为“窃贼”骚扰长定堡事给巡按山东监察御史的呈文

二二七、辽东都司经历司为“窃贼”骚扰孤山新堡抢掳人畜事给巡按山东监察御史的呈文

二二八、辽东都司经历司为“窃贼”在清河堡掳掠人畜事给巡按山东监察御史的呈文

二二九、广宁左卫左所为“达贼”犯边杀掳人畜及官军斩获首级得获马匹事给巡按山东监察御史的呈文

二三〇、辽东都司经历司为“达虏”犯边官军迎战事给巡按山东监察御史的呈文

二三一、义州卫指挥使司为“窃贼”在大兴堡捕捉墩军事给巡按山东监察御史的呈文

二三二、义州卫指挥使司为境外哨探被掳事给巡按山东监察御史的呈文

二三三、义州卫指挥使司为大静堡夜不收呈报“达”情事给巡按山东监察御史的呈文

二三四、义州卫指挥使司为严稽大镇堡回乡人口事给巡按山东监察御史的呈文

二三五、义州卫指挥使司为严稽太平堡回乡人口事给巡按山东监察御史的呈文

二三六、铁岭卫经历司为“达贼”犯边官军拒堵出境事给巡按山东监察御史的呈文

二三七、广宁卫指挥使司为“窃贼”入镇夷堡抢掳人马射伤余丁

事给巡按山东监察御史的呈文

二三八、广宁左卫左所为审理走回人丁事给巡按山东监察御史的呈文

二三九、关于“达贼”犯边情形给巡按山东监察御史的呈文

二四一、钦差游击陈为速儿哈赤病故请明吊祭事给钦差分守道王的移文

二四二、□□都指挥佥事李杲为审理走回被掳人口事给巡按山东监察御史的呈文

二四五、□□经历司为掩伏“达贼”捉掳采柴台军事的呈文

二四六、广宁卫“达子”入市禀报夷情事

三〇九、辽东苑马寺为俯赐金州卫监生盘费事的呈文

三一〇、□□卫向巡按山东监察御史呈报生员姓名进补年月及支给银两等事

三一二、□□布政司右参政郝为告争贡及检举冒籍等情给海州卫的宪牌

三一三、辽东苑马寺为复州卫生员余良心因丁父忧赴考误期请收学肄业事给巡按山东监察御史的呈文

三一五、辽东都司及广宁左屯卫对新中进士举人交送礼银的牌示(二份)

《明代辽东档案汇编·第三部份》官府行移公文

六、兵部为严督张全昌火速起程赴任料理军务的札文

九、兵部为饬平贼总兵左良玉等速厉兵马刻期早剿恢复名城奠安陵寝的札文

一六、据桂阳知州常宁知县申报进剿“贼寇”等情形

(二)《王文成全书》官府行移公文

1. 明代中期

《王文成全书·卷十六》官府行移公文

兵符节制

选募将领牌
咨报湖广巡抚右副都御史秦防贼奔窜
征剿横水桶冈分委统哨牌
设立茶寮隘所
牌行招抚官
克期进剿牌
《王文成全书 · 卷十七》官府行移公文
牌行赣州府集兵策应
策应丰城牌
权处行粮牌
牌行吉安府敦请乡士夫共守城池
牌行各哨统兵官进攻屯守
牌行江西二司安葬宁府宫眷
咨两广总督都御史杨停止调集狼兵
牌行抚州府知府陈槐等收复南康九江
释放投首牌
批吉安府救荒申
颁定里甲杂办
牌谕都指挥冯熏等振旅还师
仰湖广布按二司优恤冀元亨家属
批江西按察司故官水手呈
仰南康府劝留教授蔡宗兖
《王文成全书 · 卷十八》官府行移公文
放回各处官军牌
扎付永顺宣慰司官舍彭宗舜冠带听调
禁革轻委职官
分派思田土目办纳兵粮
裁革文移

扎付同知林宽经理田宁
扎付同知桂整经理思恩
调发土兵
征剿八寨断藤峡牌
牌行领兵官
牌行副总兵张佑搜剿余巢
《王文成全书·卷三十》官府行移公文
批漳南道教练民兵呈
批漳南道进剿呈
教习骑射牌
批南安府请兵策应呈
批岭北道攻守机宜呈
批漳南道给由呈
批兵备道奖励官兵呈
调用三省夹攻官兵
夹攻防守咨
行岭北道催督进剿牌
刻期会剿咨
横水建立营场牌
搜扒残寇咨
批准惠州府给由呈
批赣州府赈济呈
批岭北道修筑城垣呈
查访各属贤否牌
行漳南道禁支税牌
禁约驿递牌
行岭北等道议处兵饷
再批攻剿河源贼巢呈

批漳南道设立军堡呈
行岭北道裁革军职巡捕牌
遵奉钦依行福建三司清查钱粮
议处添设县所城堡巡司咨
督责哨官牌
委分巡岭北道暂管地方事
行广西统领军兵各官剿抚事宜牌
行南韶二府招集民兵牌
批广州卫议处哨守官兵呈
批都指挥李翱操演哨守官兵呈
行两广都布按三司选用武职官员
行两广按察司稽查冒滥关文
省发土官罗廷凤等牌
批左江道推立土官呈
批遣还夷人归国申
批苍梧道修理梧州府城呈
行参将沈希仪守八寨牌
行左江道剿抚仙台白竹诸瑶牌
委土目蔡德政统率各土目牌
批左江道查给狼田呈
批兴安县请发粮饷申
行右江道招回新民牌
委官赞画牌
行参将沈希仪计剿八寨牌
调发土官岑瓛牌
分调土官韦虎林进剿事宜牌
行通判陈志敬查禁田州府私征商税牌
批南宁卫给发土官银两申

批左江道纪验首级呈
行左江道犒赏湖兵牌
土舍彭荩臣军前冠带札付
行右江道犒赏卢苏王受牌
给土目行粮牌
行左江道赈济牌
批右江道议筑思恩府城垣呈
行福建漳州府取回岑邦佐牌
批参将沈良佐经理军伍呈
批佥事吴天挺乞休呈
改委南丹卫监督指挥牌
《王文成全书·卷三十一上》官府行移公文
行吉安府收囤兑粮牌
行吉安府禁止镇守贡献牌
行福建布政司调兵勤王
预行南京各衙门勤王咨
差官调发梅花等峒义兵牌
行吉安府踏勘灾伤
行吉安府知会纪功御史牌
行知县刘守绪等袭剿坟厂牌
督责知府伍文定等同心剿贼牌
行南昌府清查占夺民产
批江西按察司优恤孙许死事
行南昌府礼送孙公归榇牌
咨南京兵部议处献俘船只
行江西三司清查被劫府库起运钱粮
行江西布按二司看守宁府库藏
委按察使伍文定纪验残孽

委知府伍文定邢珣防守省城牌
行江西布按二司厘革抚绥条件
行江西按察司编审九姓渔户牌
行袁州等府查处军中备用钱粮牌
行江西布按二司清查军前取用钱粮
防制省城奸恶牌
行江西按察司查禁因公科索民财
开报征藩功次赃仗咨
行江西三司搜剿鄱阳余贼牌
追剿入湖贼党牌
行岭北道清查赣州钱粮牌
行江西布政司清查没官房产
批再申十家牌法呈
批湖广兵备道设县呈
督剿安义逆贼牌
截剿安义逃贼牌
批议赏获功阵亡等次呈
批江西布政司清查造册呈
行丰城县督造浅船牌
行江西按察司审问通贼罪犯牌
行江西按察司清查军前解回粮赏等物
行江西三司停止兴作牌

(三)《清代档案史料丛编》官府行移公文

1. 清代前期

《清代档案史料丛编》第六册,关于明末农民起义的档案史料(清)

8 高勛为恢复永宁州塘报
26 黄尔性为打败武大定部塘报
27 綖晋为农民军攻克常德事播帖

61 陈起凤为农民军在双溪扎营事禀报
90 苗时化等为何开凤等降消事塘报
91 孟泰为攻克农民军驻地香溪口塘报
67 洪承畴为前驻湖南兵马回京事致宁南靖寇大将军陈咨文
102 洪承畴为大兵仍留贵州事致宁南靖寇大将军罗咨文
106 洪承畴奉谕给缅甸军民宣慰使司札付稿

《清代档案史料丛编》第七册，顺治十七年尚衣监行文知会簿

2 尚衣监为本监钱粮系宫内机密不便明开于册致司吏院知会
3 尚衣监为查无书写真楷苏拉太监事致司吏院知会
4 尚衣监为考核满州官员事致司吏院知会
5 尚衣为咨送役满书办事致司吏院知会
6 尚衣监为翻译循例加级事致司吏院咨会
7 尚衣监为本监查无善能书写太监事致司吏院知会
8 尚衣监为效力一年官员请给俸禄事致司吏院知会
9 尚衣监为请复职掌成造官员事致司史院知会

《清代档案史料丛编》第六册，关于明末农民起义的档案史料(清)

114 李国英为击败农民军劫营事塘报
115 郑蛟麟为军务事致穆里玛等咨文
116 王一正为农民军犯郧阳讯地致穆里玛等咨文
117 王一正为军机事致穆里玛等咨文
118 董学礼为防李来亨逃跑事致穆里玛等咨文
119 郑蛟麟为军机事致穆里玛等咨文
120 李国英为围剿李来亨事致穆里玛等咨文
121 李国英为军务事致穆里玛等咨文

《清代档案史料丛编》第七册，定南将军文移稿

（一）
（二）
（三）

（四）
（五）
（六）
（七）
（八）
（九）
（十）

2. 清代中期

《清代档案史料丛编》第十三册，乾隆初年准噶尔进藏熬茶史料

20 莽鹄赉为遵查妥议赏赉回避之蒙古事致军机处咨呈

《清代档案史料丛编》第五册，乾隆朝旗人佃户抗租霸地私典田产的斗争

16 盛京将军衙门等为呈报所属出典地亩事致宗人府咨文

《清代档案史料丛编》第十二册，乾隆朝内地与新疆丝绸贸易史料

11 托庸等为织办哈萨克贸易绸缎事呈军机处文
14 托庸为织解哈萨克贸易绸缎事呈军机处文
17 彰宝等为奉办哈萨克贸易绸缎事呈军机处文
18 彰宝为核销贸易绸缎用过银两事呈军机处文
20 彰宝等为办解伊犁等处贸易绸缎事呈军机处文
22 彰宝为核销贸易绸缎用过银两事呈军机处文
24 彰宝为预办哈萨克贸易绸缎事呈军机处文
25 萨载为预办哈萨克贸易绸缎事呈军机处文
28 彰宝等为改办新疆贸易绸缎事呈军机处文
29 彰宝为核销新疆贸易绸缎用过银两事呈军机处文
31 彰宝为候复赶办新疆贸易绸缎事呈军机处文
33 彰宝等为请饬甘督指明新疆贸易绸缎色样事呈军机处文
38 永泰等为预办丙戌年伊犁各处贸易绸缎事呈军机处文

51 西宁为办解新疆贸易绸缎事呈军机处文
52 萨载为赔补轻减浇薄绸缎银两事呈军机处文
56 舒文等为预办庚寅年新疆贸易绸缎事呈军机处文
60 舒文为赔补轻减浇薄绸缎银两事呈军机处文
62 西宁为庚寅年新疆贸易绸缎办竣解甘事呈军机处文
66 高晋为预办甲午年伊犁等处贸易绸缎事咨军机处文
82 基厚等为奉办戊戌年新疆贸易绸缎事呈军机处文
86 基厚为核销丁酉年新疆贸易绸缎用过银两事呈军机处文
88 基厚等为奉办己亥年新疆贸易绸缎事呈军机处文
108 基厚为核销辛亥年新疆贸易绸缎用过银两事呈军机处文
111 同德为核销壬子年新疆贸易绸缎用过银两事呈军机处文
123 刘朴等为奉办丙辰年新疆贸易绸缎事呈军机处文

《清代档案史料丛编》第三册,清茶门教

28 钱臻为送交查获佛经事致军机处呈文

3. 清代后期

《清代档案史料丛编》第五册,新发现的有关太平军北伐的史料

(一) 京城巡防王大臣的奏报
1 清军缴获的林凤祥等报告北伐战绩的禀文
4 德勒克色楞等为李开芳患病并改木路押解进京事咨巡防处文
(三) 京畿巡防各路及各州县探报
1 京城巡捕南营探禀 7 件
2 巡防东路大臣来文 5 件
3 京城巡捕北营千总来文 6 件
4 京城巡捕中营把总来文 3 件
5 总统各路巡防大臣来文 1 件
6 翼长国瑞禀文 1 件
7 固安县探报 3 件
8 天津县探报 1 件

9 文安县探报 2 件

10 雄县报单 1 件

11 蠡县探报 1 件

12 献县探报 1 件

13 青县探报 1 件

14 沧州探报 2 件

15 东光县探报 10 件

16 宁津县探报 2 件

17 茌平县探报 2 件

《清代档案史料丛编》第五册，胜保被参拿问案

1 胜保等致京城巡防王大臣信

《清代档案史料丛编》第十一册，咸丰年推行官票史料

20 王德宽为官票准抵钱粮关税事札曹县文

21 周承业为推行官票章程事札夏津县文

《清代档案史料丛编》第四册，新发现的太平天国文书

2 李秀成谕黄金爱

3 李春发禀李秀成文

《清代档案史料丛编》第一册，辛酉政变

6 赞襄政务王大臣为发下谕旨以“御赏”“同道堂”方章为符信等事致吏部兵部咨文

10 赞襄政务王大臣为更正遗诏内字样事咨内阁文

11 赞襄政务王大臣为建元年号奉旨用“祺祥”二字事致留京王大臣函

13 胜保为开明折报件数事呈赞襄政务王大臣咨文

18 义道等为收到建元“祺祥”夹片事致赞襄政务王大臣函

22 赞襄政务王大臣为可奏请叩谒梓宫事致僧格林沁函

25 僧格林沁为开明折报件数咨赞襄政务王大臣文

27 内阁为恭缴钤图遗诏廷寄事咨赞襄政务王大臣文

31 赞襄政务王大臣致僧格林沁函
38 僧格林沁为嗣后奏报仍书皇太后圣鉴事复赞襄政务王大臣函

《清代档案史料丛编》第十册，北洋练兵案

1 户部为议复光绪二十年天津练兵收支各款事致总署咨呈
2 督办军务处为袁世凯与德教官签订合同事致总署咨文
3 督办军务处为袁世凯与挪威教官签订合同事致总署咨文
4 督办军务处为工程队营制饷章事致总署咨文(附清册)
5 督办军务处为练兵各事宜册事致总署咨文
6 出使俄德等国大臣许景澄为聘请德教官事致总署咨呈
10 督办军务处咨报外国教官名单事致总署咨文
18 北洋大臣王文韶为武毅军未新收德教官事致总署咨呈
19 北洋大臣王文韶为代陈俄教官不可多带弁兵事致总署函
23 总署为抄送俄教官将赴芦台军次之文书事致荣禄咨文
26 总署为抄送来往照会事致王文韶咨文
27 总署为查明聂军所请德员事致王文韶咨文
28 王文韶为俄教官来华事致总署咨呈
30 总署为抄送复俄使照会事致北洋大臣咨文
32 总署为俄教官已赴聂军事致北洋大臣咨文
33 王文韶为已将聂军内德教习调离事致总署咨呈
34 王文韶为俄教官薪俸起支日期事致总署咨呈
35 荣禄为营口练兵经费事致总署咨呈
36 荣禄为辽阳等三城弁兵饷乾银两事致总督咨呈
37 荣禄为启用关防事致总署咨呈
38 袁世凯为奏天津水大暂缓校阅折事致总署咨呈
40 张汝梅为抄录天津水大暂缓校阅折事致总署咨呈
41 廖寿丰为抄录汇解新军饷银片事致总署咨呈
42 荣禄为抄录北洋练兵筹饷办法折事致总署咨文
43 荣禄为抄录新军中军营制饷章奏折事致总署咨文

44 廖寿丰为抄录汇解中军饷银折事致总署咨呈
45 增祺为汇解北洋中军饷银事致总署咨呈
46 锡光为抄录挑妥精兵折事致总署咨文
47 锡光为抄录挑妥精兵赴京起程日期折事致总署咨呈
48 锡光为抄录朱批事致总署咨文
49 锡光为抄录挑选精兵事致总署咨文
50 刘树棠为奉到朱批事致总署咨呈
51 裕禄为辽阳等三城弁兵薪饷事致总署咨呈
52 裕禄为营口海防练兵事致总署咨呈
53 裕禄为报天津驻军官衔职名事致总署咨呈
54 刘树棠为抄录汇解北洋中军饷银事致总署咨呈
57 户部为议复天津练兵款册折事致总署咨文

《清代档案史料丛编》第十一册，清末整顿圜法改革币制史料

5 恩寿为派员解运铜圆赴京备用事咨户部文
6 岑春煊为抄送拟请自铸银圆折事咨户部文

《清代档案史料丛编》第十二册，大学堂经费问题史料

2 张百熙为华俄银行存款结算事致外务部咨呈
3 张百熙为请曾广铨协办交涉事宜致外务部咨呈
4 张百厢为大学堂与华俄银行自行结算支用事致外务部咨呈
5 外务部为补立大学堂存款单折并亟待拨款事致璞科第札文稿
6 张百熙为清算典银及支用筹款事致外务部咨呈
7 外务部为筹款径送大学堂查收应用事致璞科第札文稿
8 张百熙为华俄银行筹款业经照提事致外务部咨呈
9 外务部为拨用华俄银行息银事致管学大臣暨户部咨文稿
10 张百熙为已札华俄银行提用息银事致外务部咨呈
11 宝至德为息银余款如何办理事致外务部禀文
12 张百熙等为提取华俄银行壬寅年息款事致外务部咨呈
13 外务部为拨发大学堂息银事致华俄银行副代办札文稿

14 宝至德为拨交大学堂息银事致外务部禀文

15 外务部为声复逐年拨交大学堂息银数目事致户部咨文稿

16 总理学务处为提存华俄银行息银事致外务部咨呈

18 学部为提取大学堂华俄银行息银事致外务部咨呈

19 学部为大学堂提取华俄银行息银事致外务部咨呈

《清代档案史料丛编》第十三册,清廷收抚冯麟阁史料

1 赵尔巽致军机处函稿

4 赵尔巽致军机处及外务部函稿

8 冯德麟呈报与俄军接仗情形节略

(四)《明清时期澳门问题档案文献汇编》官府行移公文

1. 清代前期

《明清时期澳门问题档案文献汇编》第一册

29 总管内务府为护送西洋人白晋等搭船回国并派拨驿马送往赏物事致兵部咨文

34 总管内务府为核查发给西洋传教士印票事致兵部咨文

35 总管内务府为颁给西洋传教士王义仁等印票事致礼部咨文

36 总管内务府为查明颁给西洋传教士杨若汉等印票事致礼部咨文

37 总管内务府为知照颁给印票否西洋人等名单事致礼部咨文

38 总管内务府为经查发给西洋人布嘉印票者属实事致礼部咨文

40 总管内务府为请改正西洋人尹弘绪印票之错字事致礼部咨文

2. 清代中期

《明清时期澳门问题档案文献汇编》第一册

179 六库郎中官柱为行抵广东澳门接护葡萄牙使臣进京事禀文

218 两广总督李侍尧为法国人方守义等来澳后患病暂缓进京效力事致军机处咨文

219 两广总督李侍尧为法国人方守义等由澳门到省即将进京事致军机处咨文

233 刑部尚书舒赫德为住京西洋人王志诚等禀告葡萄牙船只带

走在澳法国人事呈文

238 两广总督苏昌为王朝槐伴送意大利人叶尊孝进京事致军机处咨呈

268 两广总督舒常为转行广东巡抚遵旨查明罗玛当家其人事致军机处咨呈

《明清时期澳门问题档案文献汇编》第二册

515 工部西洋人在京居住房屋交内务府变价银两赏给高临渊等事移会稽察房文

3. 清代后期

《明清时期澳门问题档案文献汇编》第二册

837 总理衙门为葡使欲来津换约及世别磁砑等七国亦欲来京须妥为驾驭等事致三口通商大臣崇厚函

842 三口通商大臣崇厚为葡使到津事致总理衙门函

843 三口通商大臣崇厚为葡使前来拜会并约明日前往答拜事致总理衙门函

844 三口通商大臣崇厚为前往答拜葡使事致总理衙门函

847 三口通商大臣崇厚为葡使雇船进京现回津相机阻止事致总理衙门函

848 三口通商大臣崇厚为葡使决意进京挽留不允已派员改装跟踪事致总理衙门函

849 总理衙门为葡使来京毋庸拦阻事致三口通商大臣崇厚函

850 总税务司赫德为请令澳门葡人每年纳租以赔补立关之费并于约中明言澳门系中国之地事致总理衙门函

855 总理衙门为葡国恳请通商并哥士耆代恳进京商办及派内阁学士恒祺办理等事致通商大臣薛焕函

856 总理衙门为目前会商一切均由哥公使从中代传所议章程仍照布路斯例等事致三口通商大臣崇厚函

865 总理衙门为与葡使面商删添条约及驻京遗澳等节事致三口

通商大臣崇厚函

866 三口通商大臣崇厚为葡使到京并条约大半议定不日即可告竣事致总理衙门函

875 总理衙门为葡约条款议成定于本日与葡使盖印换押事致三口通商大臣崇厚函

876 总理衙门为代为雇备葡使回粤所需坐船纤夫事致通州知州札文

877 总理衙门为条约已在京盖印押葡使到津即与之查押换约共缮备三份分存于两国及澳门事致三口通商大臣崇厚函

880 三口通商大臣崇厚为即行料理回津以与葡使查押互换条约事致总理各国事务恭亲王奕䜣函

881 三口通商大臣崇厚为已与葡使将条约正本三份昼押互换事致总理衙门函

883 总理衙门为抄录新定葡约及原奏附片并请转行知照粤抚事致两广总督劳崇光咨文

884 总理衙门为抄录新定葡约五十四款等咨行钦遵办理事致两广总督劳崇光函

885 总理衙门为请妥议澳门设官办法事

887 三口通商大臣崇厚为葡国已委左欣那在津暂理领事官并奏请其国简派接理事致总理衙门咨文

890 通州知州为已雇备船只夫将葡使护送出境事致总理衙门呈文

896 两广总督劳崇光为请将葡国条约各款刊刷分别咨行照办事致粤海关咨文

897 两广总督劳崇光为西洋请换条约章程享致广东将军等咨文并致广东藩司等札文

898 两广总督劳崇光为请查照澳门设官办理通商事致粤海关咨文并致广东藩司札文

899 两广总督劳崇光为请饬工匠速将葡约刊刷移回事致粤海关咨文

900 粤海关监督为葡约各款业经饬匠照刊刷印事致两广总督劳崇光咨文

901 粤海关监督为将新刻葡约条款二十本及原款式一本移回请查办施行事致两广总督劳崇光咨文

902 两广总督劳崇光为收到新刻章程事致粤海关监督咨文

903 两广总督劳崇光为葡国所委驻广州领事官与英领事所称不符应咨明究办事致总理衙门咨呈

904 两广总督劳崇光为请饬匠再刊条约二十本事致粤海关监督咨文

905 两广总督劳崇光为催请饬匠再刊条约事致粤海关监督咨文

906 粤海关监督为前项条约印就请烦查收事致两广总督劳崇光咨文

907 两广总督劳崇光为收到葡国条约二十本事致粤海关监督咨文

908 粤海关监督为请查明澳门设官办理通商事致两广总督咨文

909 署理两广总督晏端杳为饬查议澳门设官辨理通商事致广东藩司札文

915 总理各国事务恭亲王奕䜣为葡国新任总督欲进京面见未定如何答复事致三口通商大臣崇厚函

921 总理衙门为请查明无驻京大臣及无约各国领事官衔名事致上海通商大臣李鸿章咨呈

922 总理衙门为葡使欲来津换约事致三口通商大臣崇厚函

923 三口通商大臣崇厚为葡使已到津并西班牙公使亦欲来津事致总理衙门函

926 三口通商大臣崇厚为葡国公使函请简派大臣至津换约事致总理衙门文

927 三口通商大臣崇厚为葡使有致总署照会请代为转奏事致总理衙门函

928 总理衙门为应俟葡使亲来拜见后再为具奏办理事致三口通商大臣咨呈

929 总理衙门为应俟葡使亲来拜见面恳再为代奏使其不敢轻视中国事致三口通商大臣崇厚函

930 三口通商大臣崇厚为葡国遣使换约如何具奏事致总理衙门函

931 上海通商大臣李鸿章为葡使欲来津换约事致总理衙门咨呈

932 三口通商大臣崇厚为葡国遣使来津请互换通商条约抄录原奏清折事致总理衙门咨呈

933 三口通商大臣崇厚为与葡使会面并允以代奏换约事致总理衙门函

934 上海通商大臣李鸿章为葡使答程赴津换约日期事致总理衙门咨呈

939 三口通商大臣崇厚为葡使欲俟换约后商请澳门以西海口通商拟静候商办事致总理衙门函

940 总理衙门为葡使先将照会送来以便面商酌办事致三口通商大臣崇厚函

941 总理各国事务大臣薛焕等为与葡使相见定于次日会商换约事致总理衙门函

942 总理衙门为葡使若于会议时提及传教一节当尽量约束事致总理各国事务大臣薛焕等函

943 总理各国事务大臣薛焕等为与葡使会商情形事致总理衙门函

944 总理各国事务大臣薛焕等为葡约已定似难增入限制洋人入内地传教等条款事致总理衙门函

945 总理各国事务大臣薛焕等为葡使照会各国谓我不欲换约事致总理衙门函

946 总理各国事务大臣薛焕等为抄录奏报葡使不肯等候换约遽行回澳清折事致总理衙门咨呈

947 总理衙门为葡使欲以中国不肯换约蛊惑各国实为狡诈事致总理各国事务大臣薛焕等函

949 总理衙门为希加意优待吕宋俾知换约不成其失不在中国事

致总理各国事务大臣薛焕等函

951 总理各国事务大臣薛焕等为法国若助葡国我即用美国公使代为开导事致总理衙门函

952 总理衙门为抄录津信三函《预言明》一书并照复一件事致上海通商大臣李鸿章函

956 总理各国事务大臣薛焕等为照录葡使照复并拟稿一纸呈阅请酌度删改核定发还事致总理衙门函

960 总理各国事务大臣薛焕等为公同酌改给葡使照会事致总理衙门函

961 总理各国事务大臣薛焕等为将原奏并来往照会抄录清折事致总理衙门咨呈

965 总理各国事务大臣薛焕等为收到具奏葡使照会各折片事致总理衙门咨呈

966 总理衙门为与葡使申明特简换约大臣令知权有专属事致总理各国事务大臣薛焕等函

967 总理各国事务大臣薛焕等为与葡换约一节宜缓并执定并非更改条约及无不换约定见事致总理衙门函

968 总理衙门为抄录前复葡使照会改发底稿寄上检阅事致上海通商大臣李鸿章函

970 总理各国事务大臣薛焕等为拟就复葡使照会稿乞核示遵行并责以侵占三巴门事致总理衙门函

972 总理衙门为阅悉葡使照会及所拟给葡照覆措词允协可照此缮发事致总理各国事务大臣薛焕等函

973 总理各国事务大臣薛焕等为应议各事照葡使《预言明》之意俟换约后再作理论事致总理衙门函

974 三口通商大臣崇厚为覆准葡使前来换约将原奏及来往照会抄录清折事致总理衙门函

975 总理衙门为葡使急欲回津请随时察看妥办事致总理各国事

务大臣薛焕等函

977 三口通商大臣崇厚为将照会原件驰寄呈阅以便会商照复事致总理各国事务大臣薛焕函

978 总理各国事务大臣薛焕为拟会衔复葡使照会事致三口通商大臣崇厚函

979 总理各国事务大臣薛焕为拟复葡使照会请饬发交转寄葡使事致三口通商大臣崇厚函

980 总理衙门为请详查葡人在澳侵占地基并如何抽收房租货税事致广东巡抚郭嵩熹函

981 三口通商大臣崇厚为抄录奏报接到葡使照会给与照复折并往来照会事致总理衙门咨呈

982 广东巡抚郭嵩熹为委员赴澳查明各项事宜并由驿附呈专致总理衙门函

983 三口通商大臣崇厚为收到葡使照会论澳门设官问题事致总理衙门函

984 总理衙门为拟复葡使照会资其不以条约为重事致三口通商大臣崇厚函

992 三口通商大臣崇厚为近闻葡有兵船北来不知法使有无言及即祈密示事致总理衙门函

993 总理衙门为葡兵船北来望随时确探预筹切事致三通商大臣崇厚夹单

994 三口通商大臣崇厚为收到葡使照会词意驯顺不如允其来津事致总理衙门函

995 总理各国事务恭亲王奕䜣为应允葡使来津商办如欲进京即作为俄国朋友事致三口通商大臣崇厚函

996 三通商大臣崇厚为请俟明春葡使到津即援照日国办法与之互换条约并相机办理事致总理衙门函

997 总理衙门为葡国照会仅称进京呈递全权凭据未提及换约等

事致三口通商大臣崇厚函

998 三口通商大臣崇厚为澳门设官之事若允葡使来津即请与之议明续在条约之后事致总理衙门函

999 总理衙门为允令葡使择日赴津听候换约并请斟酌办理澳门设官事致三口通商大臣崇厚函

1000 三口通商大臣崇厚为请另具照会先与葡使商议再令来津互换事致总理衙门函

1001 三口通商大臣崇厚为代拟复葡使信函不妥处请细加删改事致总理衙门函

1002 三口通商大臣崇厚为葡使来函询其来津后能否即换和约事致总理衙门函

1004 三口通商大臣崇厚为将设官章程续增之款先为拟定事致总理衙门函

1006 三口通商大臣崇厚为各国尚无帮助葡国之意俟葡使到津再相机办理事致总理衙门函

1007 三口通商大臣崇厚为收到葡使信函祈示如何答复事致总理衙门函

1008 总理衙门为代拟复葡使信希酌定更正缮发事致三口通商大臣崇厚函

《明清时期澳门问题档案文献汇编》第三册

1012 三口通商大臣崇厚为葡使照会欲在广东换约候示遵办事致总理衙门函

1013 两广总督瑞麟为葡国驻广州庇领事暂行回国由狄署领事代理印务事致总理衙门咨呈

1014 总理衙门为澳门另有商辨之事俟有成议再行寄知照复事致三口通商大臣崇厚函

1015 总税务司赫德为拟有复葡使照会并祈检入事致总理衙门函

1016 总理衙门为澳门之事尚未议妥望格外慎密事致三口通商大

臣崇厚函

1019 总理衙门为送上照会玛使文稿希阅后送回事致总税务司赫德函

1025 总理衙门为将拟复葡使照会改稿并收到美国照会送请核阅事致总税务司赫德函

1029 总理衙门为陈述办理澳门各情形事致两广总督瑞麟函

1034 总理衙门为将国书封固缴回事致军机处咨文

1042 两广总督瑞麟为查明湾仔地方所搭棚寮原因事致香山县知县田明耀等札文

1043 两广总督瑞麟为查明葡人在湾仔搭寮原因事致广东布政使等札文致广东巡抚咨文

1044 两广总督瑞麟为小马溜洲缉私纠纷事致总理衙门函

1046 两广总督瑞麟为仍在拱北湾附近择定泊船处所事致总理衙门函

1052 香山协副将罗福安等为查明葡人在湾仔沙搭棚情形事致两广总督瑞麟禀文

1053 香山协副将罗福安等为请照会葡国领事拆撤棚寮免滋衅端事致两广总督瑞麟禀文

1065 兼署两广总督张兆栋为据实查明葡使照会各情事致署大鹏协副将彭玉札文

1066 调署广东大鹏协副将彭玉为赴港澳与各商妥议移关报税事致兼署两广总督张兆栋禀文

1069 调补香山县知县张璟槩为查明澳门地租银两事致兼署两广总督张兆棟禀文

1070 两广总督刘坤一为可否援引条约办理与葡交涉事致总理衙门函

1072 两广总督刘坤一为遵照成案办理与葡交涉享致总理衙门函

1075 两广总督刘坤一为粤省于未换约之国向不给照并请示复事

致总理衙门函

1076 两广总督刘坤一为葡国教士前赴内地传教执照应否盖印请核复遵办事致总理衙门咨呈

二、上奏公文

(一)《关中奏议》上奏公文

1. 明代中期

《关中奏议》卷二

为正卿寺体统以修邦政事

为议处茶马以便官军给领事

为禁约侵占牧马草场事

为乞改提学官员以修学政事

为举用官员修举马政事

为改任官员以便行事事

为荐举贤能官员事

为添设马苑营堡以便收牧事

为防御虏寇保障官马事

为处置各边马匹事

为处置马营城堡事

为修举马政事

《关中奏议》卷五

为易置主将以保固地方事

为慎固地方以遏虏寇事

为传报声息预防虏患事

为急缺领军官员事

为预防虏患以保固地方事

为预防虏患事

为急处救荒事

《关中奏议》卷八

为预防虏患事

为荐贤为国事

为乞恩停免进贡红花以恤边兵事

为应诏陈言原情宥罪保全将官以励人心事

为急缺领军官员事

为分布边兵预防虏患事

为预计兵机事

为遵明诏更置将官以苏久疲边人事

为急缺领军官员事

《关中奏议》卷十二

为被虏走回人口供报回贼声息事

为斩获犯边回贼首级事

为整理边务以备虏患事

为钦奉事

为查报虏情事

为回贼出没事

为达贼出没计处用兵机宜事

为乞留方面贤能官员共济时艰事

为急缺管粮方面官员事

为斩获犯边达贼首级事

为虏中走回男子供报紧急夷情事

(二)《王文成全书》上奏公文

1. 明代中期

《王文成全书》卷九

给由疏

参失事官员疏

闽广捷音疏

申明赏罚以励人心疏
攻治盗贼二策疏
类奏擒斩功次疏
添设清平县治疏
疏通盐法疏

《王文成全书》卷十

议夹剿兵粮疏
南赣擒斩功次疏
议夹剿方略疏
换敕谢恩疏
交收旗牌疏
议南赣商税疏
升赏谢恩疏
横水桶冈捷音疏
立崇义县治疏

《王文成全书》卷十一

移置驿传疏
浰头捷音疏
添设和平县治疏
三省夹剿捷音疏
再议崇义县治疏
再议平和县治疏
再请疏通盐法疏

《王文成全书》卷十二

飞报宁王谋反疏
再报谋反疏
奏闻宸濠伪造檄榜疏
留用官员疏

江西捷音疏
擒获宸濠捷音疏
奏闻益王助军饷疏
请止亲征疏
奏留朝觐官疏
奏闻淮王助军饷疏
处置官员署印疏
处置从逆官员疏
处置府县从逆官员疏
收复九江南康参失事官员疏

(三)《清代档案史料丛编》上奏公文

1. 清代前期

《清代档案史料丛编》第四册，顺治十八年加派练饷

1 车克题加征练饷之法及严禁各官作弊事本
2 俞之琰题颁定加征练饷之数及改换练饷之名事本
3 彭之凤题征练饷严禁私派加耗事本
4 白如梅题山西征收练饷事本
5 阿思哈题保定巡抚等咨称加征练饷旧例无案卷可查事本
6 阿思哈题各省加征练饷地亩数事本
7 阿思哈题找拨顺治十八年二分兵饷事本
8 阿思哈题山西所征练饷少于题定之数事本
9 卞三元题贵州征收练饷无册书可考事本
10 林起龙题凤阳等处枉收练饷事本
11 林起龙题明季卫所不派征练饷事本
12 阿思哈题征收练饷可按银粮额数派征事本
13 张瑃题陕省州县远近不一练饷如限难完事本
14 阿思哈题征收练饷可酌量通融无亏总额事本
15 徐越题河南旱蝗之灾甚重练饷何以征得事本

16 杨茂勋题湖广通省应征练饷亩数与户部开载亩数不合事本
17 张朝珍题安徽派征练饷如限全完事本
18 张朝璘题江西征收练饷情形本
19 阿思哈题保定巡抚所属均已遵限征完练饷事本
20 朱昌祚题浙江征收练饷情形本
21 张中第题靖边练饷银两改派本色事本
22 阿思哈题各卫所仍按地亩征收练饷事本
23 林起龙题免征海州虹县灵璧三处练饷事本
24 阿思题征收江南练饷酌量民便事本
25 阿思哈题顺抚所属地方征收练饷完欠情形本
26 张瑃题请免陕省练饷或于明年按粮石摊派事本
27 阿思哈题山西练饷全数征完事本
28 幼阿思哈题凤抚林起龙求展征练饷限期不可行事本
29 阿思哈题宜镇练饷应与大同一样照银粮额加派事本
30 李鹏鸣题征收练饷应从明年照银均派不宜按亩加饷事本
31 阿思哈题江南练饷安抚已完俟江凤二抚报到之曰汇核事本
32 阿思哈题顺抚所属各官征收练饷完欠情形本
33 阿思哈题湖广练饷务照原额征完事本
34 阿思哈题缴回康熙元年停止征收练饷上谕事本
35 阿思哈题陕甘民田屯地明藩地征收练饷已完未完各官职名事本
36 阿思哈题宁夏练饷征完贮库事本
37 阿思哈题河南练饷征收已完事本
38 阿思哈题山东练饷征收已完事本
39 阿思哈题海州虹县灵璧练饷不能免派事本
40 阿思哈题练饷明年停征照银均派之举毋庸议本

《清代档案史料丛编》第十册，康熙朝黄册中有关科举考试史料

1 孟熊飞题应严八旗荫监生考课之法事本
2 张冲翼题录取生员名数请复旧额事本

3 徐旭龄题学臣选择之法事本
4 张士伟题八旗取士应广额数事本
5 孟熊飞题考试出题亦宜详慎事本
6 鞠珣题琼州学臣之选宜用部郎进士出身事本
7 胡三祝题更定学臣官制事本
8 徐旭龄题驳学臣磨勘生员试卷之法事本
9 赵之鼎题教官四季报册之法事本
10 范承勋题顺天乡试不得冒籍事本
11 何凤歧题报考之童生应纳银助饷事本
12 和盐鼎题戊午乡试应补各省乙卯未及之数事本
13 张鹏题科考届期应预行严饬事本
14 姚缔虞题楚省乡试复科取中之额应同秦赣事本
15 姚缔虞题应复乡会试录事本
16 郑为旭题应重学臣之选事本
17 孙必振题补行云贵川三省乡试事本
18 陈文学题复开八旗科目事本
19 张集题应停武闱磨勘事本
20 钱三锡题文武科场之条例应同一事本
21 何楷题应立乡试条规事本
22 郑惟孜题以甘结之法肃科场顶冒事本
23 李先复题恢复内帘监试事本
24 郑惟孜题请更监试之期事本
25 郑惟孜题应定流寓乡试之例事本
26 郑惟孜题顺天乡试外帘官应用州县官事本

2. 清代中期

《清代档案史料丛编》第十一册，乾隆六年户部宝泉局工匠罢工斗争史料

1 三和奏拿获带头拒领工价之翻沙匠童光荣折

2 允禵等奏钱厂工人停工索要被扣钱文折
3 陈德华等奏责令炉头算帐补给工钱以平停铸折
4 舒赫德奏派兵弹压停铸索要工钱工匠情形折
5 蒋炳奏户部钱局匠役停炉索要克扣工资折

《清代档案史料丛编》第十四册，乾隆年间治理湖南苗疆史料

1 湖广总督德沛奏陈苗疆事宜七条折
2 湖广总督孙嘉淦奏陈抚绥苗瑶之法折
3 湖广总督孙嘉淦奏区画苗瑶生计折
4 湖南按察使明德奏陈湖南苗疆事宜并请简发试员折
5 湖南巡抚蒋溥奏陈苗疆武备事宜三条折
6 湖南巡抚蒋溥奏治理苗疆首在不扰并兼施兵威折
7 湖南巡抚蒋溥奏酌议抚苗事宜三条折
8 署湖广总督鄂弥达等奏请开修镇筸河道以利兵民哲
9 湖南按察使徐德裕奏陈苗疆应行应禁事宜四条折
10 湖南巡抚蒋溥奏核议徐德裕所陈苗疆事宜均属不当折
11 湖南巡抚杨锡绂奏请豁免苗地民赋折
12 湖广总督塞楞额奏请严汉民置买苗产等事折
13 湖南巡抚开泰奏陈苗疆事宜折
14 云贵总督张允随奏遵奉因俗而治谕旨办理缘由折
15 湖南巡抚开泰奏请豁免泸溪县无着税粮折
16 署湖广总督常钧等奏应准湖南民苗互相姻娅折
17 湖南巡抚敦福奏遵旨陈明苗礓情形及实力查禁汉奸缘折
18 湖南巡抚刘墉奏遵旨晓谕苗民剃发与否准其自便折
19 署湖南巡抚李世杰奏查明苗瑶鸟枪毋庸收销折

《清代档案史料丛编》第十三册，乾隆十二年安邑万泉聚众抗粮案

1 罗俊赛安邑县民聚众抗粮及办理情形折
2 众神保奏安邑县民因拘禁追比钱粮围城喧闹折
3 爱必达奏查明方泉民白盐户以丁摊地粮互控及未结缘由折

4 爱必达奏据报安邑县北乡村民聚众围城并伤员往拿折
5 爱必达奏安邑县民聚众起衅告因知县逼索殃民所致折

《清代档案史料丛编》第三册,清茶门教

1 山西巡抚分别定拟折

3. 清代后期

《清代档案史料丛编》第二册,李沅发起义

1 万贡珍奏李沅发戕官起义及派兵剿捕折兵剿捕折
2 裕泰奏新宁义军戕官起事拟即亲往督办折
3 英俊奏派兵驰往新宁剿捕义军折
4 郑祖琛奏派兵防堵新宁义军折
5 双德赛带兵驰往新宁剿捕义军折
7 冯德馨奏新宁义军尚踞县城及调兵筹饷情形折
8 冯德馨奏在新宁城郊与义军接仗情形片
9 英俊赛亲往新宁督剿义军折
11 冯德馨奏新宁义军出城突围又被堵回片
12 裕泰奏新宁义军戕官据城及剿堵情形折
13 裕泰奏回省兼署抚篆并截回湖北弁兵归伍片
17 冯德馨奏亲往督办义军及连日堵剿情形折
18 裕泰奏新宁义军突围未成及围剿情形折
20 冯德馨奏查明李沅发起义根由及攻剿情形折
21 冯德馨等奏收复新宁县城并酌撤官兵归伍折
22 冯德馨奏请宽免失防文武各员处分片
23 裕泰奏官兵攻克新宁县城情形折
24 郑祖琛奏据报新宁义军进入粤境交界地方折

《清代档案史料丛编》第一册,辛酉政变

1 奕谖等奏请暂停回銮折
7 赞襄政务王大臣为按月恭缴钤图谕旨事交内阁片
9 载垣等奏寄信谕旨请写“军机处赞襄政务王大臣字寄”片

12 胜保奏吁恳兼程北上叩谒梓宫折
14 载垣等奏请以匡源兼署户部左侍郎兼管三库事务片
16 载垣等奏请以焦祐瀛补授太仆寺卿片
19 董元醇奏请皇太后权理朝政并另简亲王辅政折
24 胜保奏叩谢交部议处天恩折
26 载垣等奏拟请皇上由间道先行回京折
28 桂良等奏遵旨恭拟两宫皇太后徽号折
32 胜保奏请皇太后亲理大政并简近支亲王辅政折
36 贾桢等奏请皇太后亲操政权以振纲纪折
43 奕䜣等奏批发折报拟用“议政王军机大臣奉旨”字样片
44 奕䜣等奏嗣后拜发折报毋庸另备印文片
45 许彭寿奏密陈查办党援等四项事宜折
46 许彭寿奏查办党援未可发之太骤片
52 周祖培奏请饬军机处另拟建元年号折
54 奕䜣等奏遵旨会议载垣等八大臣罪名情形折
55 奕䜣等奏请派王大臣监视行刑片
56 奕䜣奏沥陈微忱请饬臣工于用人行政各抒所见折
65 徐启文奏应诏敬陈任重臣以专责成等事折
66 钟佩贤奏请查明缴销载垣等擅颁矫传谕旨片
71 仁寿等奏前议郊祀配典并非附会载垣之意折
74 世铎等奏遵旨会议皇太后亲理大政事宜折

《清代档案史料丛编》第十一册，同治年东北人民反清斗争史料

1 景纶等奏报已分派官兵堵剿葛城隆折
2 景纶等奏三姓官兵与葛城隆所部接仗情形折
3 玉明等奏奉省预派官兵以备扼剿折
4 景纶等奏报三姓等处官兵追捕葛城隆及余众折
5 特普钦奏盘获葛城隆伙众解赴三姓审办片
6 景纶等奏遵旨饬查葛城隆等股确数情形折

7 景纶等奏分路搜捕葛城隆余众情形折
8 景纶奏查明三姓所报数目前后悬殊实无掩饰折
9 景纶奏已将葛城隆正法并严缉才宝善片
10 景纶奏宁古塔等处续获葛城隆余众正法折
11 景纶等奏东山肃清撤兵归伍折
12 景纶等奏请奖励剿捕葛城隆股出力员弁折
14 景纶等奏据实复陈剿捕王五等情形折

《清代档案史料丛编》第十三册,光绪二十四年涡阳起义

12 邓华熙奏参涡阳县知县欧阳霨等人片
14 邓华熙奏遵旨出示解散胁从并筹款赈抚片
15 邓华熙奏参前署涡阳县知县桑寯折
20 裕长奏剿办涡阳等处党众并出防各军未便遽撤情形折
21 刘坤一等奏遵旨详陈剿办涡阳起事情形折
25 裕长奏请奖叙出力文武员弁折
26 刘坤一等奏请奖励江皖两省出力文武员弁官绅折
27 刘坤一等秦遵照部咨会保出力各员仍照拟给奖折

三、诏敕公文

(一)《清代档案史料丛编》诏敕公文

1. 清代前期

《清代档案史料丛编》第九册,顺治朝朱谕

一
二
三
四
五
六
七

八
九
十
十一
十二
十三
十四
十五
十六
十七
十八
十九
二十
二十一
二十二
二十三
二十四
二十五
二十六
二十七
二十八
二十九
三十
三十一
三十二
三十三
三十四
三十五

三十六

三十七

三十八

三十九

四十

四十一

四十二

四十三

2. 清代中期

《清代档案史料丛编》第七册，承德布达拉庙

2 寄谕副都统和尔经额等布达拉庙砖料以自京前往车辆就近运用

15 谕刘浩明年将布达拉庙红台上亭坡改陡削

《清代档案史料丛编》第十一册，乾隆年修改雇工人条例史料

2 谕和珅等会同刑部详议“雇工人”条例

《清代档案史料丛编》第三册，清茶门教

9 谕马慧裕等察访王秉衡之死因有无情弊

10 谕那彦成查拿石佛口王姓传教案办理认真著奖赉物品

11 谕那彦成将石佛口王姓为首传教者照律问拟

12 谕方受畴从速查拿王允恭父子在河南所传徒众

13 谕马慧裕等查拿王泳太等人

14 谕百龄等从速查拿王殿魁在江南所传徒众及其家属

23 谕奖叙查拿石佛口王姓传教一案文武各员

24 谕百龄等查拿徐二宁等在江南所传徒众

25 谕将王殿魁等处决

26 谕直隶等省出示收缴三教应劫总观通书

34 谕晋昌等将王泳太等审明定拟

35 谕晋昌等审明王泳太在湖北等处传教洋情后再行定拟

37 谕晋昌等将王泳太即定拟凌迟

38 谕马慧裕速缉丁志先邹幅才等
40 谕那彦成将郎文玉作为另案过犯审拟发遣

3. 清代后期

《清代档案史料丛编》第二册，李沅发起义

6 寄谕湖南巡抚冯德馨等著派官兵迅速剿捕堵截新宁义军
10 寄谕湖广总督裕泰等务将新宁义军悉数擒拿尽法惩治
14 寄谕湖广总督裕泰等督饬弁兵锐力进剿并严防义军入山
15 诒内阁著裕泰等妥速剿办新宁义军并酌保出力员弁
16 寄谕湖广总督裕泰等务当添兵设卡严防义军进山
19 寄谕湖广总督裕泰等务即督饬员弁合力进剿
25 寄谕湖广总督裕泰等务当生擒李沅发并著部议恤万鼎恩等
27 谕内阁从优议叙冯德馨等并著确查李沅发下落
32 寄谕湖广总督裕泰等速派湖北将弁赶赴新宁搜捕义军
33 寄谕湖广总督裕泰务将李沅发克期擒获并将债事各员拿问
34 寄谕广西巡抚郑祖琛实力搜捕粤境义军并访拿李沅发
35 寄谕湖广总督裕泰迅速扑灭山内义军并革职拿问债事各员
40 寄谕湖广总督裕泰相机亲往督剿并查明债事各员拿问
41 寄谕湖广总督裕泰务当会同广西员弁堵拿义军
43 谕内阁著郑祖琛会同楚兵奋力兜剿并设法搜擒李沅发
51 谕内阁著将英俊等革职并赐恤阵亡参将玛隆阿
52 寄谕湖广总督裕泰等楚粤黔三省务当合力协剿义军
55 谕内阁湖南巡抚等职著万贡珍等分别署理
57 密谕湖广总督裕泰查参冯德馨贻误情形并将失职武官拿问
59 寄谕湖广总督裕泰等多派官兵合力堵剿义军
63 寄谕湖广总督裕泰等务使义军散其党羽并赏恤阵亡弁兵
67 寄谕湖南提督向荣迅即兼程驰赴湖南军营
68 寄谕两广总督徐广缙等迅即筹拨银二十万两解赴湖南军营
69 寄谕湖广总督裕泰详查形势迅将义军聚而歼擒

71 寄谕贵州巡抚乔用迁务于毗连要隘严密巡防
74 谕内阁官兵初获胜仗尤须倍加小心务将首要各犯擒获
75 寄谕贵州巡抚乔用迁严饬文武员弁昼夜防堵并招降党羽
76 谕内阁议叙郑祖琛等并著会同黔楚官兵协力剿捕义军
78 寄渝贵州巡抚乔用迁务当乘机围剿义军并散其裹胁
80 寄谕贵州巡抚乔用迁迅将义军克日歼擒
81 谕内阁将湖南巡抚冯德馨即行革职并著来京听候查办
82 寄谕湖广总督裕泰等义军返回新宁务当协力围捕夹攻
88 寄谕湖广总督裕泰等并力协剿并购线捕获李沅发等
89 寄谕两广总督徐广缙等速拨银十万两解赴广西军营
90 寄谕湖广总督裕泰等务当日夜搜捕并设法生擒李沅发
94 谕内阁著裕泰妥办善后事宜并将李沅发槛送京师
96 密谕步军统领等严防湖广义军混入京师
98 寄谕湖广总督裕泰倘李沅发伤重不能到京即截回正法
103 谕内阁著刑部将已革湖南巡抚冯德馨治罪
106 寄谕湖广总督裕泰将李沅发小心槛送来京
107 谕将已革湖南巡抚冯德馨发往新疆效力赎罪
108 谕内阁著乔用迁酌保出力员弁并宽免黎平文武失察处分
111 谕军机大臣会同刑部严审李沅发定拟具奏

《清代档案史料丛编》第十四册，咸丰八年顺天科场试案

3 谕内阁议处承办试卷迟延并名册舛错之蒋大镛等
9 谕内阁严议擅自出闱之蒋达并查办乡闱徇庇之梁同新等
11 谕内阁著照部议将蒋达革职景廉降级留任
14 谕内阁处分乡南办理不善各员
16 谕内阁柏葰补授大学士
18 谕内阁鼓励科场勤奋之委员书吏
20 谕内阁列入三等以上各举人准一体会试
21 谕内阁著柏葰稽察钦奉上谕事件处

22 谕内阁著派载垣等查办平龄等案卷
23 朱谕柏葰照常入值
24 谕内阁著柏葰即行交出平龄案内要证靳祥
25 寄谕陕西巡抚曾望颜截拿靳祥押解来京
26 朱谕柏葰等著分别革职解任听候讯办
27 朱谕柏葰业已革职即不准上来
30 谕内阁陈孚恩著交部议处其子陈景彦革职归案
32 谕内阁将潘曾莹交部议处其子潘祖同革职归案
34 谕内阁著吏部照例议处顺天乡试失职官员
35 谕内阁将科场私送条子之李旦华革职解京
36 朱谕载垣等严讯程庭桂及其子程炳采
38 谕内阁李清凤著降级调用并准抵销
40 谕内阁同考官邹石麟等著照部议降调罚俸
43 谕王大臣宣示科场案内柏葰等官员试子罪名
44 朱谕惩办柏葰一案所降谕旨著恭录存匣以昭法则
45 朱批程庭桂一案非臣下所应操
46 谕王大臣处分科场舞弊之考官程庭桂及应试举子等
50 谕内阁准陈景彦等赎罪
52 谕内阁潘铎及载垣等著分别降调罚俸
53 谕内阁著吏部查明失察子弟系属何罪
55 谕内阁嗣后官员失察子弟科场舞弊者照私罪例论处
57 谕内阁处分顺天乡试科场失察各员
59 谕内阁著刑部详注科场例文
62 谕内阁著礼刑两部确查科场一案

《清代档案史料丛编》第十一册，同治年东北人民反清史料

64 谕内阁引见柏葰之子并议处全庆以平允科场一案
65 谕内阁未能悉心核议科场案之全庆著降四级调用
70 谕内阁署平泉州知州汪世金等著照所请分别给奖

《清代档案史料丛编》第九册，周福清科场贿赂案

2 军机处进呈处理周福清等所拟之谕旨

3 谕著周福清以教职选用

6 谕著松骏严切根究贿赂浙江主考官案

7 谕著内阁中书周福清即行革职查拿到案

10 谕著周福清斩监候秋后处决

11 未发之勾决周福清上谕

12 谕免勾周福清

13 免勾周福清原因之上谕

《清代档案史料丛编》第十二册，朝阳金丹道教起义史料

9 寄谕理藩院等严饬官兵速剿朝阳教徒

10 寄谕国俊派兵严防热河教徒乘隙阑入密云

12 寄谕神机营等迅拨军火速添援兵合力防剿

17 寄谕户部等拨银助剿派兵堵击

19 寄谕李鸿章统筹全局妥速布置

20 寄谕李鸿章等迅饬将弁驰赴平泉助剿

25 谕著奎斌调扑热河都统迅赴新任

26 寄谕李鸿章等督队进剿热河教徒并分兵赦罕王旗

31 谕著步军统领衙门等严密巡防京城地面

37 谕内阁各军会剿堪嘉著李鸿掌等乘胜进击

38 寄谕李鸿章著确切查办承德知府启绍

39 谕内阁处分热河都统德福等

42 寄谕裕禄等准予热河教徒自新来归

43 谕内阁著崇祥补授承德知府员缺

44 谕著李鸿章确查朝阳县廖伦明有无潜逃捏饰情事

50 寄谕定安等著确切查明军营奏捷各情

51 谕内阁著叶志超督饬各营乘胜进剿

53 寄谕奎斌等著迅即确查昭乌达盟长暨印信

55 谕内阁著定安等督军会剿务除教徒
56 谕内阁著叶志超督营进攻合力兜剿
59 谕内阁热河都统著廷雍暂行护理
60 谕内阁著定安等乘势进军迅速搜剿
64 谕内阁著叶志超身临前敌分路兜击务速殄除
69 寄谕奎斌著拨练军认真搜捕热河围场地面
77 谕内阁著奖赏克复贝子府击破下长皋出力员弁
78 寄谕长顺等速派各队缉拿截剿吉林各处教徒
79 谕内阁著定安等穷搜败残教徒并保奏出力员弁
81 谕内阁奖赏擒获教首杨悦春出力各员
82 谕内阁叶志超调度有方著予奖赏
83 谕内阁李鸿章等督剿妥速从优议叙并著查失事各员
88 谕内阁奖叙奉省派赴朝阳援剿各军出力员弁
90 谕内阁廖伦明等三员贪诈庸劣均著革职充军
93 寄谕李鸿章妥议徐树钧条陈热河善后事宜折
95 寄谕李鸿章等严查教徒余党并即处杨怀春等
99 谕内阁著奖赏剿办热河教徒出力之淮军员弁
107 谕内阁赐恤被难之敖罕贝子达克沁
108 谕内阁奖恤援剿朝阳教徒出力之奉军员弁

《清代档案史料丛编》第十三册，光绪二十四年涡阳起义

2 寄谕裕禄等迅饬正定总兵蓝斯明驰赴河南堵剿
3 电谕邓华熙再添劲旅会同江豫各军合力兜剿
4 电谕裕长迅饬各军分投堵截并电催江皖各军援剿
9 电谕裕长严饬各营分投堵截并电商刘坤一等合力兜剿
10 谕内阁著刘坤一等合力剿拿牛世修等并速筹赈抚
11 电谕刘坤一等会商各省兵力是否足敷剿办
16 谕内阁著将涡阳知县欧阳霱等革职永不叙用
17 谕内阁著户部拨银五万两交邓华熙妥办春赈并酌筹义赈

18 寄谕裕长将正定总兵蓝斯明应否回直查明复奏
19 谕内阁将前署涡阳县知县桑霨即行革职
22 谕内阁奖赏剿办牛世修起事之出力人员
23 谕内阁从优议叙刘坤一邓华熙裕长等
24 寄谕邓华熙查明前总兵牛师韩领去快枪数目勒令其子交还

《清代档案史料丛编》第一册,洪全福起事

8 谕著严密访拿洪全福等并将私藏军火之和记公司查明究办
10 谕著严密访拿洪全福等并将梁慕信等讯明正法

(二)《清代前期苗民起义档案史料》诏敕公文

1. 清代中期

《清代前期苗民起义档案史料·七》

389 谕军机大臣亲解佩带小荷包等赏给福康安
392 谕福康安另赏乾果等以示优眷
396 谕福康安等当严整兵威速成大功
401 谕福康安等攻克连云山等处出力官兵俱予奖赏
405 谕福康安等已于附近省分调兵万余
406 谕福康安等可由平陇佯攻另遣偏师径取乾州
408 谕福康安等事竣后将鱼肉苗民之地方官查明革职
412 谕福康安总以速擒石三保等为要不必分心他顾
413 谕福康安等胁从附合之苗众俱应免死
419 谕福康安等苗民务当随时剿杀不可仅以击退完事
422 谕福康安等直抵平远坳进取平陇所办甚好
431 谕福康安等当鼓励将弁迅抵平陇收复乾州
433 谕内阁随同福康安打仗出力将弁俱加升赏
437 谕福康安令吴陇登差人往招石三保等
438 谕内阁将福康安和琳交部议叙出力将弁兵丁俱予奖励
443 谕福康安等不必分心湖北
444 内阁著将杨坤玉等俱加奖励升赏

448 谕福康安等尝恤伤亡将弁
449 谕内阁着将福康安之父追封贝子和琳赏用紫缰
452 谕内阁著将福康安及其父追赠部王其子晋袭贝勒
453 谕和琳等当迅速藏功以副委任
455 谕和琳当一鼓直进乾州
458 谕和琳设法先抵乾州再攻乎陇
462 谕军机大臣因和琳调度悉合机宜特解亲佩荷包寄赏
463 将谕内阁著将阿哈保等俱予升赏
467 谕和琳应酌量缓急熟筹妥办免致遗误
469 谕军机大臣著和琳俟大局已定再赴湖北
470 大学士和珅奏审拟石三保等折
474 谕和琳当妥办善后未可远离
477 谕和琳暂缓赴楚仍留苗疆妥办善后事宜
481 谕和琳当专心办理湖南军务不必急赴湖北
482 谕和琳攻破平陇后仍可前赴湖北
484 谕和琳事竣后将投顺苗首设法移置
485 谕军机大臣湖南苗疆道路绵长军需报销款项可通融办理
489 谕和琳等收缴酋民武器一事照所请行
493 谕和琳等务将吴廷义弟兄生搞解京
496 谕内阁和琳晋赠公爵由伊子宣绵承袭并货银五千两治丧
497 谕明亮鄂舞赴湖南代额勒登保总统军务
498 谕内阁兵丁染疾身故者均照阵亡例赏恤
499 谕内阁著将福康安和琳俱入昭忠祠及贤良祠
500 谕姜晟等务须迅速妥办不可稍存观望
503 谕勒保等将何日进兵平陇等情速奏
505 谕额勒登保务将石柳邓等擒获
508 谕额勒登保等将何日攻克平陇诸事速奏
512 谕军机大臣将毕沅奏请撤兵一折寄发勒保等阅看

515 谕额勒登保等当倍加奋勉迅奏捷音
332 谕内阁攻克平陇要卡出力将弁俱予奖赏
519 谕明亮等当同心协力迅捣平陇
520 将谕明亮等设法生擒石柳邓不可再有迟延
522 谕明亮等攻克平陇诸将俱予升赏嘉奖
523 谕内阁著将额勒登保等俱予升赏
525 谕明亮等所奏筹划苗疆大局一折意在苟且完事著传旨严行申饬
526 谕内阁再于部库内拨银四百万两分运湖北湖南
527 谕明亮等务宜坚持定见急图进攻
531 谕额勒登保等速将石柳邓揣拿
534 谕明亮等督兵搜剿疏通道路所办可嘉
542 谕明亮等当乘胜攻蒯以期生致渠魁
543 谕明亮等拿获苗首后宜派武职大员驻扎以资弹压
546 将谕明亮等务即乘胜将苗首生擒
548 谕内阁湖南军务功届垂成明亮等俱各加懋赏
549 谕明亮侯拿获吴廷义后即同石老乔等迅速解京
550 谕内阁将打仗出力文武员升俱照明亮等所奏升赏
551 谕明亮苗疆甫经截定应留鄂辉等驻扎
552 谕毕沅当速赴湖南悉心筹酌善后事宜
556 谕明亮等将降苗吴廷梁赏给六品顶花翎
558 谕毕沅等妥议酌留兵丁事宜
561 谕明亮等将石三保家属一并解京善后各事交毕沅妥办
583 谕明亮等将善后事宜交毕沅妥办
571 谕明亮降苗吴老贵等均着优加奖赏
582 谕军机大臣将吴廷义等凄迟处死石老观处斩
586 谕毕沅乾州等三厅边墙以外难民俱展赈至水月底停止
588 谕勒保所奏殊属非是
592 谕鄂辉务与毕沅协力将善后各事实心经理

598 谕勒保于鄂辉到后即赴川省总统军务
600 谕鄂解严察棍徒哄诈苗民之事
《清代前期苗民起义档案史料·八》
2 谕景安等妥办苗众抢割秋禾并将现在情形速奏
8 谕姜晟办理镇筸黑苗滋事案完竣即来京陛见
9 谕姜晟严办镇筸黑苗等
12 谕内阁姜晟等加衔并交部从优议叙
15 谕内阁将琅玕等交部议叙
21 谕祖之望函筹应否撤兵
23 谕姜晟妥办民苗划界等事
29 谕伊桑阿将石岘苗民起衅缘由及现在办理情形速奏
30 谕琅玕将石岘苗民起衅滋事各情节详悉查明具奏
32 谕王柄不必将查拿黔苗之处出示宜谕致启惊疑
33 谕马慧裕当督率文武员弁严密巡防
34 谕琅玕等当督率进剿迅速蒇事
35 谕马慧裕当饬令傅鼐等留心防范但须持以镇静
36 谕琅玕将石岘苗民滋事一案妥速办理绥靖苗疆
37 谕内阁著将伊桑阿交部议叙常明等俱予奖叙
39 谕琅玕苦倏办理铜仁一事完竣回驻云南
40 谕琅玕会同马慧裕将永绥厅协应否移驻茶洞一事详议具奏
44. 谕琅玕当以公事大体为重不可心存妒忌之见
46 谕琅玕速将上下潮苗寨肃清不得再有株连
47 将谕马慧裕于黔省苗民滋事一案办竣即可令傅鼐速回本任
(三)《世宗宪皇帝上谕八旗》诏敕公文
世宗宪皇帝上谕八旗卷一
世宗宪皇帝上谕八旗卷二
世宗宪皇帝上谕八旗卷三

后　记

这本小书在我的博士论文和博士后出站报告基础上写成，是我职业生涯的第一个小结。感谢《清华语言学博士丛书》和上海辞书出版社使这一小结得以面世。

2012年9月，我进入北京语言大学，跟随张赪教授学习汉语史，先后获得硕士学位和博士学位。张老师为培养我们付出了极大的心血，在她的教导下，我受到了系统的语言学训练，锻造了学术素养，打开了学术视野，这些成为我日后安身立命的重要基础。她为人的品格和治学的精神给了我至为深远的影响，重塑了我的精神面貌和人生追求。在北京语言大学，我结识了我的妻子。我们同年硕士入学，同年博士毕业，我们的毕业论文双双获得北京语言大学2018年度优秀博士学位论文奖，我们用奖金拍摄了婚纱照。

2018年8月，我进入中国社会科学院语言研究所，跟随吴福祥研究员从事博士后研究。吴老师为我们提供了大力的支持和无私的帮助，在他的引导下，我的研究视野进一步开阔，理论意识进一步增强，博士论文写作带来的纠结、焦虑也一扫而空，身心状态得到了全面调整。此外，我还结识了一众师友，与他们的情谊是我宝贵的人生财富。

2020年10月，我进入高等教育出版社从事编辑工作。在这个奋进、温暖的集体中，我得以将所学所思切实运用到教材出版中，直接服务万千师生；得以突破学科界限和思维局限，进入更广阔的天地；

同时,我也受到了细致的关怀和全面的培养,有幸在国家层面得见更宏大的事业、领会更重大的使命。进入高等教育出版社是我人生的重大转折。

2022 年 4 月 26 日,我的母亲突发心梗,永远离开了我。她为人温柔坚毅,一生与世无争,但命途多舛,屡遭磨难。二十多年来,我们母子相依为命,备尝人间冷暖,是她一个人抚养我长大、供我读完博士,其中甘苦,有谁能知。她最终没有看到这本小书的出版,也没有看到好日子的到来,然而她没看到的又岂止这些?这是我一生最恨的事。

2023 年 11 月 2 日夜于北京

专家评审意见(一)

一、该选题的理论视角及学术价值

随着语法研究的深入,人们注意到语料的异质性和同质性对观察语法事实带来的深刻影响,于是尝试将语义、修辞、语用、语体等观念引入语法研究,出现了语义语法、修辞语法、语用语法、语体语法等诸多角度的理论思考。其中,语体语法近年来更是受到语法学、语体学、修辞学的多方关注。但是,诚如该书作者所言,在现代汉语领域,语体观念下的研究取得了一定成果,而在汉语史领域,语体观念下的研究相对不足;口语语体、文艺语体、法律语体、新闻语体、科技语体等的词汇系统和语法系统的研究取得了一定成果,而公文语体的研究却相对薄弱。在这样的学术背景下选择"明清"(历时角度切入)、"公文语体"(语体角度切入)的"语法特征"(语言面貌和语言系统角度切入)进行研究,体现了作者的学术敏感。该选题对明清汉语的共时平面的描写、对公文语体语法特征的专题探讨、对汉语语法的历时研究都有重要的学术价值。此项研究表明,分语体进行语法研究,可以更好地发现语法事实,更有效地解释语法规则。

二、该著作的具体内容及成果展望

如何从语体角考察语法现象?我们可以描写虚词和句法结构等

语法手段的语体特征,可以探讨基于语法特征的语体类型,可以描写不同语体的语法系统、语法特征,进一步阐释各种语法特征及各种语体类型的形成机制和历史发展,等等。

《明清公文语体的语法特征研究》"选取典型公文语料,进而在代词、量词、系词三个方面考察明清公文语体区别于典型文言语体和典型白话语体的独特语法特征,挖掘明清公文语体语言变异的机制和动因,最后从语法特征出发,归纳具有语体类型意义的语言参项,划分明清书面语体类型。"(该书"绪论")所述主要研究内容基本满足了读者的阅读期待。全书共六章。第一、二章提出问题、理论思考,富有新意,有拨开云雾之效。第三、四、五章对代词、量词、系词三个问题进行考察,获得了诸多有价值的发现,充分呈现出此项研究的深度,可对其他虚词和句法结构的分语体专题探讨提供方法指导和理论参照。第六章关于"明清公文语体的语法特征""明清公文语体的语言变异""明清书面语体的类型划分"三个问题的概括性论述,体现了所获结论的创新性。

读完这六章,也许尚不尽兴。比如我们还希望看到下列论述:(1) 某类专门语体的语法特征究竟表现在哪些方面,应该从哪些方面入手加以描写才能系统地揭示其全貌和规律？毕竟,代词、量词、系词,只是三个具体的"点"而不是"面"。(2) 明清公文语体语法(及明清汉语语法)在近代汉语公文语体语法(及近代汉语语法)中的历史地位如何？与宋元汉语语法之间的联系如何？与现代汉语语法之间的联系如何？

当然,这样的内容不是一部专著所能完成的。前述所谓"不尽兴",更让我看到,该选题其实探寻到并开发了"分语体开展汉语史研究"这一富矿。随着"富矿"的后续开采,定有系列成果问世。这位"矿主",着实令同行羡慕。《宋元第三人称代词"伊"的跨语体迁移》(《古汉语研究》2020 年第 1 期)就是我们看到的新成果,该文指出"宋代第三人称代词'伊'主要出现在韵律性白话语体中,元代由韵律性白话语体迁移到传统公文语体中","分语体地开展汉语史研究,可以呈现历史语体间的语言变异,有助于揭示汉语演变的多维性和规律性”。

若进一步将明清之前的宋元公文语体及明清之后的公文语体的语法特征串联起来加以比较研究,我们可以看到历史语体之间的发展规律。若进一步将每个不同历史时期的各种不同语体的语法特征描写出来,我们可以看到各个断代的共时平面的语法系统。这样一个分语体历时地、多语体共时地构建出来的立体的汉语语法特征之网络,值得期待。

该著作已达到出版水平。

附:思考和建议

1. 对“语体”及“语体语法”的理解,学界各家尚存在差异,随着“语体”及“语体语法”研究的深化,“分语体的汉语史研究”将获得更好的理论启发。同时,后者的深化,也将推动前者的理论发展。期待这两个不同方向的协同努力。与该选题密切相关的一些基本概念如“语言特征”“语言学特征”“语法特征”“语体特征”等,期待得到进一步的理论阐述。

2. 明清公文语体中代词、量词、系词之外其他虚词和句法结构的专题探讨,令人期待。

3. 关于“追寻明清公文语体语法特征的来历,探讨明清公文语体语言变异的机制和动因”,该书多关注语言内部成分之间的关联。若同时考察语言外部因素对语言变异的影响及对不同语体的语法特征的影响,也许可以发现新的语法事实,获得新的解释,如:明清社会文化环境,明清统治者和政府管理部门对公文语体的政策规范和风格倡导,明清公文研究的理论主张等。

李胜梅

2020 年 10 月 5 日

专家评审意见(二)

汉语史的研究离不开对历史书面语料的分析运用,而历史书面语料纷繁复杂,不仅文、白共存,且文、白程度也存在着很大的差异,如何有效利用语料展开相关研究一直是汉语史研究中富有挑战性的问题。整体来看,目前汉语史研究领域语体观念下的语言研究还比较匮乏,语体划分的研究意识也比较薄弱。因此,分语体开展汉语史研究,考察历史语体间的语言变异,深入分析历史汉语的面貌和发展脉络,显得尤为重要且必要。从这点看,《明清公文语体的语法特征研究》一书可以说是在分语体汉语史研究方面的一次有益尝试,具有开拓性的学术研究价值和较高的理论实践意义,具体体现在以下几个方面。

是对明清语料进行了细致到位的梳理。明清时期存世的历史文献卷帙浩繁,这在为汉语研究带来便利的同时,也为研究准备阶段的语料梳理工作带来较为现实的困难。该书从语料分类出发,在大量基础性、实证性考察的基础上,将收集到的语料分成了明清公文语体、典型的文言语体、典型的白话语体三大类别,分类合理、明确,为明清公文语体语法特征的研究及提取具有语体类型意义的语言参项,打下了坚实的物质基础。

二是对明清公文语体的语法特征进行了全面系统的考察。该书以特定的语法范畴为切入点,将明清公文语体与明清典型文言语体、典型白话语体进行比较,凸显了三类语体在这些范畴上的语言学特征及语体间的相互影响，深入揭示了明清公文语体独特的语法特征及明清公文语体的语言变异特点，在汉语史的分语体研究方面进行了有益的探索。

三是对明清七种书面语体的类型进行了科学的划分。在全面考察明清公文语体语法特征的基础上，该书归纳出三个具有语体类型意义的语言参项——“指示代词与第三人称代词的重合度”“通用量词‘个’的通用度”以及“复合型系词性成分的使用频率”。借助这三个参项，尝试对明清时期的文言志人记事散文语体、公文语体、白话历史小说语体、白话神魔小说语体、白话侠义小说语体、白话世情小说语体、戏剧语体这七种语体进行了类型划分，不仅为明清书面语料的运用提供了较有价值的参考，同时也为分语体的汉语史研究提供了可资借鉴的思路与方法。

四是将语言理论和汉语实际进行了有机的结合。作者从汉语语料的实际情况出发，恰当吸收了语法化、功能语法、语言接触等当代语言学理论的合理成分，深入分析了明清公文语体不同于文言、白话语体的独特特征及这些特征的由来；揭示了明清公文语体语言变异的机制和动因，认为明清公文语体语言变异的机制主要体现为语法成分的功能变异、非通用语体内部的语法化、语法成分或语法范畴的跨语体迁移三个方面，变异的动因涉及语言系统性、语体间语言接触两个方面，使考察分析言之有理、论之有据，具有一定的理论深度。

另外，该书也存在一些可以进一步完善的地方，如：将代词、个体量词归为虚词类别是否妥当？对明清书面语体进行类型划分的语言参项略显单薄，还可以进一步拓展。但瑕不掩瑜，该书是一部建立在深入思考、扎实考察的基础之上，基于分语体研究的理念，对明清公文语体语法特征进行创新性研究的优秀论著，对相关领域的研究具有重要的启发意义，建议出版。

翟　燕

2020 年 9 月 9 日